财政部“十三五”规划教材
高等学校经济管理类课程“十三五”系列教材

Computational Finance and Quantitative Analysis

金融计算与量化分析

李兆军 ◎主编

中国财经出版传媒集团
经济科学出版社
Economic Science Press

图书在版编目（CIP）数据

金融计算与量化分析／李兆军主编．—北京：经济科学出版社，2019.2

财政部“十三五”规划教材　高等学校经济管理类课程“十三五”系列教材

ISBN 978－7－5218－0169－9

Ⅰ.①金…　Ⅱ.①李…　Ⅲ.①金融－计算－高等学校－教材②金融－量化分析－高等学校－教材　Ⅳ.①F830

中国版本图书馆CIP数据核字（2019）第011920号

责任编辑：齐伟娜　赵　蕾

责任校对：蒋子明

责任印制：李　鹏

金融计算与量化分析

李兆军　主编

经济科学出版社出版、发行　新华书店经销

社址：北京市海淀区阜成路甲28号　邮编：100142

总编部电话：010－88191217　发行部电话：010－88191540

网址：www.esp.com.cn

电子邮件：esp@esp.com.cn

天猫网店：经济科学出版社旗舰店

网址：http://jjkxcbs.tmall.com

北京季蜂印刷有限公司印装

787×1092　16开　19.25印张　390000字

2019年2月第1版　2019年2月第1次印刷

ISBN 978－7－5218－0169－9　定价：58.00元

（图书出现印装问题，本社负责调换。电话：010－88191510）

前 言

本书主要介绍了两方面的金融计算问题，一是金融理论和实务中涉及的计算问题，二是基于 Agent 的计算金融。从量化风险管理和量化投资两方面介绍了金融量化问题。

目前，随着金融市场的国际化、层次化不断深入，金融产品的多样性和复杂性日益突出，金融计算和量化分析也越来越重要，成为金融专业学生和从业人员的核心能力。由于涉及金融学、数学、计算机科学、统计学等多个学科，学习起来比较困难。这种困难突出表现在学习资料和工具软件的选取上，往往是无所适从，如可供选择的工具软件就有十几种（可能更多）。

本书以金融理论和实务问题为导向，重点讲解其中相关计算和量化问题的解决思路与实现技术方法，主要选取 Matlab 和 Excel 作为软件平台。这样安排主要是强化问题导向，要读者着重学习如何解决金融问题，在此基础上，尽量选取简单通用的软件平台予以实现。由于软件不同版本的函数库变化，建议配合使用 Matlab2016b 及以上的版本。

书中涉及的金融模型都与金融学相关理论模型一致，金融学含义明确，所有代码都经过精心设计和调试，希望读者在此基础上能够根据实际问题灵活运用，举一反三。

随着我国多层次资本市场的不断深入发展，金融工具创新和风险管理的需求不断增加。这就要求金融学专业的学生在学习现代金融学基本理论和基本知识的基础上，接受创新型金融工具设计方法、投资与融资操作、风险评估与管理的实操训练，掌握综合运用现代金融学理论、现代工程技术和信息技术解决实际金融问题的基本能力。

本教材共分九章，第一章重点介绍金融计算与量化分析理论基础和发展应用以及常用的工具软件；第二章重点介绍固定收益证券计算；第三章重点介绍股票收益率计算；第四章重点介绍投资组合计算；第五章重点介绍利率期限结构计算；第六章重点介绍蒙特卡洛模拟期权定价；第七章重点介绍信用风险管理量化模型；第八章重点介绍多因子策略模型；第九章重点介绍基于 Agent 的计算金融。

本书适合金融专业学生、MBA 研究生、证券从业人员、期货从业人员和企业资本运营和风险管理部门人员使用。使用本书之前，应学习投资学、金融工程学、数理金融和金融衍生工具等课程。

全书由李兆军总撰，李兆军撰写第一章、第二章、第五章、第七章，胡丽宁撰写第三章，刘伟撰写第四章，杨丽撰写第六章，李胜歌、苏宏波撰写第八章，李悦雷、苏宏波撰写第九章。本书得到天津财经大学虚拟仿真实验教学建设项目立项的资助，天津财经大学金融学院张元萍教授对本书提出了很多宝贵的修改建议，在此一并表示感谢。

鉴于作者的学识和水平，本书难免存在不妥和疏漏之处，敬请读者和同行给予批评指正。

编　者

2019 年 1 月

目录

第一章　金融计算与量化分析概述 …… 1

第一节　金融计算的发展及应用领域 / 1

第二节　金融量化分析的发展及应用领域 / 10

第三节　金融数据的获取与处理方法 / 16

第四节　软件平台类型及特点 / 36

本章小结 / 41

复习与思考 / 42

第二章　固定收益证券计算 …… 43

第一节　固定收益证券的分类及特点 / 43

第二节　现金流基本计算 / 50

第三节　复杂现金流基本计算 / 58

第四节　短期债券回购 / 68

第五节　可转换债券定价 / 70

第六节　久期和凸度计算 / 76

第七节　固定收益工具箱 / 85

本章小结 / 87

复习与思考 / 88

第三章　股票收益率计算 …… 89

第一节　收益定义与加总 / 89

第二节　单个收益率股票的计算 / 91

第三节　多股票收益计算 / 95

第四节　收益率波动计算 / 104

第五节　股票市场 CAPM 的计算　/　111
本章小结　/　115
复习与思考　/　115

第四章　投资组合计算 …… 116

第一节　收益序列和价格序列间的转换　/　116
第二节　协方差矩阵和相关系数矩阵之间的转换　/　119
第三节　投资组合收益与方差　/　121
第四节　投资组合有效集计算　/　124
第五节　资产配置　/　135
本章小结　/　142
复习与思考　/　142

第五章　利率期限结构计算 …… 144

第一节　利息债券收益率　/　144
第二节　构建收益率曲线　/　145
第三节　Bootstrapping 算法　/　148
第四节　利率期限结构计算函数　/　152
第五节　远期利率计算　/　156
第六节　期限结构曲线插值　/　159
第七节　利率模型　/　161
本章小结　/　174
复习与思考　/　175

第六章　蒙特卡洛模拟期权定价 …… 176

第一节　随机模拟基本原理　/　176
第二节　蒙特卡洛方法模拟期权定价　/　182
本章小结　/　198
复习与思考　/　199

第七章　信用风险管理量化模型 …… 201

第一节　信用风险类型与特点　/　201
第二节　单个实体的信用违约互换　/　205

第三节 一篮子信用违约互换 / 217

第四节 结构信用模型：默顿方法 / 227

本章小结 / 229

复习与思考 / 230

第八章 量化风险投资模型
——多因子策略模型原理与实现 231

第一节 量化风险投资介绍 / 231

第二节 多因子选股模型的介绍 / 239

第三节 数据源选取与数据导入 / 246

第四节 多因子策略模型实现 / 252

本章小结 / 274

复习与思考 / 274

第九章 基于 Agent 计算金融 275

本章小结 / 297

复习与思考 / 297

主要参考文献 298

第一章

金融计算与量化分析概述

【学习目标】

金融计算是金融实务领域的重要部分，通过本章学习了解金融计算和金融量化的发展及应用领域，对金融数据的获取和处理也要有一定的认识，并熟悉其相应的软件平台。

第一节　金融计算的发展及应用领域

一、金融计算在金融实务领域的应用

金融计算在金融实务领域的应用主要体现在固定收益证券、股票收益率、投资组合、利率期限结构及蒙特卡洛模拟期权定价。

固定收益证券，是指持券人可以在特定的时间内取得固定的收益并预先知道取得收益的数量和时间，如固定利率债券、优先股股票等。固定收益证券是一大类重要金融工具的总称，其主要代表是国债、公司债券、资产抵押证券等。固定收益证券包含了违约风险、利率风险、流动性风险、税收风险和购买力风险。各类风险的回避是固定收益证券被不断创新的根本原因。在资本市场上，占据最大份额的仍然是固定收益类证券，债券的核心问题是定价，定价技术的核心是理解现金流的现值和终值的计算。在市场中短期债券回购、国库券收益、可转换债券及现金流久期和凸度计算能够帮助证券投资者在证券市场中选择良好的证券。

股票收益率是反映股票收益水平的指标。投资者购买股票或债券最关心的是能获得多少收益，衡量一项证券投资收益大小以收益率来表示。反映股票收益率的高低，一般有三个指标：（1）本期股利收益率，是以现行价格购买股票的预期收益率；（2）持有期收益率，是指股票没有到期，在持有期间的收益率；（3）折股后的持有期收益率。在市场中对股票收益率

的计算主要是单个股票收益计算、多股票收益计算及收益率波动计算。股票收益的计算在生活中应用的相对比较多，在进行量化风险投资时，股票的收益率是投资者考虑的一个重要的因素。

投资组合是由投资人或金融机构所持有的股票、债券、金融衍生产品等组成的集合，目的是分散风险。投资组合可以看成几个层面上的组合。第一个层面组合，由于安全性与收益性的双重需要性，考虑风险资产与无风险资产的组合，为了安全性需要组合无风险资产，为了收益性需要组合风险资产。第二个层面组合，考虑如何组合风险资产，由于任意两个相关性较差或负相关的资产组合，得到的风险回报都会大于单独资产的风险回报，因此不断组合相关性较差的资产，可以使组合的有效前沿远离风险。

投资组合的构建过程是由以下步骤组成的：

首先，需要界定适合于选择的证券范围。对于大多数计划投资者，其注意的焦点集中在普通股票、债券和货币市场工具这些主要资产类型上。当前，这些投资者已经把诸如国际股票、非美元债券也列入了备选的资产类型，使投资具有全球性质。有些投资者把房地产和风险资本也吸纳进去，进一步拓宽投资的范围。虽然资产类型的数目仍是有限的，但每一资产类型中的证券数目可能是相当巨大的。

其次，投资者还需要了解各个证券和资产类型的潜在回报率的期望值及其承担的风险。此外，更重要的是要对这种估计予以明确地说明，以便比较众多的证券和资产类产品哪些更具吸引力。能进行投资组合的价值很大程度上取决于这些所选证券的质量。这一阶段的重要性在以后描述计算证券和资产类型的风险——回报率期望值的定价模型与技术时将详细讲述。

最后，实际的最优化，必须包括各种证券的选择和投资组合内各证券权重的确定。在把各种证券集合到一起形成所要求的组合的过程中，不仅有必要考虑每一种证券的风险—回报率特性，还要估计这些证券随着时间的推移可能产生的相互作用，而马科维茨模型用客观和简练的方式为确定最优投资组合提供了概念性框架与分析方法。在此基础上发展为CAPM 理论和 APT 理论，通过这些理论计算市场组合的期望收益来达到规避非系统风险的目的。

利率期限结构，是指在某一时点上不同期限资金的收益率与到期期限之间的关系。利率的期限结构反映了不同期限的资金供求关系，揭示了市场利率的总体水平和变化方向，为投资者从事债券投资和政府有关部门加强债券管理提供参考依据。为了更好地理解债券的收益率，引进“收益率曲线”这个概念。收益率曲线即不同期限的即期利率的组合所形成的曲线，通过该曲线可以说明市场的分割情况，对于这部分内容本书第五章进行了详细解读。

期权定价是金融衍生品发展的需要，其中期权价值包括内含价值和时间价值，期权内在价值是由期权合约的行权价格与期权标的市场价格的关系决定的，表示期权买方可以按照比现有市场价格更优的条件买入或者卖出标的证券的收益部分。内在价值只能为正数或者为零。只有实值期权才具有内在价值，平值期权和虚值期权都不具有内在价值。实值认购期权的内在价值等于当前标的股票价格减去期权行权价，实值认沽期权的行权价等于期权行权价减去标的股票价格。时间价值是指随着时间的延长，相关合约标的价格的变动有可能使期权增值时期权的买方愿意为买进这一期权所付出的金额，它是期权权利金中超出内在价值的部分。期权的有效期越长，对于期权的买方来说获利的可能性就越大而对于期权的卖方来说须承担的风险也就越多，卖出期权所要求的权利金就越多，而买方也愿意支付更多权利金以拥有更多盈利机会。所以，一般来讲，期权剩余的有效时间越长，其时间价值就越大。例如，允许雇员以每股 5 元的价格购买价值 10 元的股票期权，每份期权的内含价值为 5 元。规定行权价等于或者超过股票市价的期权，其内含价值为 0。期权定价的模型有很多，二叉树和 B - S 只是其中的两种模型，而本书则是通过蒙特卡洛模拟进行期权的定价，希望能给读者一个崭新的角度去思索该问题。

二、金融计算在仿真实验领域的应用

在过去二十年间，经济学研究的新方式逐渐登场。它常常被贴上这样几个标签：复杂经济学、计算建模、基于代理的建模、适应经济学、虚拟经济体研究、生成性社会科学——每一个标签都拥有自己的独特之处和细微差别。不管贴上的是什么标签，都应该相信现在正在发生的远不止是基于计算机或是基于代理的研究，这应该是一场经济学的变革。

20 世纪 80 年代，经济学家们在台式工作站的帮助下，基于代理的建模研究开始得到发展，这是第一次不仅研究均衡本身，而且探求了它们是如何形成的。基于代理的建模是研究经济体中的模式是如何形成的，而通常这样的形成过程过于复杂以至于无法清晰地解决，因此需要求助于计算机模拟。这不是对传统经济学的简单补充，而是对于经济学的全新的发展。

从经济体本身来讲，经济代理主体由银行、消费者、企业、投资者组成。他们通过不断调整自己的市场行动、购买决策、价格和预测来对共同创造的情境进行预测。换句话说，个体的行为共同创造了一个总体的结果，然后它们对这个结果做出反应。从亚当·斯密开始，经济学家也用这种方式看待经济趋势，行为创造模式，模式又反过来影响行为。

在这样的设定下，经济学家们很自然地去研究经济代理所创造的模式是如何逐渐显露的，这显然是一件复杂的事情。因此为了寻找解决办法，不同研究领域的经济学家开始了不同的探索与思考，其中历史经济学家采取了简化问题的做法：研究怎样的行为能够创造出某种特定的结果或模式，而不存在改变行为的激励，研究的是当经济体在均衡状态与创造出该经济体的微观行为（行动、策略、预期）保持一致时会有怎样的模式。

对均衡的研究通常采用函数的形式。根据定义，均衡是指一种不变的模式，因此在方程的形式下，可以研究它的结构、推论和达成的条件。当然，为了进行这样的分析而做的简化也需要一定的假定，为了确保这种易处理性，往往必须假定同质（或完全相同）的代理，最多只能将其分成两到三类：（1）假定人类所做出的行为可以用简单的数学函数来表达；（2）假定代理的行为是明智的而且不存在激励去改变；（3）假定代理和对手们充分利用了所有认为可能有用的信息来做出决定，如此才能保证不存在激励去改变。尽管如此，作为一种进一步分析的策略，均衡研究得到了巨大的成功，逐渐演变为今天所熟知的新古典结构。

经济学目前正在努力超越这种均衡的范式。代理的行为是否会与其创造的总体模式不一致，而是体现为一种更一般的行为，具体表现为其行为、策略或预期随着所创造的模式作出不一致的反应。在这个更加一般化的层面上，可以推测出经济模式在充分长的时间内收敛到一个简单、同质的均衡，但也有可能不会收敛，而是不断变化，表现出分散的状态，具有算法优化的特征。我们甚至还可以推测，也许它们会呈现出稳定状态下不曾出现的新现象。

这种研究方法的本质是需要个体行为随着不同情境而进行不断地调整，因此这是具有算法化（algorithmic）的，但由于学习或作出反应的方式不同，会有极大的选择余地。这种研究方法没有理由认为行为的调整是完全相同的，不同的代理需要进行具体的考察，因此这种研究方法是基于代理个体的。于是，考察非均衡的经济模式需要不断进行算法更新以及考虑代理的异质性，而解决这两点最好的方式就是通过计算来进行。通过计算能够在一定程度上很好地解决非均衡状态下所考虑到的经济体中可能出现的更新及一些复杂的现象。基于代理的、非稳态的经济学也是对均衡经济学的一般化，非均衡系统可能收敛到或者展现出一致的模式，从而不需要进一步的调整，这时标准的均衡行为就成了一种特例。这样一来，非均衡经济学并不与均衡理论存在竞争关系，它只是一种对经济学更一般的研究方法。

这种非均衡，即始终变化的、恒新的行为在现实经济中是常见的，这里需要引入一个比较著名的案例研究进行说明。林格伦（Lindgren）在 1991 年组织了一场计算机化的竞赛，各种策略随机两两配对进行重复囚徒困境博弈。他的研究中的元素不是人类代理而是各种策略，表现好的策略将会复制并变异，而屡屡失败的策略将会被剔除。策略可以通过利用自己和对手过去更深层次记忆（using deeper memory）的行动来“深化”。显然，一种策略的成功取决于各种策略当前的总数分布（population），因此如前所述，适应情境的元素，也就是不同的策略将会对它们共同创造的竞争世界作出反应或相应的变化。

通过这场计算机化的竞赛，林格伦发现开始时使用的简单策略在一段时间内效果显著，这些简单的策略占据了竞赛的开始阶段。随后，深化的策略出现，成功地战胜了这些简单策略的组合；不久更加深化的策略又打败了深化的策略，依此类推，直到有些策略变得太复杂，也就是说，太过复杂时反而被简单的策略打败。在各种策略相互博弈的计算机世界中，林格伦既观察到数量庞大的多种策略共存的时期，也观察到只有极少策略的时期；他观察到由简单策略主导的时期，也观察到深化策略主导的时期，但这个过程从来没有停下，林格伦所使用的策略集在这个恒新的世界中不停地演化。这与在均衡经济学中所熟悉的东西都不同，不过这种充满了未知、突发、复杂的策略集的动态过程还是有现实意义的。

一般来说，何时能够在经济体中观察到这种恒新的行为并没有确切的时间，但具体而言，会在两种情况下出现恒新的现象。一种情况是系统中存在“阻挫”（这是一个物理学术语），大致意思是不能够同时满足所有代理（或者元素）的需求，因而这些代理需要连续不断地争夺需求被满足的机会。另一种情况是允许探索和无限制地深化学习，即能够对它试图理解的这个系统调查得越来越深入。这种情况下共同行为将不断地探索到新的领域，领域之间可能相互复杂化，也可能相互简化但是不会稳定下来。

经过两个世纪对于均衡模式的研究，经济学家们发现均衡的模型中存在不均衡的现象。非均衡的经济体成为目前研究的主要内容，而对于这种非均衡的经济学研究需要一种算法式的途径，而且它要求更深入地理解代理面对变化时的反应，还要注意到这些反应的不同之处。虽然这种形式的经济学是演化的，但它既不与均衡经济学产生竞争，也不是对标准经济学理论简单的补充，它是一种更加一般化的、非均衡的经济学研究方式，标准均衡行为成为它的一个特例。在非均衡的角度下，经济体不再是确定的、可预测的、机械的；相反，它是过程依赖的、有机的、演化的。经济模式有时可以简化成一个简单、同质的标准经济学均衡，但大多时候并非如此，而是不断变化、呈现出一种恒新的行为。非均衡经济学做到了对异常行为的基本检验，在静态研究中，均衡选择的问题和预期选择的问题都有很大的不确定性，这两种不确定性的存在并不奇怪，因为它们本质上就是从无到有的问题，这是无法由静态分析解决的。这两类问题给经济学带来了很多令人不解之处，但在非均衡研究中，它们都得到了妥善的解决，连带着它们造成的问题也相应的消解了。

计算经济学的出现可以说是经济学的一大进步，是研究非均衡经济学的一个重要学科，其中基于仿真代理计算的方法又是进行研究时一种主要的方法，基于仿真的计算主要是指 ACE（agent - based computational economics），即主体通过计算机仿真方法来分析、模拟现实复杂的经济适应性系统。ACE 是在计算机中虚拟一个仿真的经济系统，通过这个经济系统来模拟出现实经济的运行规律，为在制定宏观经济政策时提供一定的经验与借鉴，基于主体的计算经济学在不断的发展与进步，而且在很多领域都有一定的运用与研究。

在第九章中，对 ACE 的特点、研究内容、研究目标及其研究方法与传统的研究方法的区别，以及所运用的具体领域进行了详细描述。同时对于 ACE 模型存在的合理性进行一定的简要说明。在进行金融仿真计算实验时最关键也是最主要的是 ACE 建模的过程，即搭建实验平台和进行实验的设计。通常来讲，ACE 进行实验设计需要以下六个步骤：（1）对现实经济现象抽象出一系列假设；（2）根据假设建立代理主体的个体模型，以及个体之间相互作用的规则；（3）通过计算机进行仿真模拟和实验；（4）得出结论并对现实经济现象做出解释；（5）改变不同的参数和规则，观察不同差数和规则情况的模型的结果；（6）反复重复以上步骤。这些步骤构成了进行实验设计的主体，也是进行计算实验的关键，关于具体的实验步骤会在第九章中进行详细论述。基于代理的计算经济学可以说是未来经济学研究的一个重要方向，就目前而言，计算经济学可能并不像之前新古典经济学那样具有深厚的理论基础，但相信随着经济学理论和实践的发展，关于计算经济学的研究也会不断地完善与进步。

三、金融计算在金融模型可计算性领域的应用

可计算建模是科学计算的重要的代表之一，而科学计算是 20 世纪的重要科学进步之一，它与理论研究和实验研究共同成为科学研究的第三种方法，而且国家重大战略需求中许多科学问题的解决高度依赖于科学计算。可计算建模（computable modeling）指根据所研究问题对计算精度的要求，综合运用相关领域知识建立或简化模型，并未减少计算量，提高了计算效率，使模型在现有计算机条件下可计算。

接下来将从以下三个方面对可计算建模进行一个比较直观和清晰的分析，包括应对气候变化的经济学建模与计算、金融工程的建模与计算、计算和大数据问题的建模与计算。

1. 应对气候变化的经济学建模与计算

全球气候变化，是指在全球范围内，气候平均状态统计学意义上的巨大改变或者持续较长一段时间的气候变动。按照政府间气候变化委员会（intergovernmental panel on clinate change，IPCC）2007 年的报告，气候变化已成为不争的事实。气候变化给人类带来了严重的影响和危害：近年来，世界各国出现了几百年来历史上最热的天气，厄尔尼诺现象也频繁发生，给各国造成了巨大经济损失。例如，1981～2010 年，人类因极端气候事件遭受的财产损失平均为 750 亿美元，而 2011 年达到了 3800 亿美元。此外，根据政府间气候变化委员会 2013 年报告数据显示，全球气候变化可能使人类卫生医疗工作进度倒退 50 年。中国是最易受气候变化不利影响的国家之一，其影响主要体现在农牧业、森林和自然生态系统、水资源及海岸带等。事实上，气候变化加剧了农业生产不稳定性，局部干旱高温危害严重，气象灾害造成的农牧业损失增大；全国动植物病虫害发生频率上升，冰川和积雪的加速融化使绿洲生态系统受到威胁；洪涝灾害更加频繁，干旱灾害更加严重，极端气候现象明显增多；气候变化引起中国海平面上升趋势加剧，而海平面上升引发了海水入侵、海岸侵蚀。气候变化引起

的海温升高、海水酸化使局部海域形成了负氧区，海洋渔业资源和珍稀濒危生物资源衰退。

因此，世界各国都在积极应对气候变化，它主要包括两个方面：减缓气候变化和适应气候变化。在减缓气候变化方面，节能减排、防止全球气候进一步变暖已经成为目前国际社会普遍关注的热点问题。众所周知，一百多年以来，人类一直以石油、煤炭等矿物燃料作为主要能源，矿物燃料的燃烧所排放的二氧化碳等温室气体是造成全球气候变暖的主要原因之一。而碳市场的建立能够有效减少二氧化碳的排放：根据政府间气候变化委员会 2011 年公布的数据估算，当前已实施和计划实施的碳排放交易和碳税行动每年将能至少减排 3.3 亿吨二氧化碳当量，约占全球年排放量的 7%。此外，碳市场能够以最低的减排成本进行减排。

在碳市场研究方面，克罗克（Croker，1966）在《大气污染控制系统的结构》中所提出的一种控制空气污染的方法被认为是排放权交易理论的奠基性工作。蒙哥马利（Montgomery，1972）在《许可证市场和有效的污染控制计划》中研究了市场均衡中的成本最小化问题，并且理论上证明了基于市场的排放权交易是明显优于传统的环境政策的。克兰普顿（Cramton，2002）在《允许可交易的碳拍卖：如何进行拍卖以及为什么是基于拍卖而不是历史排放》中认为拍卖相对于基于历史排放来说，可以减少税收扭曲，灵活地分配成本，激励创新技术并减少政治上的争议。然而，一些基本的理论问题仍然需要各国学者加以完善，其中最重要的当属碳衍生品的定价问题。这一市场有两方面的意义：一方面，二氧化碳衍生品合约满足了风险厌恶者与风险偏好者关于风险转移的需求。通过碳衍生品来对冲价格风险，买者和卖者可以更好地计划他们的生意。另一方面，诸如清洁发展机制（clean development mechanism，CDM）和联合发展机制（jonit development mechanism，JIM）的投资行为可以被看作是一种实物期权合约。因此，有理由把这些项目的投资看作一个价格依赖于二氧化碳排放权现货价格的合约。相似地，节约的成本或者来自排放权市场的收益会鼓励排放者增加技术减排投资。

谢瓦利尔（Chevallier，2010）在《二氧化碳排放现货和期货价格的风险溢价建模》中分析了二氧化碳排放权现货和期货价格的风险溢价的建模，并给出了二氧化碳排放权的便利收益服从均值回复过程，在此基础上曾利用无套利定价原理与风险溢价理论，从理论上导出带有随机便利收益的二氧化碳排放权衍生品的定价偏微分方程，并提出了一种幂罚方法来求解这一问题，它巧妙地将有限体积格式与拟合技术结合在了一起。

在减缓气候变化的研究方面，基于全球平均温度马尔科夫随机过程（Bloch，2010）与全球平均海平面随机过程（Rahmstorf，2007），可以利用实物期权分析方法，建立气候风险管理模型，并给出了拟合有限体算法。该模型是由一带自由边界的偏微分方程所刻画。

此外，实行气候保护意味着节能减排，节能减排就必然冲击经济系统。因此，如何在保证经济平稳增长的前提下进行气候保护至关重要。

2. 金融工程的建模与计算

众所周知，金融衍生品主要包括远期和期货、期权、互换三种，而前两种是金融衍生品的基础。目前，金融衍生品市场形成了一个巨大的全球性经济部门。中国外汇交易中心也自2011 年 4 月 1 日起在银行间外汇市场组织开展人民币对外汇的期权交易，为企业和银行提供更多的汇率避险保值工具。因此，金融衍生品定价问题成为现代金融理论的一个极重要的研究领域。此外，发生的几次金融危机及一系列重大金融风险暴露事件也说明了金融衍生品定价与风险控制的重要性与难度，这对于尚处在金融衍生品发育阶段的中国金融市场更是巨大的挑战。在一些假设下，F. 布莱克和 M. 斯科尔斯（F. Black and M. Scholes）于 1973 年首次创立了期权定价模型，从而期权定价理论取得了突破性的进展。一方面，随着市场的日益复杂以及标的资产的变化过程也变得越来越复杂，故欲准确刻画这些复杂特性，就必须提出更为复杂的假设，从而使标的资产个数大量增加；另一方面，为了满足市场对金融工具的个性化需求，越来越多的具有复杂盈亏收益特征的新型衍生品得到迅速发展。这两方面原因使得具有复杂结构的高维衍生品日益占据金融衍生品市场的重要位置，其定价模型也较之 Black - Scholes 定价模型复杂得多。根据政府间气候变化委员会 2011 年公布的数据统计，金融计算大概占全球前 500 强超级计算机工作量的 20%。此外，当股票或债券有交易费用时，Black - Scholes 理论不再适用。此时，主要定价方法之一是基于效用函数的方法，从而得到的定价模型为发展型（Hamilton - Jacobi - Bellman，HJB）非线性偏微分方程而非简单的 Black - Scholes 方程。这给定价模型的计算带来了很大的挑战。事实上，它的数值方法有以下五个主要困难：（1）由微分算子所定义的非平凡梯度约束；（2）真解较低的正则性；（3）微分算子的退化性；（4）高维性；（5）控制变量和值函数的耦合性。

因此，如何处理这些复杂的约束条件及如何对方程组进行离散以使数值方法精度高且计算代价低，这对复杂情形下的期权定价的数值方法形成了挑战。此外，最优投资组合选择问题一直是现代金融学研究的核心问题之一，尤其是带有大量资产或状态变量的最优动态投资组合选择问题的建模和计算是金融、数学和统计领域中极具挑战性的问题。国内也有一些这方面的相关研究，例如，中国社会科学院数量经济与技术经济研究所王国成研究员研究团队、中国人民大学许作良教授的研究团队、中央财经大学胡永宏教授的研究团队、郑州大学李华教授的研究团队，在复杂经济金融问题、危机、风险、重大突发事件，以及社会经济系统的涌现等非常态现象的预警和应对研究等方面具有良好的研究基础。

3. 大数据问题的建模与计算

数据的大量产生和技术的日益复杂持续地改变着各个行业的经营与竞争方式。据 IBM 估计，在过去的 2016 年、2017 年中，每天 25 亿 GB 的数据生成了以往世界上 90% 的数据，这通常被称为大数据。数据的这种快速增长和存储带来了结构化和非结构化数据的收集、处理和分析的困难。

当前，来自交易公司和社交网络的实时数据流随处可见。例如，金融公司中数据的大量产生正在深刻改变着商业模式。特别是金融服务，已经广泛采用大数据分析以更好地预测能带来持续收益的投资决策。结合大数据，算法交易使用庞大的历史数据与复杂的数学模型，以最大限度地提高投资组合的回报。不断地采用大数据分析将必然改变金融服务的模式。然而，大数据也带来了许多挑战，如数据挖掘、数据存储、数据分析和模型预测。所以，将提出一些新的方法来处理数据挖掘中的大数据问题，如统计分析和微分方程模型，并试图为营销策略的制定提供理论依据。因此在复杂任务的数据分析系统的构建、集成系统开发的数据处理方法和技术的发展必将大大促进大数据问题可计算建模的开展。

人类认知的形成离不开因果关系分析，但运用大数据来分析因果关系以求获取正确的认知，必须具备以下条件配置：（1）移动设备、物联网、传感器、社交媒体和定位系统等的覆盖面要足够大，以便能收集到极大量和完备性的数据；（2）需要探索对极大量（海量）数据的算法，能够对大数据进行分类、整合、加工和处理；（3）需要厘清和区别数据的不同维度及权重，以至于能够运用大数据来甄别因果关系的内在机理。

在大数据时代，趋同化偏好会改变认知形成过程，消费者和投资者的认知不再是自己独立思考和理智判断的产物，而是在趋同化偏好驱动下对智慧大脑认知的认同。厂商的投资选择偏好是追求利润最大化，这一永恒的事实不妨碍或排斥投资趋同化偏好的形成。一般来讲，大数据发展初期的互联网平台对选择趋同化偏好形成的作用力，在消费领域要比投资领域来得更加直接和迅速。究其原因，是两大领域的机会成本和风险程度不同。但随着大数据、云计算和机器学习等的充分发展，智慧大脑有可能对历史、现期和未来的大量投资数据进行搜集、整合、加工与处理，有可能通过云计算集约化模式来分析不同维度数据之间相关性而获得精准信息。同时，智慧大脑会根据市场"行为数据流"折射出"想法数据流"而产生预见能力，寻觅和遴选出高收益的投资方向和投资标的。若此，智慧大脑投资选择的胜算率（利润率）将会大大提高，厂商会效仿智慧大脑进行投资选择，从而出现投资趋同化偏好。经济学曾经对诸如"羊群效应、蝴蝶效应、从众行为、信息重叠"等现象有过许多研究，但严格来讲，这些研究是描述性的，不是联系偏好和认知等的分析性研究。

消费和投资的趋同化偏好主要是针对消费者和投资者的选择行为方式而言的，一方面，它不改变消费和投资选择偏好的追求效用最大化的性质规定；另一方面，在将来大数据充分发展的鼎盛时期，消费和投资的趋同化偏好会改变认知形成过程。这可以从两种意义上来理解：（1）从原先通过对信息进行搜集、整合、分类、加工和处理来获取认知，转变为通过对数据的搜集、整合、分类、加工和处理来获取认知；（2）消费者和投资者的认知不再是自己独立思考和理智判断的产物，而是在趋同化偏好的驱动下认同智慧大脑的认知。关于第一点，大数据思维的认知之所以会取代独立思考和理智判断的认知，是因为它能够运用云计算集约化模式将消费和投资的历史数据、现期数据甚至未来数据进行分类处理与相关性分析，能够运用数以万计的计算机服务器对特定事物的因果关系展开深度机器学习，从而通过分类和归纳不同维度数据而得到精准信息（精准医疗就是基于此原理）。人类对因果关系探索的手段和路径发生变化，认知的形成过程及其机理就会发生变化。关于第二点，消费者和投资者在未来放弃对信息的搜集、整合、分类、加工和处理，认同和效仿智慧大脑的认知来进行选择，这可理解为是他们进行效用比较（投入与收益）时的“幡然悔悟”。现实中的普通消费者和投资者通常只是依据有限或不准确的信息进行消费与选择，经济学家也只是根据有限或不准确的信息进行因果关系分析而得出认知，因此，相对于智慧大脑的选择效用，消费者和投资者是相形见绌，经济学家的理论见解和政策主张往往与实际不吻合。

智慧大脑是运用大数据思维而超越一般智人大脑的大脑。不过，从性质上来讲，极少数拥有智慧大脑的人通过对数据的搜集、整合、分类、加工和处理所得到的认知，仍然属于人的认知。需要强调指出的是，这种认知不同于经济学理论及其他社会科学理论所阐述和论证的认知，它是在大数据思维驱动下的人类认知。对于这种新型认知的理解，如果我们结合经济学理性选择理论对其展开解说，则有着基础理论的分析价值。在未来，智慧大脑的认知将引领非智慧大脑的认知，其结果是导致认知趋同化。

因此，在大数据的时代，金融的建模与计算应用会更加广泛。

第二节　金融量化分析的发展及应用领域

一、量化风险投资

量化风险投资是利用计算机科技并采用一定的数学模型实现投资理念和投资策略的过程。量化风险投资通过现有的数据和模型选择出投资的标的与投资的策略。投资分为定性投资和量化风险投资两大类：定性投资就是根据投资的经验进行选择投资的策略，具有较强的主观性；而量化风险投资不是仅依靠个人经验或者感觉来管理自身资产的，而是将投资思想，投资的理念甚至会将自己以前的投资经验反映在模型当中，利用计算机来帮助分析市场中存在的规律，找出市场最优的投资策略，近而指导投资选择。因此从上面可以看出量化风险投资只是进行投资选择时的一种工具，来帮助实现投资理念，关心的不仅是投资理念能否实现，同时也关心使用的量化工具是不是成功。

关于量化风险投资可能大家还是存在一定的误区，主要有以下四个方面：

1. 主动性的投资

一些人认为量化风险投资是依循预先设计好的模型被动执行投资运作的过程，因此与指数化投资一样是属于被动投资。实际上完全相反，量化风险投资是一种主动性投资。量化风险投资和指数化投资的理论基础完全不同。指数化投资等被动投资的理论基础是认为市场是完全有效的，市场处于充分有效的状态，任何企图战胜市场的行为都是无效的，既然这样，不如就被动地复制指数，以取得与市场一样的收益水平。

而量化风险投资的理论基础是市场无效的，或者是弱有效的，因此投资人可以通过对于市场、行业基本面及个别公司的分析，主动建构一个可以取得战胜市场的超额收益的组合。因此，量化风险投资属于主动投资策略。

2. 具有可知性

量化投资不具有不可知性。量化风险投资不是仅仅依靠一个简单的投资模型就能在市场中永远的获利，也不是使用一个模型就能解决一切问题，预测未来金融发展的前景与进度。量化风险投资模型只是一种工具，量化风险投资的成功与否在于使用这种数量化工具的投资者是否真正掌握了量化风险投资的精髓。需要建立很多的量化模型，如选股模型、择时模型、交易模型、风险管理模型及资产配置模型、对冲模型等。量化风险投资模型只是一种工具、一种方法、一种手段，能实现成熟而有效的投资理念，并不断根据投资理念的变化、市场状况的变化进行修正、改善和优化。同时，量化风险投资模型还须经历不断地跟踪检验、优化、实证等过程。量化风险投资是一个不断改进的过程，最重要的就是投资者的投资思想，包括对投资的理解、理念、经验，所有模型都是建立在这些投资思想上的。

3. 量化风险投资不能保证百分之百盈利

量化风险投资策略从根本上来讲就是寻找获利的大概率机会，但不能保证百分之百的获利。量化风险投资通过观察市场的规律，试图寻找各个因素与未来股票收益之间的关系，并寻找较大的获利机会。

要从大概率上获取较好的收益，量化风险投资模型需要着重考虑对资产未来收益看法的估计和辨别，而且主要包括对个股的看法、行业的看法等估计的准确性。对资产未来收益的看法既可以是绝对的收益水平，也可以是相对的收益水平（或称之 Alpha）。在确定投资品种后，量化风险投资策略需要考虑具体的交易策略和风险控制策略等方面。有较好的交易策略才能最大限度地降低交易成本，而通常交易成本对业绩的表现也有重要的影响。因此，量化风险投资需要综合考虑资产的鉴别（包括个股选择、行业配置、资产配置等）、交易（包括择时等）和风控（包括对风险收益的平衡等）等方面因素，寻找成功概率最大的投资组合，达到收益最大化。

4. 量化风险投资是一种深层次的投资方式

量化风险投资之所以称为深层次的投资方式，主要是在进行传统投资时通常讲基本面的分析，基本面分析的过程中通常是考虑一些基本的指标，如 GDP、CPI 等，而大部分投资者在投资时往往会据此进行投资选择。好一点的投资者会将市场因素、社会因素考虑进去，但通过这些方式进行的选择往往十有八九并不能给投资者带来稳定持续的利润。但量化风险投资不是这种简单的分析，而是基于对市场深入理解而形成的合乎逻辑的投资理念和投资方法，能帮助投资者获得较为稳定的收益。

以上四个方面是量化风险投资时需要注意的问题，市场有风险，量化风险投资使风险较大程度地得到规避，在市场中寻找最好的投资机会，从而受益。对于量化风险投资内容及其存在的优缺点，量化风险投资时选用到的工具及其相应的方法将在第八章将进行详细的探讨，这里也就不再进行详细说明了。

接下来主要介绍量化风险在我国的应用及其之后发展的前景。

在我国股票市场，不管是 A 股还是 B 股可以说都不是完全有效的，市场中都存在众多的干扰性因素，此时量化风险投资策略正好可以发挥其纪律性、系统性、及时性、准确性、分散化的优点来捕获国内市场的各种投资机会。

（1）量化风险投资在 A 股市场中的应用。我国 A 股市场发展并不充分，市场的有效性也偏弱。因此，现阶段 A 股市场的特点更适合采用客观、公正而理性的量化风险投资风格。股票市场的复杂度和有效性的增加对传统定性投资方式提出了挑战。相对国外市场来讲，A 股市场的发展并不完善，市场上被错误定价的股票相对较多，留给量化风险投资者去发掘市场的无效性、寻找超额收益的潜力和空间也就更大。事实上，从已有的采用了量化风险投资方法并且已经运作了一段时间的量化基金来看，量化基金在 A 股市场上运行的还是比较成功的。

（2）多样化的量化产品。量化基金是量化产品的重要产物，量化基金通过量化风险投资的方式成为市场中规避风险的一个理财产品。虽然量化基金一般都是采用多因素模型对股票进行分析和筛选，但不同的量化基金侧重点是不一样的，也就是包括投资思路、观察角度、分析方法在内都是不同的。不同的投资思路体现着不同的投资理念与投资特色。这里所指的量化基金产品包括但不限于量化共同基金产品、指数基金产品、指数增强型基金产品、行业指数基金产品、策略指数基金产品、ETF 产品、收益分级型产品等。从量化风险投资的工具与方法的角度来看，可以给投资者提供不同的投资基金产品，以此来满足市场中不同风险厌恶程度的投资者的需求。

（3）量化风险投资在我国的未来发展前景。从客观角度来讲，我国 A 股市场的运行状况在短时间无法做到像外国市场那样具有完全的市场机制，同时随着近年来电子产业的迅速发展使电脑和手机变得大众化，这也一定程度上促进了量化的发展。再加上中国本身就是一个新兴的市场，量化风险投资占比低，某些数据的挖掘不足，这既是机遇也是挑战。

国内的投资者普遍是风险厌恶者，而国内量化风险投资选股的过程也是一个风险控制的过程，量化风险投资为投资者带来了更多更丰富且有特色的各类产品。只有建立完善的产品线，才能满足不同投资者的需求，才能在不同的市场状况下获得发展，才能有更强大的投资公司。量化风险投资不仅可以增加投资的产品线，而且量化风险投资策略本身也是对机构投资者、传统投资的一个强有力的补充和增强。量化风险投资的优点是可以将各种适合不同经济环境、不同市场环境的投资理念明确地刻画出来，并可以加以建议，那些成功的投资理念通过量化的方式就可以方便地加入投资决策中去，量化风险投资策略对机构投资者的投资决策能力将是巨大的提高。

因此，我国的量化风险投资正处于加速起跑阶段，未来必将取得辉煌成果，也将改变传统的投资方式。

二、量化风险管理

（一）风险的内涵

在对风险进行量化管理的前提是需要对风险有一定的了解。风险是每一个金融人所必须了解的，只有解读风险才能为下一步的风险管理奠定基础。目前，经济学家、金融学家、统计学家和保险学者等均未能对风险做一个适用于各个领域并被一致公认的定义，都是从自身的研究视角进行描述和刻画，风险对于不同的人含义各不相同。但单纯就金融领域来讲可以将金融风险简单的定义为：在未来的一个特定时间内由于事物变化的不确定性给风险承担主体带来一定潜在损失的可能性。

（二）风险管理的研究

为了避免事件发生的不良后果，减少事件造成的各种损失，即降低风险成本，人们引用管理科学的原理和方法来规避风险，于是风险管理（risk management）便应运而生。风险管理始于战后的德国。1931 年，美国管理协会保险部开始倡导风险管理，并研究风险管理及保险问题。1953 年，通用汽车公司的一场火灾震动了美国企业界和学术界，这场火灾成为风险管理科学发展的契机。1963 年，美国学者发表了《企业的风险管理》一文，引起欧美各国的普遍重视。此后，对风险管理的研究逐步趋向于系统化、专门化，使风险管理成为企业管理领域的一门独立学科。20 世纪 70 ~ 80 年代，风险管理迅速发展，美、英、日、法、德等国纷纷建立全国性和地区性风险管理协会。1986 年，欧洲 11 个国家共同成立了欧洲风险研究会；同年 10 月，在新加坡召开的风险管理国际学术讨论会表明，风险管理运动已经走向世界，成为全球性运动。

在各国风险管理研究中，美国的风险管理起步较早，理论研究与应用范围也非常广泛。与美国相比，英国的风险管理研究也有自己的成熟理论，而且许多学者很注意把风险分析的研究成果应用于大型工程项目。英美两国在风险研究方面各有所长，且具有很强的互补性，代表了该学科的两个主流。

经过多年的研究与总结，金融的风险管理可以分为风险识别、风险评估、风险测量、风险监测几个步骤。风险管理的关键环节就是在辨识风险的基础上建立解决问题的系统模型，对风险因素的影响进行定量分析，并估算各种风险的发生概率及其可能导致的损失大小，从而找到该项目的关键风险，为重点处置这些风险提供科学依据。风险分析模型和方法的选取对于风险的管理至关重要。

风险的随机性、复杂性和变动性特点决定了建立数学模型分析风险的困难性，虽然风险管理获得了较快发展，但只有少数项目在策划阶段成功地运用了风险评估和管理策略，而且至今仍没有处理各类风险的通用、系统的方法。目前，风险管理研究在金融风险分析和项目风险管理方面比较成熟的研究与应用成果包括：

1. 金融风险分析技术

国际上利用金融技术进行风险管理的方式，从最初的金融资产一般管理和杠杆管理、巴塞尔协议规定的静态规则管理发展到现在以资产组合理论、期权理论和优化理论等为依据的新型管理方法。其中，资产组合理论和期权理论体现了现代风险管理理论的主流，资产组合理论包括市场风险披露机制、风险价值理论（Value at Risk，VaR）、信用风险披露机制和风险预警机制，在风险识别和控制方面起到了一定的作用。

信用风险是目前进行研究的主要方向，因此信用风险方面的模型比其他方面的模型也更加广泛，目前关于信用风险的模型有以下四种：

（1）专家系统模型与贷款评级分类模型，主要依赖主观分析或定性分析方法来衡量信用风险。模型存在主观臆断性较强、缺乏客观评价基础等缺陷，而基于严谨统计分析的信用风险评估方法得到了更为广泛的应用。

（2）信用评分模型。在费希尔（Fisher）进行了开创性的研究之后，多元判别分析、多元回归分析、Logistic 回归、Factor - Logistic 法、数学规划、K 临近判别、贝叶斯决策模型、聚类分析和存活分析等方法得到大量应用。信用评分模型的突出优点在于具有较强的解释性，模型中变量的系数都具有一定的含义；缺点在于统计方法一般都有较为严格的前提假设，如应用最多的多元判别分析法要求样本数据服从正态分布、等协方差，而且协方差、错分成本和先验概率均要求已知等。在现实中，许多资料难以满足这些要求。虽然可以采用对数变换、二次差别分析等一些必要的技术手段和方法加以改进，但在运用这些方法的同时，又会相应产生各变量的经济学含义不清等新的问题。

（3）随着信息技术的发展，近年来人工智能模型和神经网络方法被引入风险评估领域，如模式神经网络、概率神经网络、扩展型学习向量量化器和多层感知机等先后得到应用，并取得了一定的效果。但是，其难点在于网络结构的确过于复杂，并且解释能力相对较低。同时，决策树方法、遗传算法和非参数统计方法因其自身的优势也得到了应用。

（4）Credit – Metrics 模型是一种基于 VaR 的模型，通过搜集信用数据和构建信用变换矩阵（Credit Migration Matrix）等来估算风险值，目前已成为最具国际代表性的内部风险管理模型。此外，Credit – Metrics 模型又派生出另一种风险评估模型，即 CreditRisk + 模型，以视风险违约为外生的泊松过程为内涵，适用于组合风险分析。

（5）风险管理的发展趋势———全面风险管理（comprehensive risk management，ERM）。继摩根大通银行推出信贷矩阵、风险矩阵模型之后，许多大银行和风险管理咨询及软件公司已开始尝试建立新一代的风险测量模型，即一体化测量模型，其中有些公司已经推出自己的完整模型和软件（如 AXIOM 软件公司建立的风险监测模型），并开始在市场上向金融机构出售。全面风险管理的优点是可以大大改进风险—收益分析的质量。银行需要测量整体风险，但只有在建立了全面风险承受能力的管理体系以后，才有可能真正进行整体测量。

2. 金融项目管理风险分析技术

现代数学和计算机技术的迅猛发展为风险研究提供了大量的模型技术，主要技术模型包括：

（1）决策树（decision tree）：求出所有变量可能变化组合的净现值或内部收益率值，并画出概率分布图。该方法的计算规模随变量个数及变化情况呈指数式变化，要求有足够的数据。

（2）蒙特卡洛模拟法（monte carlo simulation）：用数学方法在计算机上模拟实际概率过程，并加以统计处理寻求近似解。

（3）计划评审技术（program evaluation and review technique，PEPT）：用网络图显示工序之间的相互依赖和制约关系，从中寻找风险症结。

（4）影响图（influence diagram）：用概率估计和决策分析的图形表示，将贝叶斯条件概率定理应用于图论，关于概率估计、备选方案、决策者偏好和信息状态的说明比较完整。

（5）效用理论（utilitu theory）：通过边际分析来度量风险。

（6）随机网络法也称图示评审技术（graphical evaluation and review technique，GERT）允许有关活动的各参数具有随机性，并允许活动的实施具有随机性。

（7）灰色系统理论（grey system theory）：在随机风险率（系统本身固有的随机不确定性数学模拟）方法的基础上，强调对风险率的灰色不确定性的描述与量化。

（8）计算机仿真（computer simulation）：建立在蒙特卡罗法的基础上，在计算机上模拟工程系统实际执行的运行情况，对项目进行动态观察和统计，从而获得项目的风险分布，为管理提供相应的依据。

（9）层次分析法（analytic hierarchy process，AHP）：运用 AHP 法进行风险因素识别和量化、重要性排序及风险度系统评价，并选择风险响应措施。

（10）风险矩阵（risk matrix）：风险矩阵分析法的技术内涵在于从项目的需求和技术可能性两方面进行项目风险（风险集）识别及风险概率计算，并构建风险矩阵，采用 Borda 序值法来确定关键风险，并处理风险结（risks tie），再运用风险矩阵应用软件（美国 MITRE 公司）来监控并实际降低风险。

以上是进行风险管理的一些方法的简单归纳，从以上风险管理的技术分析的方法中能够看到在对风险进行管理的过程中，对于风险的测量越来越量化，从最初的主观性到后来的逐渐通过与计算机结合来确定一个风险指标，更加精确地确定了风险发生的概率。

但当谈到量化风险投资时，进行风险测量时风险指标是不可避免的一个部分，VAR 是进行量化时经常用到的一个指标，并在 VAR 的基础上衍生出 CVAR、PAV 等一系列风险度量指标。风险指标的选择是进行量化风险管理的一个重要步骤。因此，无论今后如何发展，在金融领域，量化风险管理必将成为今后进行风险管理的一个重要方法。

第三节　金融数据的获取与处理方法

一、金融数据的获取

由于本书是基于 MATLAB 编写的，因此在此仅介绍 MATLAB 相关信息，如果读者对于其他应用软件比较感兴趣的话，可以查阅相关资料。

MATLAB 包括四种基本数据类型，即双精度数组、字符串数组、元胞数组和构架数组。数值之间的相互转化为计算功能开拓了广阔的空间。

1. 变量与常量

变量是数值计算的基本单元。与 C 语言等其他高级语言不同，MATLAB 语言中的变量无须事先定义。一个变量以其名称在语句命令中第一次合法出现而定义，运算表达式变量中不允许有未定义的变量，也不需要预先定义变量的类型，MATLAB 会自动生成变量，并根据变量的操作确定其类型。

（1）MATLAB 变量命名规则。

① 变量名区分大小写，因此 A 与 a 表示的是不同的变量；

② 变量名以英文字母开始，第一个字母后可以使用字母、数字、下划线，但不能使用空格和标点符号；

③ 变量名长度不得超过 31 位，超过的部分将被忽略；

④ 某些常量也可以作为变量使用，如 i 在 MATLAB 中表示虚数单位，但也可以作为变量使用。

常量是指那些在 MATLAB 中已预先定义其数值的变量，如：

```
Pi          % 圆周率
Inf         % 无穷大
Nan         % 不定值
i           % 虚位单位
```

（2）MATLAB 变量的显示。

任何 MATLAB 语句的执行结果都可以在屏幕上显示，同时赋值给指定的变量，没有指定变量时，赋值给一个特殊的变量，数据的显示格式由 format 命令控制。format 只影响结果的显示，不影响其计算与存储。MATLAB 总是以双字长浮点数（双精度）来执行所有的运算。如果结果为整数，则显示没有小数；如果结果不是整数，则输出形式有：

format（short）：短格式（5 位定点数）99. 1253

format long：　长格式（15 位定点数）99. 12345678900000

format short e：短格式 e 方式 9. 9123e + 001

format long e：　长格式 e 方式 9. 912345678900000e + 001

format bank：　两位十进制 99. 12

format hex：　十六进制格式

（3）MATLAB 变量的存取。

工作空间中的变量可以用 save 命令存储到磁盘文件中，输入命令“save <文件名>”，将工作空间中全部变量存到“<文件名>. mat”文件中去，若省略“<文件名>”则存入文件“matlab. mat”中；命令“save <文件名> <变量名集>”将“<变量名集>”指出的变量存入文件“<文件名>. mat”中。

用 load 命令可将变量从磁盘文件读入 MATLAB 的工作空间，其用法为“Load <文件名>”，它将“<交文件名>”指出的磁盘文件中的数据依次读入名称与“<文件名>”相同的工作空间中的变量中去。若省略“<文件名>”则“matlab. mat'”从中读入所有数据。

用 clear 命令可从工作空间中清除现存的变量。

2. 字符串

字符串是 MATLAB 中符号运算的基本元素，也是文字等表达方式的基本元素，在 MATLAB 中，字符串作为字符数组用单引号（'）引用到程序中，还可以通过字符串运算组成复杂的字符串。字符串数值和数字数值之间可以进行转换，也可以执行字符串的有关操作。

3. 元胞数组

元胞是元胞数组（cell array）的基本组成部分。元胞数组与数字数组相似，以下标来区分，单元胞数组由元胞和元胞内容两部分组成。用“{ }”表示元胞数组的内容，用圆括号“( )”表示元胞元素。与一般的数字数组不同，元胞可以存放任何类型、任何大小的数组，而且同一个元胞数组中各元胞的内容可以不同。

4. 构架数组

与元胞数组相似，构架数组（structure array）也能存放各类数据，使用指针方式传递数值。构架数组由结构变量名和属性名组成，用指针操作符“.”连接结构变量名和属性名。例如，可用 parameter. temperature 表示某一对象的温度参数

5. 对象

面向对象的 MATLAB 语言采用了多种对象，如自动控制中常用的传递函数模型对象、状态空间模型对象和零极点模型对象，一些对象之间可以相互转换。例如，可以从传递函数模型对象转化为零极点模型对象。

二、金融数据库①

金融数据库就是综合金融理论与计算机技术，将金融以及其他相关数据进行加工整理而成的，能够为金融教学、研究、金融投资等提供数据与相关服务的“数据平台”。这里定义的金融数据库不仅是数据库本身，它还包括基于数据库的相关数据处理、计算、建模及技术支持等服务。

实证金融与金融计量研究的发展，金融统计学、金融数学等学科的兴起，一个重要的基础是金融数据的搜集。准确、全面的数据是每一个研究者所追寻的，但要真正得到某一个方面真实而又全面的数据，除非自己每天都进行一定的记录，否则难以获得。因此，研究者对数据的需求越来越迫切，提供统一的、便捷的数据平台便成为必要。在很多研究机构，人们越来越注重数据的搜集、整理和共享，于是产生了金融数据库的雏形。

① 朱世武、严玉星：《金融数据库》，清华大学出版社 2007 年版，第 3 ~ 12 页。

然而，如果每个金融研究机构都进行数据的搜集、整理，就存在大量重复劳动，而且很多数据，普通研究机构难以搜集到，成本也很高。于是，专门提供金融数据库的公司出现了，金融数据库作为一个产品、一种服务，逐渐被人们所接受，这也意味着一个新兴行业的诞生。金融数据库的产生大大节省了研究者及一些行业需求者们时间，金融数据库也成为各金融研究机构、大专院校、投资分析机构的重要数据平台。金融数据库是进行金融实证与投资研究的最重要的软环境的一部分。

（一）金融数据库的分类

对于金融数据库，不同的分类方法有不同的类型，主要包括两大类标准：一是从内容和用途上进行区分；二是从金融数据的种类上进行区分。

1. 从内容和用途上来看，主要有行情咨询数据库和实证研究数据库

行情数据库。主要是提供即时行情的数据库，强调数据的实时性、直接性、准确性，而不需要对数据进行加工整理。此类数据库主要是为投资分析服务，其用户主要是各类投资者，早期的金融数据库多属此类。

实证研究数据库。此类数据库是为研究者进行实证研究服务，数据相对来说更加全面，强调数据的深度和广度。通常这类数据库不仅提供原始数据，还为研究者提供一系列“衍生数据”，即对原始数据进行深层和专业的加工、整理，提供各类常用数据指标，以方便研究者使用，节省研究者时间。

2. 从金融的数据种类来看，主要分为单一金融数据库和综合金融数据库

单一金融数据库。金融市场就其交易的金融产品不同，可以分为股票市场、债券市场、外汇市场、固定收益市场、金融期货市场等，相应的，单一金融数据库主要提供单一种类金融市场相关数据，如股票数据库、外汇数据库、债券数据库等。最初的金融数据库集中在股票数据上。这类单一金融数据库，数据范围相对狭窄，有时候需要研究多个金融产品之间的关系时，数据往往难以满足需要。

多样数据库。与单一数据库相对应的便是多样数据库，多样数据库常提供多个金融市场的相关数据。很多机构的投资范围通常横跨多个金融市场，研究者也希望进行这类跨市场的研究，这就需要多个市场的数据。越来越多的数据库提供商都在扩展数据覆盖范围，数据库综合化成为一种趋势。除了金融数据之外，很多研究往往需要涉及利率、通货膨胀等宏观经济数据，以及各类行业数据、分析师对各公司收益的预测，甚至法律信息，因此，很多金融数据库也把宏观数据、行业数据、法律信息等数据纳入数据提供范围。金融数据库也成为名副其实的多样数据库。

目前常用到国内外的一些主要数据库包括：

（1）CRSP（证券价格研究中心，芝加哥大学）。

① 数据来源：

美国股票和指数数据：纽约交易所和费城交易所数据；

美国股票和指数数据：纳斯达克数据；

美国国库券数据：多种来源；

美国共同基金数据：多种来源。

② 数据范围：

美国股票数据、美国股票指数、美国国库券、美国共同基金。

③ 更新的频率：

年度更新：每年 4 月；

季度更新：下一季度的第 12 个工作日；

月度更新：下一月的第 12 个工作日。

（2）Compustat（美国公司及其他国家公司数据，标准普尔公司）。

标准普尔 Compustat 提供北美地区大多数上市公司的年度和季度收益表、资产负债表、现金流量表以及其他附加数据。金融数据是通过一系列途径获得的，包括有线新闻网、新闻发布会、股东报告与公司的直接联系，以及证券交易委员会公布的季度和年度文件。

Compustat 文件也包括关于合并、行业分割、银行、市场价格、股利发放以及收益等信息。

Compustat 包括的数据文件有：行业文件（INA，INQ）、全覆盖文件（FCA，FCQ）、研究文件（RES，REQ）、银行文件（BNA，BNQ）、商业信息和行业分割（BIF）、价格、股利与收益文件（PDE）。

需要一个公司信息时，可以搜索 Compustat 数据库（行业、研究和全覆盖文件）。WRDS 已经把这三个文件合成为 SAS 文件（COMPANN. SSD01 和 COMPQTR. SSD01）。

（3）NYSE TAQ（日内高频数据，纽约股票交易所）。

纽约股票交易所（NYSE）交易和报价（TAQ）高频数据库包括所有在纽约股票交易所、美国股票交易所和纳斯达克全美市场系统（national market system，NMS）及小盘股（small cap）板块挂牌证券的日内交易数据（交易和报价）。TAQ 高频数据覆盖为 1993 年至今，ISSM（另一高频数据库）数据是从 1983 年至 1992 年。

NYSE TAQ 数据集是“综合的”（consolidated），这意味着交易和报价来自许多交易所，包括 NASDAQ 系统。TAQ 数据集规模很大，在 2007 年 1 月，报价和交易数据集的大小分别是 121. 7G 和 12. 3G。如果加上指标数据集（综合报价数据集有 52. 1G 的指标数据集，而综合交易数据集有 7. 4G 的指标数据集），仅一个月的数据量就十分巨大。这么大的规模给用户处理数据带来很大麻烦，因此在使用 NYSE 的 TAQ 高频数据库时先研究小样本是很必要的。例如，几天的数据，或一家公司几个月的数据，在调试好程序并对其质量非常有信心之后，再扩展到要研究的整个时间段。这样做有三个好处：可以节省时间、容易调试程序、输入及输出简单。

（4）Datastream。

Datastream 提供了一个随时更新的包含全球经济、公司、市场等信息的数据平台人口。金融数据可以以文本和图形格式得到。

覆盖的数据类型：股票、债券、公司账目、股票市场指数、利率和汇率、经济统计数据、期货和期权、抵押贷款以及商品。

数据来源：股票市场指数来自 WI Carr、IFC、JP Morgan、Stanley；债券指数来自 ISMA、Salomon Brothers、Paribas；经济数据来自德意志联邦银行、国际货币基金组织以及经济合作与发展组织。可以利用 Datastream 提供的过去 3 个月的日数据，计算标准普尔综合价格指数的结算价，还可以任意列出 6 家美国和德国公司的盈亏状况。

（5）美国国家数据中心（SDC）。

美国国家数据中心是人口调查局时间最长和最成功的合作项目之一。它是政府与人口调查局 1978 年开始合作的项目，目的是使地方公众能通过因特网从州代理机构、大学、图书馆及当地政府的网站获得数据。商业和行业数据中心项目（BIDC）是为了满足商业团体对经济数据的需要于 1988 年添加进去的。SDC 的领导机构由州长指派。SDC 相对来讲比较遥远，可以仅作为一个了解。

（6）固定收益债券价格基准（GovPX）。

固定收益债券价格基准是全球 24 小时国库券市场价格数据的主要来源，它通过所有美国国库券、回购协议和掉期经销商获得初级市场交易活动的信息。

GovPX 是美国国库券市场即期价格的标准。这里将看到最好的需求者、最好的供给者、最小价差以及最后一笔交易，这些都是自动编译和即时的。这是行业分析家、经销商、交易者、经纪人、投资者、任何需要国库券价格的人能够在第一时间得到数据的地方。有了 GovPX，就可以随心所欲地即时监控市场，了解国库券、商业票据、债券、货币市场、零息票和政府证券的活动情况，不需要搜索不同的屏幕来得到最好的价格和信息。

GovPX 任何格式都是支持的，而且与多种系统都是相互适应的，同时 GovPX 是一个开放的系统，能够在局域网或其他任何开放或封闭的系统中工作。能够在 Unix、Windows 以及其他操作系统中得到。同时用户可以从任何地方得到 GovPX 数据，从单机系统到因特网，从手写纸到 Trans - Lux Datawalls。因为 GovPX 通过分销商进行数据传送，可以用最适合用户的方式处理和分析，重新获得和存储 GovPX 数据。

（7）路透（Reuter）。

虽然“路透”的名字因其下属著名通讯社“路透社”而被中国人知晓，但路透集团事实上是全球最大的金融信息服务供应商，其 90% 以上的业务收入源于提供金融实时数据、分析系统、交易工具及平台等服务。路透的客户涵盖了全球各大金融机构和高科技公司，支持着全球金融市场和新闻资讯的运行。全球有超过 350000 名金融从业人员运用路透的产品和服务，覆盖领域包括资本市场、债券市场、外汇市场、融资市场、商品市场和能源市场多个方面。路透向他们提供有关这些领域的信息服务和工具，从而达到优化生产和决策过程的目的。

目前，路透金融信息数据包括来自全球 258 家金融证券交易所和场外交易市场，以及 5000 多家专业机构提供的市场报价、市场评估和市场分析等各类信息。路透拥有 750 多条正规数据来源渠道。路透的历史性数据库中储存超过 300 万个数据群。高峰时，路透的数据网络每秒钟处理和更新的信息高达 2.3 万多条。

（8）彭博（Bloomberg）。

彭博是全球商业、金融信息和财经资讯的领先提供商，由纽约市市长迈克尔·布隆伯格于 1981 年创立，总部位于美国纽约市曼哈顿，现有超过 1.3 万名员工，业务遍及全球 185 个国家与地区。2012 年彭博资讯集团全球营业收入达 76 亿美元，成为全球最大的财经资讯服务提供商。成立于 1982 年的美国彭博资讯公司是目前全球最大的财经资讯公司。彭博仅用了 22 年的时间，就将金融数据市场的销售收入超越了具有 150 年历史的、世界上最大的资讯公司——路透集团。

彭博专业（bloomberg professional）服务及彭博的媒体服务整合在一个平台上为全球各地的公司、新闻机构、金融和法律专业人士提供实时行情、金融市场历史数据、价格、交易信息、新闻和通信工具。彭博的媒体服务包括在全球拥有 130 家新闻分社和 2000 名新闻专业人员的彭博新闻社——Bloomberg News（r）、每天 24 小时以 7 种语言在全球通过 10 个不同的频道播放财经新闻的彭博电视台——Bloomberg Television（r），以及在全球范围内在 xm、sirius 及 worldspace 卫星电台和纽约 WBBR 1130AM 提供即时新闻的彭博电台——Bloomberg Radio（sm）。另外，彭博还出版了针对专业投资人士的杂志——*Bloomberg Markets*（*r*）和书籍——*Bloomberg Press*（*r*）。

彭博专家服务系统的内在特点是它的分析功能。彭博分析通过即时工具的方式帮助客户更加清晰地了解市场。客户能够管理风险，利用定价模型，以及评估长期和短期表现。彭博数据的高质量和深度使得专家服务系统对于交易前分析来说是一个非常有用的工具，令客户在分析和投资总结中更加自信。

（9）聚源。

聚源数据库是上海聚源数据服务公司通过长期的探索、实践和专家论证，结合证券市场的信息结构特征与不同投资主体的信息需要和潜在需求，利用先进的技术手段自主开发设计的大型专业化金融证券数据库。该数据库在组织结构上包含基础库、衍生库、专项库三个方面；在内容上涵盖股票、基金、债券、宏观经济、行业资讯等各个层面；在技术上，采用事务更新方式，能有效、及时、高效地实施数据更新，并可根据用户的要求，提供与 SQL Server、Sybase、Oracle、DB2 等关系数据库的接口。与业内其他产品相比，聚源数据库具有数据覆盖全面、准确性高、安全性强、更新及时、售后服务周到等特点。

（10）世华。

世华的产品分为三部分：世华模拟交易系统、世华财务分析系统和世华财讯系统。其中，世华财讯系统是一个侧重于资讯内容类的数据服务系统，提供金属、农产品、能源、证券、外汇、金融衍生品和经济数据方面的实时信息行情，并提供高质量的即时财经资讯。

世华财讯系统提供了一系列行业信息、实时报价和历史数据以及用于分析和预测的技术工具。主要内容包括国际财经信息、各类市场评论、研究报告、上市公司的背景资料（包括业务简介、动向及业绩报告）。世华财讯系统是以图线方式表示的商品数据和经济数据、国际组织动态，以及专业财经人士的权威分析和建议。

世华公司通过卫星、因特网等多种先进传输手段，每天 24 小时向广大用户提供超过 100 万字的动态财经资讯和相关历史数据，内容涵盖证券、外汇、期货、基金、债券、利率等多个领域，以及国际国内各大金融市场 4000 多种交易品种的实时交易行情。

（11）万得（Wind）。

万得资讯是中国大陆领先的金融数据、信息和软件服务企业，总部位于上海陆家嘴金融中心。在国内市场，Wind 资讯的客户包括超过 90% 的中国证券公司、基金管理公司、保险公司、银行和投资公司等金融企业；在国际市场，已经被中国证监会批准的合格境外机构投资者（QFII）中 75% 的机构是 Wind 资讯的客户。同时，国内大部分知名的金融学术研究机构和权威的监管机构也是 Wind 资讯的客户，大量中英文媒体、研究报告、学术论文等经常引用 Wind 资讯提供的数据。

（12）锐思（RESSET）。

北京聚源锐思数据科技有限公司是一家专门从事金融数据库和相关投资研究软件研发的“国家级高新技术企业”，由众多国内外金融和数据库领域的资深专家，在多年研发储备和经验积累的基础上联合成立。公司以数据质量与正确的金融建模计算标准为生命线，为高校、政府及金融机构提供精准的经济、金融数据和完备的增值服务。锐思数据公司的产品质量、产品使用便捷性和服务专业性均在业界名列前茅，是中国一流的金融研究数据提供商。

目前锐思数据拥有数据库、投资研究系统、辅助教学系统三大系列产品，并提供高校金融实验室建设方案，是为中国高校和机构提供数据平台、教学软件的综合服务提供商。锐思产品在国内外市场被广泛采用，获得很高赞誉。据不完全统计，每年有数千篇期刊论文、硕博士论文引用锐思数据库，其中多篇为国际顶级期刊。

锐思终端系列投资研究软件发布，包括锐思金融终端、量化研究平台、仿真交易系统等应用产品，形成数据库、投资研究系统、辅助教学软件三大系列产品，发展成为中国高校和机构提供数据平台、教学软件的综合服务提供商。截至2016年底，锐思用户达70000多个，机构用户1200余家，正式高校用户400余所。完整的历史数据、大量的衍生指标、庞大的金融经济专业知识库、开放的算法与基础数据、加工处理的高频数据和全部中英文对照成为锐思一大优势。

（13）国泰安。

国泰安（China Stock Market Accounting Research，CSMAR）系列数据库是国泰安公司针对高等院校、金融证券机构、社会研究机构的专家学者对于中国金融、经济分析研究的需要，而设计研发的研究型专业金融、经济数据库系统。

国泰安系列数据库是由宏观经济、上市公司、股票市场、基金市场、债券市场、期货市场、外汇及黄金市场等构成的有机统一整体。该系列数据库既可在国泰安查询系统中使用，也可通过因特网在“国泰安研究服务中心”网站上在线浏览、提取、下载数据。

（14）同花顺。

同花顺数据库同国内其他数据库一样，都有各自的特点。同花顺的数据主要有以下的特点：

① 数据全面。同花顺数据库涵盖了几乎所有的中国金融数据、宏观数据、财经资讯，涵盖了中华人民共和国成立以来中国证券市场、债券、基金、期货、外汇、股指期货等全部金融数据。包括中国宏观数据、行业宏观数据、全球宏观数据等60多万个数据来源，以及海量的财经资讯。研究报告齐全，包括中金、申万、国泰君安、国信、银河、安信、东方、高盛高华、高盛亚洲等200多家机构最近的研报更新。

行情数据库：美股实时行情、港股行情、债券行情、期货行情及指数行情（同时可提供沪深LEVER－2十档行情及资金流向，具有近六年资金流向的底层数据，具有大盘、板块、个股的BBD决策，第三代DDE决策引擎，监控主力资金流向，T＋0的资金透析、实时揭示主力成交）。

经济数据库（EDB）：中国宏观数据、行业经济数据和海外宏观数据库，指标总数超过60万个的海量数据库，并配合强大的指标计算和图形功能；目前的数据来自超过450个数据来源，新的数据源还在不断充实中。

② 数据及时。超过 500 人的金融数据团队，所有金融数据、宏观行业数据、财经资讯均能及时录入，可以随时掌握最新的金融数据和金融资讯。

资讯及搜索：经济通新闻、每日速递、同花顺视点三大新闻报等最新的财经新闻导读，市场解读及解盘资讯；强大的财经搜索引擎，快速聚焦关注的市场热点。

③ 数据使用便捷。同花顺拥有强大的金融数据分析工具，可以对各类金融数据在本终端内实现数据提取、筛选、统计、对比、做图、导出等功能，是进行各类金融研究最便捷的工具。

（15）国研网数据库。

国务院发展研究中心信息网（以下简称“国研网”）由国务院发展研究中心主管、北京国研网信息股份有限公司承办，创建于 1998 年 3 月，并于 2002 年 7 月 31 日正式通过 ISO 9001:2000 质量管理体系认证，2018 年 5 月顺利通过 GB/T19001－2016/ISO 9001:2015 质量管理体系转版换证年检，是国内著名的专业性经济信息服务平台。

国研网以国务院发展研究中心丰富的信息资源和强大的专家阵容为依托，与海内外众多著名的经济研究机构和经济资讯提供商紧密合作，以“专业性、权威性、前瞻性、指导性和包容性”为原则，全面汇集、整合国内外经济金融领域的经济信息和研究成果，本着建设“精品数据库”的理念，以先进的网络技术和独到的专业视角，全力打造中国权威的经济研究、决策支持平台，为中国各级政府部门、研究机构和企业准确把握国内外宏观环境、经济金融运行特征、发展趋势及政策走向，从而进行管理决策、理论研究、微观操作提供有价值的参考。

国研网已建成了内容丰富、检索便捷、功能齐全的大型经济信息数据库集群，包括：对国务院发展研究中心 1985 年以来的研究成果、国研网自主研发报告，以及与国内知名期刊、媒体、专家合作取得的信息资源进行数字化管理和开发而形成的“国研视点”“宏观经济”“金融中国”“行业经济”“区域经济”“企业胜经”“高校参考”“基础教育”等六十几个文献类数据库；全面整合国内外权威机构提供的统计数据，采取先进的数据挖掘分析工具，加工形成的“宏观经济”“对外贸易”“工业统计”“金融统计”“财政税收”“固定资产投资”“国有资产管理”等五十多个统计类数据库。同时，针对党政用户、高校用户、金融机构、企业用户的需求特点开发了“党政版”“教育版”“金融版”“企业版”四个专版产品，并应市场需求变化推出了“世经版”“经济·管理案例库”战略性新兴产业数据库“文化产业数据库”“国务院发展研究中心行业景气监测平台”“中国电子商务数据库”几款专业化产品。上述数据库及信息产品已经赢得了政府、高校、金融机构、企业等社会各界的广泛赞誉，成为他们在经济研究、管理决策过程中的重要辅助工具。

此外，国研网组建了一支高效率、专业化的研究咨询团队，在宏观经济、行业分析、战略规划等领域积累了丰富的经验，结合多年积累的丰富而系统的数据库资源，为中国各级政府部门、广大企事业单位和众多海内外机构提供深度的市场研究与决策咨询服务。目前，国研网的业务领域已拓展至个性化信息服务、专项课题研究、经济类综合性高层论坛、职业化培训和网络广告等领域，以满足不断增长的用户需求。

（16）中经网。

中经网数据中心成立于1998年，是国家信息中心中经网组建的专业从事经济数据资源开发和服务的机构，承担着为政府及政府研究机构提供数据支持、数据资料分析整合等业务，是代表国家信息中心中经网对社会提供经济数据信息服务的唯一窗口。作为最大的专业数据信息提供机构，其整合了多个大型统计数据库系列，包括《中国统计数据库》《世界统计数据库》《中国企业、产品库》《中经网产业数据库》，已形成宏观、行业、区域、企业等多方位信息服务体系。其主要客户为五大银行选定产品（人行、建行、工行、中行、开行）；金字工程选定产品（金宏工程、金财工程、金税工程）；经济管理类院校、研究机构重要资料数据库。

特点：拥有丰富的数据资源，历史数据完整，是权威的数据信息提供商；拥有丰富的项目经验，数据处理能力强大，是专业的数据加工、数据分析机构。

（二）金融数据库的作用

金融数据库成为各大研究机构和投资分析平台的一个重要数据平台，可以说金融数据库的作用也就不言而喻了。

（1）节省研究者搜集数据的时间；

（2）节省研究者整理数据的时间；

（3）降低研究者和研究机构的数据获得成本；

（4）可以为研究者提供多种专业化的配套服务；

（5）标准统一，有利于研究结果的比较。

金融数据库的建立可以说是金融史上的一个重大进步，促进了金融业的进步与发展。

三、金融数据的处理

一般所获得的金融数据都是一些原始的数据，在进行金融分析时需要对数据进行一定的加工处理才能做进一步的分析。由于本书主要是以MATLAB为主，因此介绍一些关于MATLAB的处理方法。

市场金融数据一般为日期型数据和货币型数据，对这些数据的处理为下一步可视化图像奠定了基础，接下来对日期型数据和货币型数据及可视化图像进行说明。

1. 日期数据

在MATLAB中，关于日期格式主要有19种格式为MATLAB所接受，主要有：

① 日/月/年，时/分/秒　　② 日/月/年

③ 月/日/年　　④ 周 wen

这里不再一一进行展示，读者如有需要，可以通过打开 MATLAB 软件的工具栏进行寻找。对于不同类型的时间格式，读者需要进行熟练地掌握。

日期处理函数：

在 MATLAB 内部常用的日期数据处理函数有以下几种：

Datenum　　%实现其他格式日期向 MATLAB 内部日期格式转换；

Datestr　　%从内部格式到字符串格式日期的输出，并转换格式；

M2xdate　　%实现 MATLAB 格式向 Excel 日期格式转换；

X2mdate　　%实现 Excel 日期格式向 MATLAB 日期转换；

Now　　%当前日期；

Date　　%当前日期，返回字符串格式；

Today　　%当前日期，返回内部格式；

Day　　%求出内部格式日期的日；

Month　　%求出内部格式日期的月；

Year　　%求出内部格式日期的年；

Hour　　%求出内部格式日期的小时数；

Second　　%求出内部格式日期的分钟数；

Minutes　　%求出内部格式日期的秒数。

同时，MATLAB 支持不同标准下的时间计量标准，其中包含常见的 PSA 和 ISDA 标准，将此类函数罗列如下：

. days360

. days360e

. days360isda

. days360psa

. days365

. daysact

另外，由于目前国内交易日的特殊性，在 MATLAB 里尚没有解决阴历节假日的问题，这点需要读者根据实际情况自己设定相应的节假日。

非交易日数据。在 MATLAB 中既然用来做金融数据的处理，那根据市场的实际运行状况，交易过程中间存在着假期、非交易日等，这就要求对这些日期的空数据进行处理。同时，

在计算两个时间节点之间的交易日时，应剔除非交易日的情况。解决非交易日数据的函数有很多种，这里就不再进行展开讲述了，只说明一下 holdays 函数。

holidays 函数包含了纽约股票交易所（New York Stock Exchange）在 1950 ~ 2050 年的非文易日情况，holidays 并不包含周末的情况。

【语法格式】

H = holidays(startdate,enddate)

【输入变量】

Startdate　　%开始日期；

Enddate　　%结束日期。

【输出变量】

H　　%返回起始日到结束日的假期日。

这些都是外国的节假日，与中国的节假日有一定的不同，如果读者有自己的假期需要加入，例如根据中国的情况调整清明、端午、中秋等节日，可以采用 createholidays 函数。构建一个基于中国法定假日的数据库对于研究中国金融数据会带来极大的方便。

2. 货币格式转换

在金融数据处理的过程中，经常用到的货币格式是不同的，因此一般需要进行转换。MATLAB 中支持的格式有三种：货币格式、字符串格式、分数格式。货币格式是常见十进制小数的形式；字符串格式和分数格式都是以字符串形式存在的，便于报表输出时的格式定制。

（1）MATLAB 提供的分数格式向货币格式转换的函数为 frac2cur。

【语法格式】

Decimal = frac2cur(Fraction,Denominator)

【输入变量】

Fraction　　%分数形式的货币数量；

Denominator　　%指定分数格式的分母。

【输出变量】

Decimal　　%小数形式的货币数量。

（2）MATLAB 提供的货币格式向分数格式转换的函数为 cur2frac。

【语法格式】

Fraction = cur2frac(Decimal,Denominator)

【输入变量】

Decimal　　%小数形式的货币数量；

Denominator　　%指定分数格式的分母。

【输出变量】

Fraction　　　　% 分数形式的货币数量。

(3) MATLAB 提供的货币格式向字符串格式转化的函数为 cur2str。

【语法格式】

String = cur2str(Value,Digits)

【输入变量】

Value　　　　% 货币数量;

Digits　　　　% 小数点位数。

【输出变量】

String　　　　% 返回字符串形式的货币数量。

3. 图像的可视化处理

将数据转换为图像是进行金融分析的一个直观表达，而 MATLAB 相应的提供了这样的一个功能。在 MATLAB 界面上点击绘图按钮，就能够找到 FINANCE TOOLBOX 提供的绘制图标了（见图 1-1）。

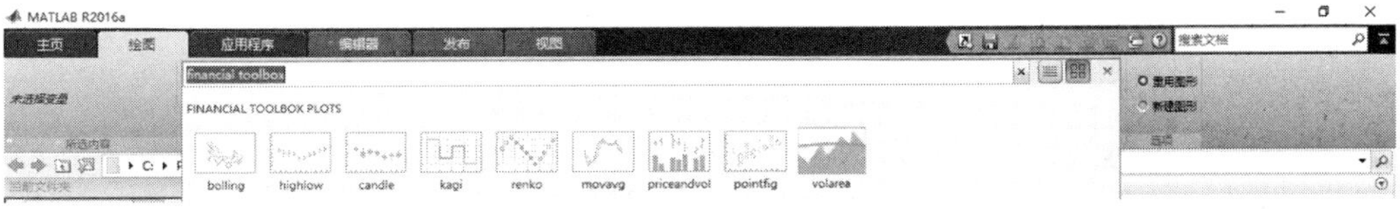

图 1-1　绘图界面

首先我们要取得行情数据，这是通过 Auto-Trader 的 traderGetKData 函数来完成的。

(1) 行情数据函数获取。

[time, open, high, low, close, volume, turnover, openinterest] = traderGetKData (Market, Code, KFrequency, KFreNum, BeginDate, EndDate, FilledUp, FQ)

我们取沪深 300 指数日行情数据，时间范围是：20160501—20171001

clc,clear

[time, open, high, low, close, volume, turnover, openinterest]= traderGetKData('sse', '000300', 'day', 1, 20160101, 20170101, false, 'FWard');

data000300 = [time,open,high,close,low,volume];

openprice = data000300(:,2)';　　　　% 开盘价

highprice = data000300(:,3)';　　　　% 最高价

closeprice = data000300(:,4)';　　　　% 收盘价

lowprice = data000300(:,5)';　　　　% 最低价

（2）画图。

① candle（阴阳蜡烛图）函数。

在 Matlab 窗口命令输入 help candle，我们可以看到其函数具体的应用，见图 1－2。

```
命令行窗口
>> help candle
candle - Candlestick chart

    candle(HighPrices,LowPrices,ClosePrices,OpenPrices) plots a candlestick chart
    given column vectors with the high, low, closing, and opening prices of a
    security.

    candle(HighPrices,LowPrices,ClosePrices,OpenPrices)
    candle(HighPrices,LowPrices,ClosePrices,OpenPrices,Color,Dates,Dateform)

    另请参阅 bolling, candle, dateaxis, datetime, highlow, movavg, pointfig

    candle 的参考页
    名为 candle 的其他函数
fx
```

图 1－2　candle 函数

［输入参数］

Highprice：最高价

Lowprice：最低价

Openprice：开盘价

Closeprice：收盘价

Color：蜡烛颜色，默认蓝色

Dates：日期

Dateform：日期格式

具体程序如下：

```
clc,clear
[time, open, high, low, close, volume, turnover, openinterest]=traderGetKData('sse', '000300', 'day', 1, 20170701, 20171001, false, 'FWard');
data000300 =[time,open,high,close,low,volume];
openprice = data000300(:,2);          %开盘价
highprice = data000300(:,3);          %最高价
closeprice = data000300(:,5);         %收盘价
lowprice = data000300(:,4);           %最低价
candle(highprice,lowprice,closeprice,openprice);
```

阴阳蜡烛图如图 1－3 所示。

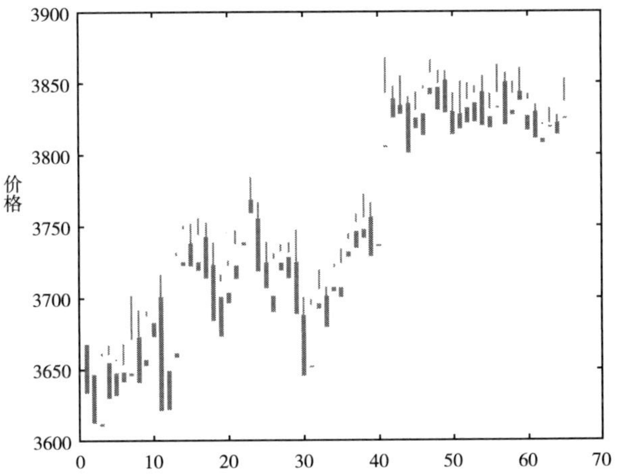

图 1－3　阴阳蜡烛图

修改 x 轴显示的日期：

```
clc,clear
[time, open, high, low, close, volume, turnover, openinterest] = traderGetKData('sse', '000300', 'day', 1, 20170701, 20171001, false, 'FWard');
data000300 = [time,open,high,close,low,volume];
openprice = data000300(:,2);        % 开盘价
highprice = data000300(:,3);        % 最高价
closeprice = data000300(:,5);       % 收盘价
lowprice = data000300(:,4);         % 最低价
candle(highprice,lowprice,closeprice,openprice,[ ],time,26);
title('HS300 指数 20170701——20171001 行情数据')
```

阴阳蜡烛图如图 1－4 所示。

图 1－4　阴阳蜡烛图

② bolling（布林带）函数，如图 1－5 所示。

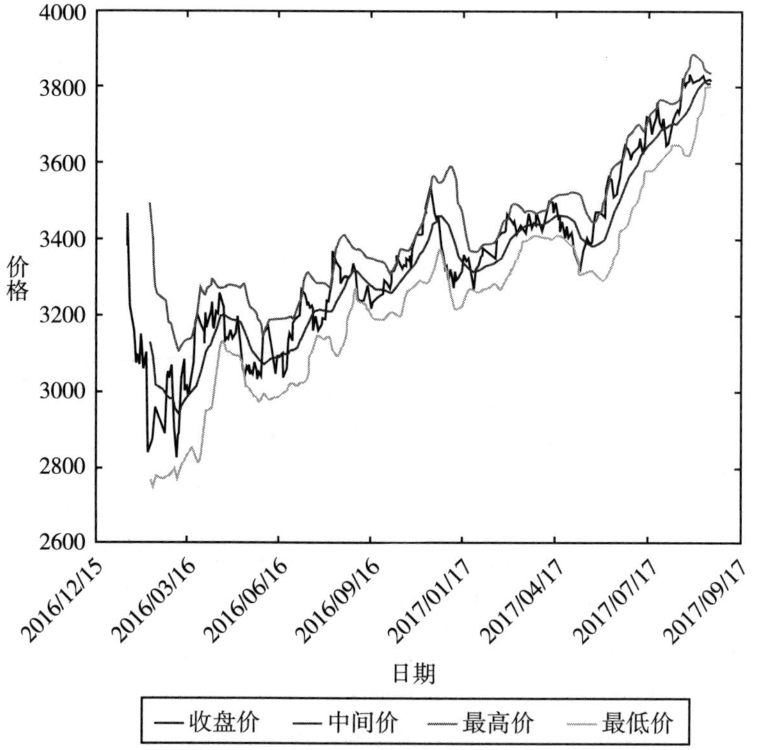

图 1－5 布林带图

③ highlow（高低价）函数，如图 1－6 所示。

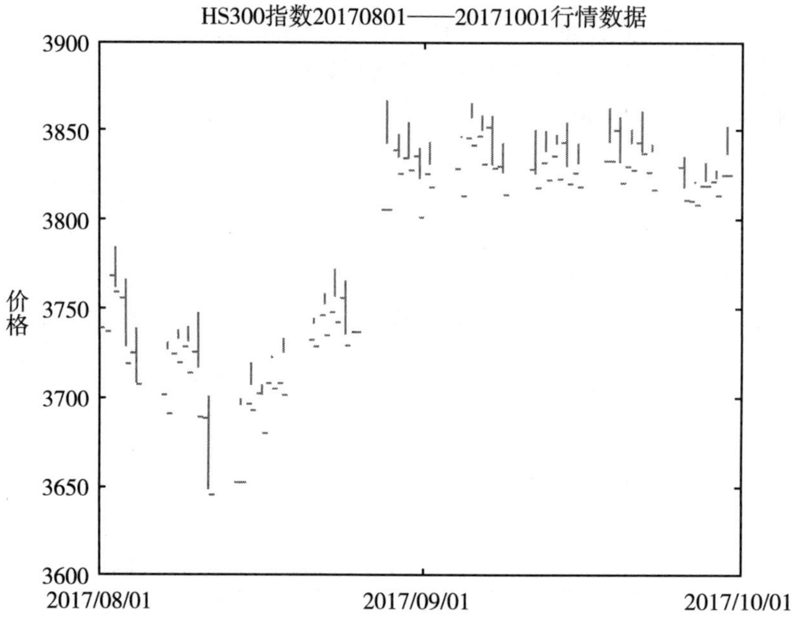

图 1－6 高低价图

④ kagi（折线图）函数，如图 1 - 7 所示。

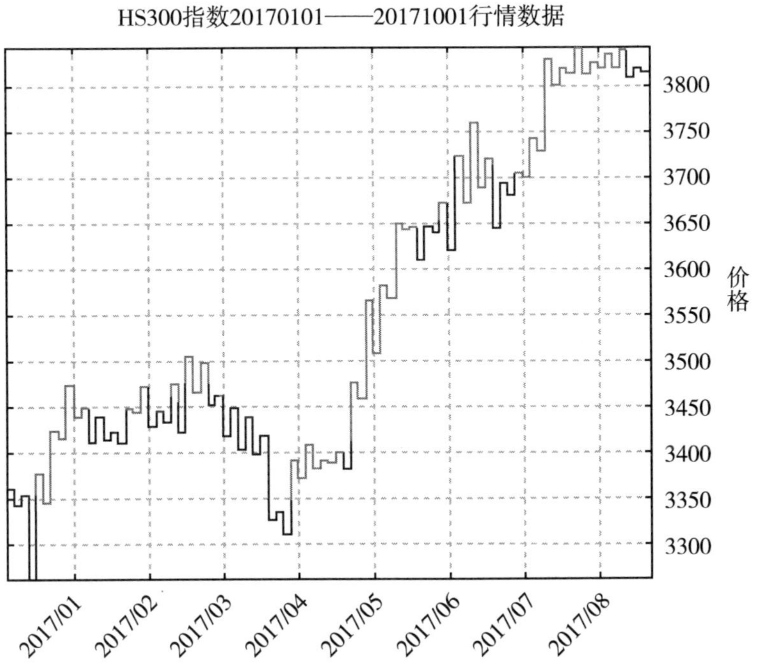

图 1 - 7　折线图

⑤ renko（砖形图）函数，如图 1 - 8 所示。

图 1 - 8　砖形图

⑥ volarea（成交量面积图）函数，如图 1 - 9 所示。

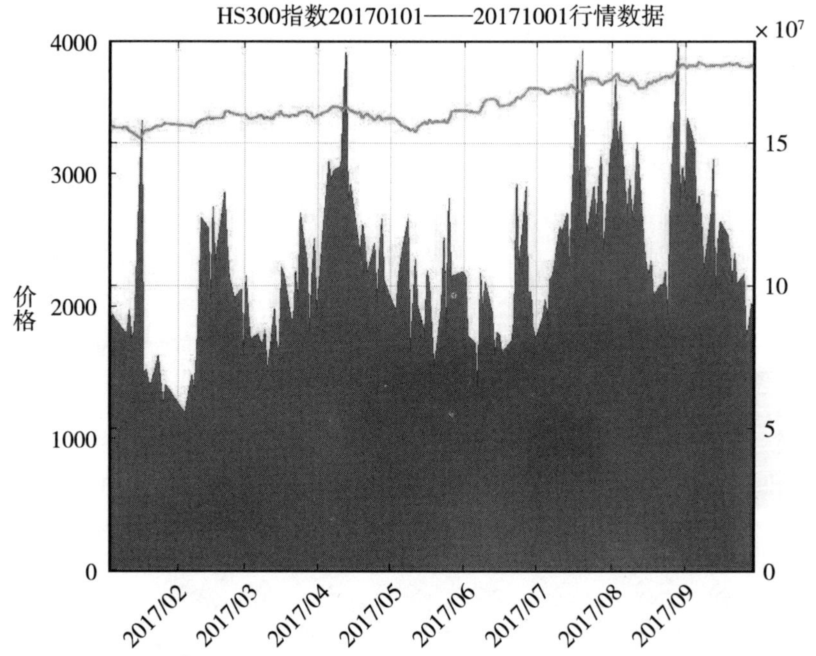

图 1 - 9　成交量面积图

⑦ pointfig（涨跌点图）函数，如图 1 - 10 所示。

图 1 - 10　涨跌点图

⑧ priceandvol（涨跌点图）函数，如图 1－11 所示。

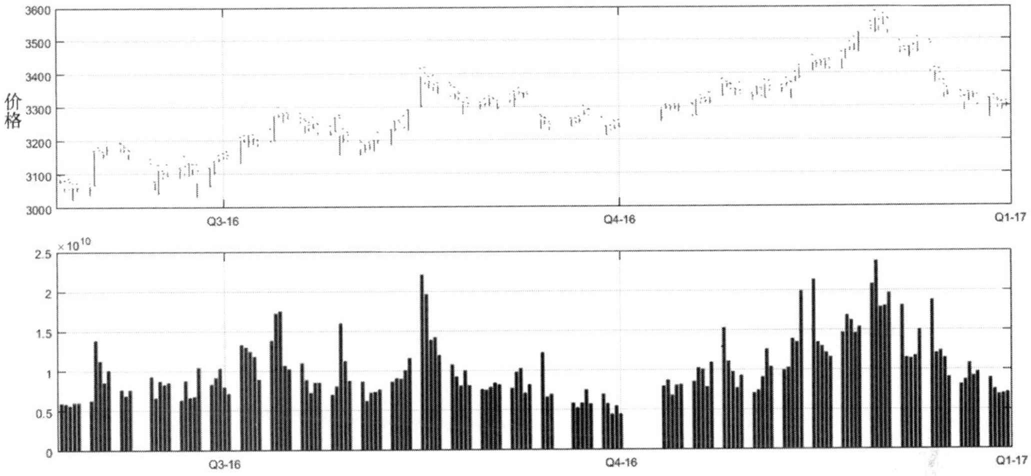

图 1－11　涨跌点图

⑨ movavg（移动平均图）函数，如图 1－12 所示。

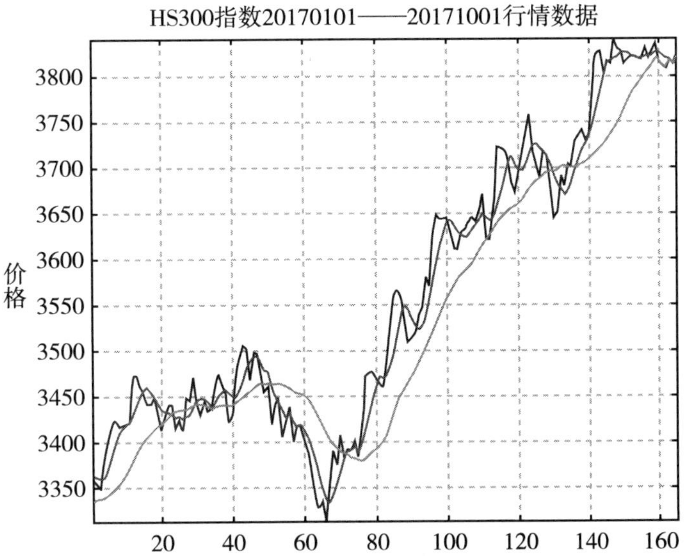

图 1－12　移动平均图

四、数据的储存

数据处理完毕之后往往需要对于数据进行保存，在 MATLAB 中对于数据的存储主要有四种格式：. mat 文件、. xls 或 . xlsx 文件、. csv 文件、. txt 文件。

（1）存 excel 文件，用 xlswrite（　）。

（2）存 mat 文件，就直接在 workspace 里保存。

（3）存 csv 文件，用 csvwrite（　）。

（4）存 txt 文件，用 dlmwrite（　）。

以存 excel 文件为例，对于其他的一些类型和 excel 类型储存具有一致性。

（1）excel 数据读取函数：

[num，txt，raw，X] = xlsread(filename，sheet，range)

filename，sheet，range 文件名，sheet 名、范围

num，txt，raw，X 输出

（2）excel 数据写入函数：

[status，message] = xlswrite（filename，M，sheet，range）

filename，M，sheet，range 文件名，数据、sheet 名、范围

EXAMPLE：

A = xlsread('testdata2. xls'，sheet1，'A4：B5')　% 从 testdata2. xls 中读取 sheet1 表中数据从 A4 到 B5 的范围。

第四节　软件平台类型及特点

在进行一些金融计算时往往需要借助一些工具，在生活中常常会用到 Excel、MATLAB 及 SAS 这些工具，它们拥有各自的特点，SAS 软件偏向于统计类，而 MATLAB 偏向于计量类，其基本应用如图 1－13 所示。

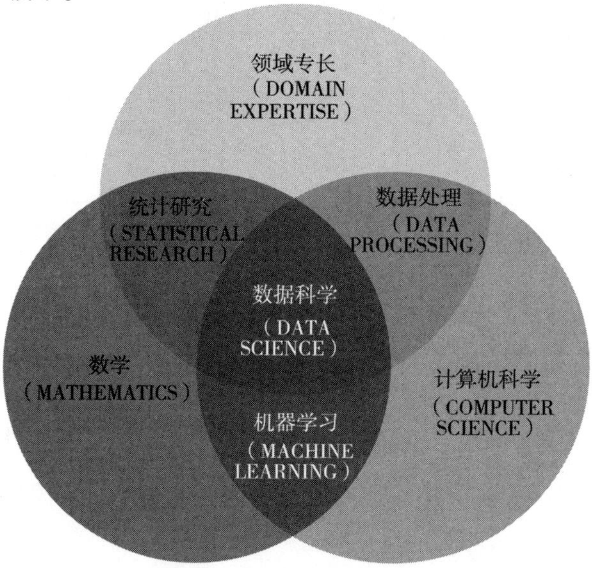

图 1－13　软件应用

一、Excel 的介绍

Excel 是 Microsoft Office System 中的电子表格程序。可以使用 Excel 创建工作簿（电子表格集合）并设置工作簿格式，以便分析数据和做出更明智的业务决策。还可以使用 Excel 跟踪数据，生成数据分析模型，编写公式以对数据进行计算，以多种方式透视数据，并以各种具有专业外观的图表来显示数据。简而言之，Excel 是用来更方便处理数据的办公软件。

Excel 中大量的公式函数可以应用选择，使用 Microsoft Excel 可以执行计算，分析信息并管理电子表格或网页中的数据信息列表与数据资料图表制作，可以实现许多快捷的功能，带给使用者方便。

在金融行业中，Excel 最重要的工作就是做模型对各类指标进行估算，主要的模型包括但不限于以下几种：

（1）偏会计或财务：财务三张报表的历史及预测；

（2）偏项目投资或管理：NPV/IRR 等模型；

（3）偏股权或债券投资：市场规模预测、投资价值预测（DCF 及 Comparable 等）、针对各种股权的回报预测等；

（4）偏交易方面：针对各类金融产品（FX、衍生品等）的模型估算和执行策略等。

在进行金融建模时，Excel 有自己的独特优势，其中 VBA 和 Excel 的完美结合可以实现程序的自动化，可以创建自定义的解决方案。VBA 可以实现在资产定价、投资组合及风险管理方面的应用，如自定义金融函数、股票价格的模拟、期权二叉树定价模拟、蒙特卡罗模拟等。同时在 CFA 和 FRM 中，利用 Excel 也可以实现对众多模型的构建，加强理解，增强实际应用能力。例如，可以编制精美的动态财务报表，可以模拟可转债、权证套利策略，可以实际分析业务中的市场风险、信用风险以及操作风险。Excel 在金融领域的应用是在不断发展的。

二、MATLAB 介绍

MATLAB 的全称是 Matrix Laboratory（矩阵实验室），是美国 Math Works 公司出品的商业数学软件，用于算法开发、数据可视化、数据分析及数值计算的高级技术计算语言和交互式环境，主要包括 MATLAB 和 Simulink 两大部分。在金融领域，使用 MATLAB 可以加速产品研究，减少开发时间，提高模型的仿真速度和控制项目成本；利用 MATLAB 及相关产品，可以进行分析数据、评估风险、开发并优化策略等一系列金融建模工作。

1. MATLAB 语言功能与特点

MATLAB 的功能如图 1－14 所示。

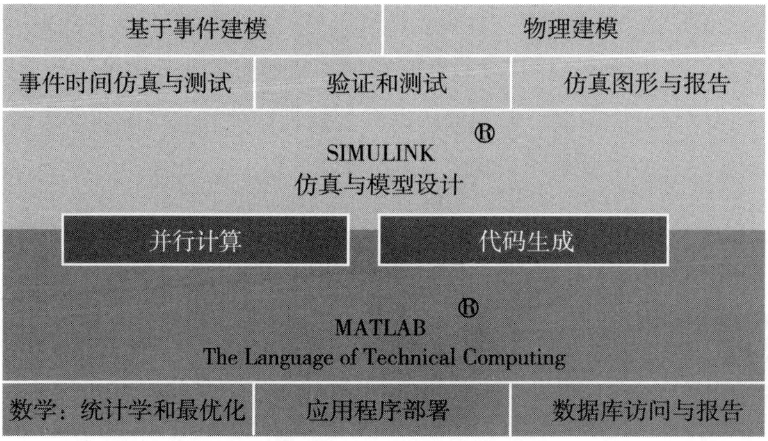

图 1－14 MATLAB 功能

主要具有以下特点：

（1）以矩阵和数组为基础的运算。MATLAB 是一个高级的矩阵阵列语言，它包含控制语句、函数、数据结构、输入输出和面向对象编程特点。MATLAB 以矩阵为基础，不需要预先定义变量和矩阵（包括数组）的维数，可以方便地进行矩阵的算术运算、关系运算和逻辑运算等。而且 MATLAB 有特殊矩阵专门的库函数，可以高效地求解诸如信号处理、图像处理、控制等问题。

（2）语言简洁，使用方便。MATLAB 程序书写形式自由，被称为“草稿式”语言，这是因为其函数名和表达更接近书写计算公式的思维表达方式，编写 MATLAB 程序犹如在草稿纸上排列公式与求解问题，因此可以快速地验证工程技术人员的算法。此外，MATLAB 还是一种解释性语言，不需要专门的编译器。具体地说，MATLAB 运行时可直接在命令行输入 MATLAB 语句，系统立即进行处理，完成编译、链接和运行的全过程。利用丰富的库函数避开繁杂的子程序编程任务，压缩了一切不必要的编程工作。

（3）强大的科学计算机数据处理能力。MATLAB 是一个包含大量计算算法的集合。其拥有 600 多个工程中要用到的数学运算函数，可以方便地实现用户所需的各种计算功能。函数中所使用的算法都是科研和工程计算中的最新研究成果，而且经过了各种优化和容错处理。在通常情况下，可以用它来代替底层编程语言，如 C 和 C++。在计算要求相同的情况下，使用 MATLAB 编程会大大减少工作量。MATLAB 的这些函数集包括从最简单最基本的函数到如矩阵、特征向量、傅立叶变换的复杂函数。函数所能解决的问题大致包括矩阵运算和线性方程组的求解、微分方程及偏微分方程组的求解、符号运算、傅立叶变换和数据的统计分析、工程中的优化问题、稀疏矩阵运算、复数的各种运算、三角函数和其他初等数学运算、多维数组操作以及建模动态仿真等。

（4）强大的图形处理功能。MATLAB 具有非常强大的以图形化显示矩阵和数组的能力，同时它能给这些图形增加注释并且可以对图形进行标注和打印。MATLAB 的图形技术包括二维和三维的可视化、图像处理、动画等高层次的专业图形的高级绘图函数（如图形的光照处理、色度处理以及四维数据的表现等），也包括一些可以让用户灵活控制图形特点的低级绘图命令，可以利用 MATLAB 的句柄图形技术创建图形用户界面。同时，对一些特殊的可视化要求，如图形对话等，MATLAB 也有相应的功能函数，保证了用户不同层次的要求。另外，新版本的 MATLAB 还着重在图形用户界面（GUI）的制作上做了很大的改善，对这方面有特殊要求的用户也可以得到满足。

（5）可扩充性强，具有方便的应用程序接口。MATLAB 不仅有着丰富的库函数，在进行复杂的数学运算时可以直接调用。而且用户还可以根据需要方便地编写和扩充新的函数库。通过混合编程用户可以方便地在 MATLAB 环境中调用其他如 Fortran 语言或者 C 语言编写的代码，也可以在 C 语言或者 Fortran 语言程序中调用 MATLAB 计算引擎来执行 MATLAB 代码。

（6）源程序的开放性。开放性也许是 MATLAB 最受人们欢迎的特点。除内部函数以外，所有 MATLAB 的核心文件和工具箱文件都是可读可改的源文件，用户可通过对源文件的修改以及加入自己的文件构成新的工具箱。

（7）实用的程序接口和发布平台。新版本的 MATLAB 可以利用 MATLAB 编译器和 C/C++ 数学库及图形库，将自己的 MATLAB 程序自动转换为独立于 MATLAB 运行的 C 和 C++代码。允许用户编写 MATLAB 进行交互的 C 或 C++ 语言程序。另外 MATLAB 网页服务程序还容许在 Web 应用中使用自己的 MATLAB 数学和图形程序。

2. MATLAB 工具箱

MATLAB 拥有数百个内部函数的主工具箱和 30 多种工具箱。工具箱又可以分为功能性工具箱和学科性工具箱。功能性工具箱用来扩充 MATLAB 的符号计算、可视化建模仿真、文字处理及实时控制等功能。学科性工具箱是专业性较强的工具箱，其中金融领域相关的工具箱主要有以下六种：

（1）Datafeed Toolbox：金融数据工具箱。

（2）Econometrics Toolbox：计量经济学工具箱。

（3）Financial Derivatives Toolbox：金融衍生品工具箱。

（4）Fixed – Income Toolbox：固定收益工具箱。

（5）Optimization Toolbox：优化工具箱。

（6）Statistics Toolbox：统计工具箱。

通过这些工具箱，用户可以利用 MATLAB 进行交易策略实现和回测、投资组合优化和分析、资产分配、金融时序分析、期权价格和敏感度分析、现金流分析、风险管理、预测和模拟、利率曲线拟合和期限结构建模、蒙特卡罗模拟、基于 Garch 的波动性分析等，可以说 MATLAB 是一个比较强大的数据处理软件。

三、SAS 介绍

SAS 是美国 SAS 软件研究所研制的一套大型集成应用软件系统，具有完备的数据存取、数据管理、数据分析和数据展现功能。尤其是其创业产品——统计分析系统部分，具有强大的数据分析能力，在数据处理和统计分析领域，被誉为国际上的标准软件和最权威的优秀统计软件包，在政府行政管理、科研、教育、生产和金融等不同领域，发挥着重要作用。

SAS 系统是一个用于数据分析和决策支持的大型集成式、模块化的组合软件系统，它由 30 多个专用模块组合而成，各个模块之间既相互独立又相互交融与补充，可以根据具体应用建立相应模块的信息分析与应用系统。其基本部分是 BASE SAS 模块。BASE SAS 模块是 SAS 系统的核心，承担着主要的数据管理任务，并管理用户使用环境，进行用户语言的处理，调用其他 SAS 模块和产品。

由于 SAS 是由大型机系统发展而来，其核心操作方式就是程序驱动，经过多年的发展，现在已成为一套完整的计算机语言，其用户界面也充分体现了这一特点：它采用 MDI（多文档界面），用户在 PGM 视窗中输入程序，分析结果以文本的形式在 OUTPUT 视窗中输出。使用程序方式，用户可以完成所有需要做的工作，包括统计分析、预测、建模和模拟抽样等。但是，这使得初学者在使用 SAS 时必须要学习 SAS 语言，入门比较困难。SAS 的 Windows 版本根据不同的用户群开发了几种图形操作界面，这些图形操作界面各有特点，使用时非常方便。但是由于国内介绍他们的文献不多，并且也不是 SAS 推广的重点，因此还不为绝大多数人所了解。

SAS 系统包括四个主要功能：数据管理、基础统计计算、报表生成和图表显示、统计分析（计量分析、多元统计分析）。

SAS 把数据存取、管理、分析和展现有机地融为一体。主要有以下三个特点：

1. 功能强大，统计方法齐、全、新

SAS 提供了从基本统计数的计算到各种试验设计的方差分析、相关回归分析以及多变数分析的多种统计分析过程，几乎囊括了所有最新分析方法，其分析技术先进、可靠。分析方法的实现通过过程调用完成，许多过程同时提供了多种算法和选项。例如，方差分析中的多重比较，提供了包括 LSD、DUNCAN、TUKEY 测验在内的十余种方法；回归分析提供了九种自变量选择的方法（如 STEPWISE、BACKWARD、FORWARD、RSQUARE 等）。

回归模型中可以选择是否包括截距，还可以事先指定一些模型中的自变量字组（SUBSET）等。对于中间计算结果，可以全部输出、不输出或选择输出，也可存储到文件中供后续分析过程调用。

2. 使用简便，操作灵活

SAS 以一个通用的数据（DATA）步产生数据集，之后以不同的过程调用完成各种数据分析。其编程语句简洁、短小，通常只需很短小的几个语句即可完成一些复杂的运算，得到满意的结果。结果输出以简明的英文给出提示，统计术语规范易懂，具有初步英语和统计基础即可。使用者只要告诉 SAS“做什么”，而不必告诉其“怎么做”。同时，SAS 的设计使任何 SAS 能够“猜”出的东西，用户都不必告诉它（即无须设定），并且能自动修正一些小的错误（如将 DATA 语句的 DATA 拼写成 DATE，SAS 将假设为 DATA 继续运行，仅在 LOG 中给出注释说明）。对运行时的错误它尽可能地给出错误原因及改正方法。因而 SAS 将统计的科学、严谨和准确与便于使用者有机地结合起来，极大地方便了使用者。

3. 提供联机帮助功能

SAS 界面如图 1－15 所示。

图 1－15　SAS 界面

本章小结

本章介绍了金融计算的发展及应用领域。金融计算是金融领域的重要部分，主要应用于实务界、仿真实验领域、金融模型可计算性领域。

量化分析主要是从量化风险投资的内涵及量化风险管理两个方面进行分析，量化风险投资和量化风险管理正处于加速阶段，未来必将改变传统的投资方式和风险管理方式。

金融数据库是金融学者寻找数据的重要来源，数据的获得是科研环节的一个重要环节，而对于数据的处理更是数据分析的重要步骤。

重要术语

金融计算　　量化风险投资　　量化风险管理　　金融数据

复习与思考

1. 简述金融计算应用的各个领域。
2. 简述量化投资的优缺点。
3. 学习使用一些常用的金融数据库的网站。

第二章

固定收益证券计算

【学习目标】

通过本章的学习，深入了解各种不同类型的固定收益证券及其特点，掌握不同固定收益类证券价值、收益率及定价的计算方法，熟悉 MATLAB 固定收益工具箱的使用规范，借助其进行计算，并为后面的复杂计算打下基础。

第一节　固定收益证券的分类及特点

固定收益证券是收益率相对固定的一类证券，是金融市场中重要的金融产品。在我国金融市场上，固定收益类金融工具主要有国债、企业债、中央银行票据、结构化产品及可转换债券。从存量来看，国债和央行票据构成了我国固定收益证券的主体，可转换债券、结构化产品及无担保企业债也正在快速发展。我国固定收益证券市场正在朝着多样化发展。

本节主要分析固定收益证券的相关概念、分类及其特点，以及一些计算方法和债券报价方式。

一、固定收益证券相关概念

固定收益证券（fix - income instrument）也称债务证券，相比其他证券来说，固定收益证券通常可以在既定的时间内取得相对稳定的现金流，并且具有到期偿还本金的承诺，因此，证券持有人可以事先知道利息发放的频率与数额。

金融市场上的债券多种多样，它们的共同点是都具有票面价值、偿还期、票面利率等几个基本要素。一般情况下，在债券到期日，债券的发行人会按照票面价值（par value or face value）支付给债券持有者，面值大小和币种要求根据发行需求与具体的债券种类来定。票面利率（coupon rate）决定了所要支付利息的数额，即支付利息等于债券的面值与票面利率的乘积，发行人根据固定利率和浮动利率的不同支付不同数额的利息。

二、固定收益证券的分类

固定收益证券种类繁多，其主要代表是国债、公司债、资产抵押证券等。在本节我们主要介绍政府债券、公司债、优先股和抵押贷款支持证券。

1. 政府债券

政府债券是政府财政部门或者其代理机构为筹集资金发行的一种债券，它以政府的信誉为基础，因此它的风险水平在其他各种金融工具中是最小的。政府债券的突出特点是以国家或政府信用为担保，一般不存在违约风险，并且收益稳定，流通性强，而且政府债券可享受税收优惠。

政府债券最初的功能是为了弥补政府赤字，但是随着商品经济的不断发展，政府债券不仅可以作为政府弥补赤字的手段，而且还可以为政府筹集资金、扩大公共开支。并且，我国的金融市场不断完善，政府债券渐渐具备了金融商品和信用工具的职能，是进行宏观调控的重要工具。

根据发行主体的不同，政府债券可以分为中央政府债券、地方政府债券和政府机构债券。

（1）中央政府债券。中央政府债券简称国债，是财政部以国家信用为基础，为筹集资金发行的一种债权债务凭证。国债具有最高的信用水平，被认为是安全性最高的金融工具。

按照期限的长短，国债可分为短期国库券、中期国债和长期国债。

短期国库券（T－bills）是货币市场工具，期限在 1 年以内，一般是 3 个月、6 个月和 1 年，短期国库券一般以贴现债券的形式发行。贴现债券是发行时按某一折扣率以低于票面金额的价格发行，到期时仍按面值偿还本金的金融债券。

中期国库券（T－note）的期限为 1 ~ 10 年。长期国库券（T－bond）的期限一般为 10 年以上，通常是每半年付息一次。中、长期国库券与短期国库券的不同之处在于，中长期国库券是资本市场工具，一般以附息债券的形式发行。在我国银行间市场和交易所市场存在着国债回购交易，它是一种具有创新性的资金融通方式，是央行进行公开市场操作的基本手段。它不仅可以提高国债市场的流动性，还可以调整利率和货币流通量，提高货币政策的执行效力。

国债回购交易是指国债买卖双方以国债作为抵押品进行资金拆借，并在买卖成交时约定在未来某一时间以某一价格进行反向交易的信用行为。具体来说是资金需求者，也就是国债持有方，以自己所持有的国债作为抵押，获得一定期限的资金使用权，同时资金贷出方约定在到期日以事先约定的价格将该笔国债购回，并支付一定的利息，这一过程称为国债的正回购；而投资者，也就是资金贷出方，会暂时将相应资金的使用权转让给资金需求者，获得资金需求方的证券抵押权，并且投资者按照与融资方的事先约定，在到期日以约定的价格将该笔国债卖给国债最初的售出方，这一过程称为国债的逆回购。

国债回购交易的期限比较短，通常为一个交易日，但是也有30天的，最长可达3～6个月。国债回购交易主要面临的风险是利率风险，因为作为抵押品的国债会因市场利率的变化而产生价格波动，因此市场利率的走势以及国债价格变动也是交易双方在约定国债回购价格时需要研究和把握的方向。

（2）政府机构债券。政府机构债券是指除中央政府以外，其他政府部门和有关机构发行的债券。政府机构债券虽然不是由中央政府发行的，但是它由政府做担保，信用风险相对较低。一般情况下，政府机构发行的债券一般为中长期债券，流动性比国库券低，因而风险要高于国库券。我国目前将政府机构债券划分为政府支持债券和政府支持机构债券。例如，铁道部发行的铁路建设债券为“政府支持债券”，中央汇金公司发行的债券为“政府支持机构债券”。

（3）地方政府债券。地方政府债券也称市政债券，它的发行者是地方政府，信誉担保方也是地方政府，其信用风险仅次于国债和政府机构债券。地方政府债券一般以当地政府的税收能力作为还本付息的担保，同时具有税收豁免权。

按照资金的用途和偿还资金的来源，地方政府债券通常分为普通债券和收益债券两类。普通债券是地方政府为缓解财政紧张或临时资金不足而发行的证券，用于提供基本的政府服务，其还本付息由地方政府信用和税收做担保。收益债券一般用于为某一特定的盈利性建设项目筹集资金，其还本付息来自投资项目的收益以及地方政府特定的税收或补贴。由于我国自1995年起实施的《中华人民共和国预算法》规定地方政府不得发行地方政府债券，因此，目前我国政府债券仅限中央政府债券。

2. 公司债

公司债是公司依照法定程序发行的，通过向公众直接借款筹集资金的债权债务凭证。公司债是企业筹集长期资金的重要工具，一般期限在10年以上。债券持有者拥有按约定从公司取得利息和到期收回本金的权利。公司债与股票的最大区别是公司债的持有者是公司的债权人，而股票的持有者是公司的所有者。公司债的风险比股票要小，因为债券的求偿次序先于股票，优先偿还其利息和本金。公司债比政府债券的风险要高，违约风险是投资者购买公司债时必须考虑的因素。公司债的分类方法有很多，通常有以下三种分类方法：

（1）按抵押担保状况可分为信用债券、抵押债券、担保信托债券和设备信托证。

信用债券是指没有抵押品或担保人，完全凭良好的公司信誉发行的债券，这种债券一般期限较短，信誉较高。国债、金融债券、信用良好的公司发行的公司债大多为信用债券。

抵押债券是指发行人通过将不动产作为抵押而发行的债券。如果发行人不能按期还本付息，可以卖出该不动产以清偿债务。

担保信托债券是指公司将持有的各种动产或有价证券进行抵押而发行的公司债。用作抵押品的证券必须交由受托人保管，但公司仍保留投票表决及接受股息的权利。

设备信托证是指公司为筹资购买设备并以该设备作为抵押品而发行的公司债。

（2）按债券利率在偿还期内是否发生变化，可以分为固定利率债券和浮动利率债券。

固定利率债券是指发行时规定利率并在整个偿还期保持不变的债券。

浮动利率债券是指发行时规定债券利率随市场利率定期浮动的债券，债券利率可以在偿还期内进行变动和调整。

（3）按内含选择权可以分为可赎回债券、偿还基金债券、可转换债券和带认股权证的债券。

可赎回债券是指发行人有权在特定的时间按照特定价格从债券持有人手中将其赎回的债券。当市场利率比债券票面利率低时，发行人会选择赎回，但是这对债券持有人是不利的，因此可赎回条款通常在债券发行几年之后才能生效。

偿还基金债券是指发行公司在公司债到期日之前，定期按发行总额从盈利中提取一定比例作为偿还基金，从债券持有人手中购回一定量的债券以偿还本金。

可转换债券是指在特定时间、按照特定条件可以转换为公司股票的特殊企业债券。本质上讲，可转换债券是在发行公司债的基础上，附加了一份期权，允许购买人在规定的时间范围内将其购买的债券转换成指定公司的股票。可转换债券有可转换为股票的权利，可以弥补低利率的不足，增强对投资者的吸引力。

带认股权证的债券是指公司债附有认股权，持有人依法享有在一定期限内按约定价格认购公司股票的权利。

3. 优先股

优先股是相对于普通股而言的，普通股是指对公司经营管理和利润分配等方面享有普通权利的股份，而优先股在利润分配以及剩余财产分配权利等方面优于普通股，一般来说优先股股东没有参与公司经营决策的权利。

优先股具有以下特征：

（1）优先股具有明确的股息收益率，因此在公司收益增加时，优先股并不参与（额外收益的）分红，但是优先股股东派发股息在普通股股东之前，而在公司利润低时，优先股收益也不会减少。但是公司可以根据实际情况决定是否派发股息，且并不构成违约事件。直到全额优先股的股息全部恢复，否则不得向普通股股东支付股息。取消优先股的派息除构成对普通股收益分配权的限制外，不构成其他限制。由于优先股股息确定，因此优先股不影响公司的利润分配。

优先股按照股息累积方式可以分为累积优先股和非累积优先股。累积优先股是指本次优先股股东未足额发放的那部分会累计到下一计息年度，非累积优先股是指优先股股东未足额发放的那部分不会累计到下一计息年度。

（2）优先股的权利范围较小，优先股股东分为有投票权的股东和没有投票权的股东。大多数的优先股没有投票权，只有少部分的优先股股东才享有投票权。有些优先股股东享有有条件的投票权，也就是只有在未完全支付股息的情况下才享有投票权，还有些优先股股东享有有限的表决权，并且有限的表决权在财务管理中有严格的限制。

（3）优先股股东相对于普通股股东除了在股息上具有优先要求权之外，如果公司进行破产清算，优先股股东对于剩余财产的索偿权也优于普通股股东，次于债权人。这样来说，优先股的地位处于债券和普通股之间。

虽然优先股和债券在很多方面十分相似，如收益率都是固定且事先安排好的，但是公司发行债券就必须承担偿付本金及利息的义务，公司对于优先股没有偿付本金的义务，优先股股东无权要求公司赎回，是否赎回由公司决定。优先股不稀释现有股权持有者的投票权，又不必到期偿还本金。因此，从发行人的角度看，发行优先股是成本最低、流动性最强的融资方式。但是一旦利率下降，优先股成本会变得很高，为了防止这种情况发生，发行方会要求订立一系列的保护条款，如允许赎回股票等。从投资者的角度看，公开发行的优先股不仅具有股票的流动性，而且有债券固定收益的属性，这对传统的债券造成了不小冲击。

4. 抵押贷款支持证券

抵押贷款支持证券（mortgage - backed security，MBS）是一种现金流依赖于基础抵押贷款集合的金融工具，是最早的资产证券化商品，由美国吉利美于 1970 年首创。它主要由美国住房专业银行及储蓄机构利用其贷出的住房抵押贷款中符合一定条件的贷款集中起来，形成一个抵押贷款的集合体，发行的一种资产证券化商品。抵押贷款有三种类型：转手抵押证券、担保抵押证券和剥离抵押贷款支持证券。

因为这些证券的现金流依赖于基础抵押贷款集合的现金流，所谓的抵押是指购买房地产使用贷款时，用房地产作为偿还贷款的保证，也就是说抵押贷款支持证券是以不动产抵押贷款为基础的资产。当借款人不能偿还贷款时，贷款人为了保证收回款项，有权取消抵押品的赎回权并没收财产。抵押贷款规定了贷款的利率、偿付频率（通常是每月按时偿还）和到期时间。每月偿付额即包括本金偿付额和月利息额，也有可能包括提前偿付额。事实上，贷款人允许借款人提前偿还全部或者部分抵押贷款。

可抵押的房地产可以分为两大类：住宅房地产与非住宅房地产（主要包括商业房地产与农业房地产），因此 MBS 按不动产的类型可分为商业不动产抵押贷款支持证券（commercial mortgage－backed security，CMBS）和住宅不动产抵押贷款支持证券（residential mortgage－backed security，RMBS）。

（1）转手抵押证券。抵押贷款的持有人将抵押贷款打包形成抵押贷款的组合（资产池），并据此卖出份额或者参与凭证时，转手抵押证券就形成了。转手证券的现金流依赖于基础抵押贷款集合的现金流，就是抵押贷款的每月偿付额，转手证券的持有者可以按月取得收入。

转手证券的类型主要有机构转手证券和非机构转手证券。在美国，机构转手证券分别由下属机构担保，包括美国政府国民抵押贷款协会、美国联邦住房贷款抵押公司和联邦国民抵押贷款协会。非机构转手证券是由与政府没有关系的储蓄机构、商业银行和其他私人渠道发行。

（2）担保抵押证券。抵押担保债券（collateralized mortgage obligation，CMO），是一个转手证券的集合或者一个抵押贷款的支持证券的集合。担保抵押证券按不同的期限分为不同的级别，以此满足债券持有人不同的投资需求。该证券结构的核心技术在于根据支持资产未来每期所产生的收入的多少而分别创造短、中、长期不同级别的证券，从而达到降低投资者所面临的系统风险的目的。通过重新设定来源于基础担保集合的现金流，发行人可以创造具备不同提前偿付风险的债券种类，这样可以使担保抵押证券比转手证券更有吸引力。

抵押担保债券的特点包括：一是虽然提前偿付速度的变化范围较大，但是现金流比较稳定；二是与浮动利率债券具有更好的匹配性；三是在利率下降时，债券升值的潜力较大；四是可被用来对抵押贷款相关产品进行套期保值。

抵押担保证券的类型包括：按顺序偿还证券、按计划偿还类别证券、计息证券（Z 债券）、浮动利率证券、按目标偿还债券和支持证券。

CMO 的典型形式一般包含四级债券：A 级、B 级、C 级和 Z 债券。贷款组合的现金流首先用于支付 A 级债券的本金，当完全偿付后，转而支付 B 级债券的本金，同理再行支付 C 类债券本金。A 级、B 级、C 级债券在发行日开始即按票面利率支付利息，当前三类债券本息都被偿付后，从资产池中产生的剩余现金流方可用于支付 Z 债券的本息。Z 债券是应计利息累积债券，在各级证券本息被清偿后，才开始享有利息和本金收入，未支付的当期利息累积起来加入其本金余额。Z 债券存在的效应是，前 N 级债券的本金支付因 Z 债券利息的延迟支付而加速。

CMO 最初问世时是以高收益的公司债及贷款作为资产池担保品，随着市场对 CMO 的结构与风险的日渐熟悉，现在的 CMO 担保品也逐步纳入多种类型资产（如新兴市场债券、小型企业贷款、项目融资贷款、房贷、消费性应收贷款，甚至其他 CMO 债券）；CMO 的交易结构亦从最基本的现金流量型扩大至市值型、合成型以及混合型。

（3）剥离抵押担保债券。本息分离抵押贷款支持证券（stripped mortgage－backed securities，SMBS）是一种衍生的住房贷款抵押证券。剥离抵押贷款支持证券是通过将抵押贷款本金和利息收入进行一个不相等的比例分配而创造出来的。来自基础资产池的所有利息都支付给一类证券（interest - only，IO）的持有者，而基础资产池的所有本金都支付给另一类证券的持有者，即 PO 证券（principal - only，PO）的持有者。其做法是将由房地产抵押贷款本金产生的现金流和由利息产生的现金流相剥离，并分别以两类现金流为基础发行贷款本金债券（PO）和利息债券（IO）。前者收取所有利息，不收本金，即证券的持有人得不到本金；后者只有本金没有利息，即证券的持有人得不到利息，从而使债券收益的分配从按比例分配转变为不均衡的分配。剥离担保抵押债券是继担保抵押债券证券创立后另一个最主要的住房抵押贷款证券化的衍生创新品，1986 年 7 月由美国联邦国民抵押贷款协会创立。

三、日期计数惯例

在实务中对于时间的处理由以下几种应计天数规则：

Act/Act：按照实际天数计息，一般年份都是 365 天，闰年 366 天。如美国中长期国债、加拿大国债、澳大利亚国债、法国国债、新西兰国债等。

Act/360：按实际天数计息，一年按照 360 天计算。如美国短期国债、其他货币市场工具等。

Act/365：按实际天数计息，一年按照 365 天计算，如中国国债、英国国债等。

Act/365（Japanese）：按实际天数计息，每月 30 天，每年 365 天，不考虑闰年。

Act/365（闰年 366）：按实际天数计息，一年 365 天，闰年 366 天。

30/360（SIA）：是美国证券业协会（Securities Industry Association，SIA）的应计天数规则。若起始日和到期日都是 2 月最后一天，则将到期日延伸至 30 日；若起始日是某个月的 31 日，或者是 2 月的最后一天，则起始日改为 30 日；若起始日与到期日都是某个月的 31 日，那么到期日改为 30 日。如美国公司债、美国政府机构债券、美国市政债券。

30/360（European）：每月按 30 天计算，每年按 360 天计算，若起始日或者到期日是 31 日，那么起始日和到期日都按照 30 日计算利息。如德国国债、瑞士国债、意大利国债、欧洲债券等。

30/360：每月按 30 天计算，每年按 360 天计算，若起始日是 31 日，则转换成 30 日；若起始日是 30 日或者 31 日，到期日是 31 日，那么到期日改为 30 日。

30/360（PSA）：每月按 30 天计算，每年按 360 天计算，如果到期日为 2 月的最后一天，按照 30 天按计算，即若到期日为 2 月的最后一天，那么到期日改为 30 日。

30/360（ISDA）：每月按 30 天计算，每年按 360 天计算，若起始日或者到期日是 31 日，那么起始日和到期日都按照30日计算利息；若起始日是30日，但是到期日是31日，那么到期日改为30日。

30E/360：每月30天，每年360天，到期日为31日时按照30日计算。

需要注意的是，起始日和到期日之间的天数只能包含其一，如起始日为2010年7月11日，到期日为2010年7月16日，两个日期之间的天数为5天。我们用D1/M1/Y1代表第一个日期的日、月、年；D2/M2/Y2代表第二个日期的日、月、年。那么两个日期之间的天数计算为：

$$天数=(Y2-Y1)\times 整数年+(M2-M1)\times 整数月份+(D2-D1)$$

四、债券报价方式

债券的报价方式分为两种：全价报价和净价报价。债券的全价也称为债券交割价，包含了债券在计息周期内发生的债券利息。而净价交易是指在现券交易时，以不含应计利息的价格（净价）报价并成交的交易方式。

在债券市场上进行证券买卖，一般实行净价交易。在现券交易中，将债券的价格按照净价和应计利息进行分解，净价仅反映本金价值的变化；而应计利息是根据票面利率按天计算，反映债券持有人享有持有期间的利息收入。在净价交易方式下，由于债券交易价格不含应计利息，其价格形成及变动能够更加准确地体现债券的内在价值、供求关系和市场利率的变动趋势。并且，由于国债的利息收入一般都享有免税待遇，因此净价交易也有利于国债交易的税务处理。

全价、净价和应计利息三者的关系：全价=净价+应计利息。在实际中，应计利息的计算是根据应计天数与单期利息来进行计算的，即：

$$应计利息=单期利息\times\frac{最近一次付息日到交割日之间的天数}{付息区间天数} \tag{2.1}$$

第二节　现金流基本计算

在对各种金融工具进行分析时，货币的时间价值是最值得研究的内容之一。货币的时间价值表现在机会成本上，每一种投资机会都可以用其所产生的现金流的数量、方向和发生时间来进行描述。在此我们考察货币时间价值的几个基本概念，如现值、终值、内部收益率和年金。

一、现值

通俗来讲，现在1元钱的价值在未来不一定是1元钱，因为随着时间的流逝，现在1元钱的价值在未来要加上一个时间价值。

1. 现值（present value，PV）

现值是指对未来现金流量以恰当的折现率进行折现后的价值。现值的计算公式：

$$PV = \sum_{t=1}^{T} \frac{C_t}{(1 + r_t)^t} \tag{2.2}$$

其中，PV 为现值；C_t 是第 t 期的现金流；r_t 是 t 期的折现率，折现率可以看作购置一项资产的资本成本。

对于期限 $t=1$，2，3，…，n 来说，如果折现率是对这项资产的预期收益率 r，那么购置一项资产的成本是不变的，因此可以理解为：

$$NPV = -P_0 + \sum_{t=1}^{n} \frac{C_t}{(1 + r)^t} = 0 \tag{2.3}$$

此时的预期收益率也就是内部收益率。

2. 现值函数

MATLAB 为现金流现值的计算提供了两个函数，分别是 pvfix 和 pvvar。pvfix 函数用来计算固定现金流的现值；pvvar 函数用来计算变动现金流的现值。

（1）pvfix 函数。

【语法格式】

PresentVal = pvfix(Rate, NumPeriods, Payment, ExtraPayment, Due)

【输入参数】

Rate	% 对应的周期折现率；
NumPeriods	% 是计息的周期数，与债券的到期日有关；
Payment	% 计息周期的支付额，一般与息票率有关；
ExtraPayment	% 一般为最后一期额外支付的本金；
Due	% 现金流计息方式（0 为期末付息，1 为期初付息）。

【输出参数】

PresentVal	% 固定现金流的现值。

【例 2－1】设某 10 年期面值为 1000 元的国债，票面利率为 5%，国债投资者每年在付息日都会收到 50 元利息，并在第 10 年（最后一年）收到 1000 元本金，请计算折现率为 6% 时的现值。

【解析】

在 MATLAB 命令窗口中输入以下命令：

FaceValue = 1000;

```
Payment = 0.05 * FaceValue;
Rate = 0.06;
ExtraPayment = FaceValue;
NumPeriods = 10;
Due = 0;
pvfix(0.06,10,50,1000,0)
ans =
   926.3991
```

（2） pvvar 函数。

【语法格式】

周期性利息支付的现值函数的【语法格式】为：

PesentVal = pvvar （Cashflow， Rate）

非周期性利息支付的现值函数的【语法格式】为：

PresentVal = pvvar （CashFlow， Rate， IrrCFDates）

【输入参数】

```
CashFlow        % 现金流向量；
Rate            % 对应的周期折现率；
IrrCFDates      % 可选，对于非周期性折现率时的日期向量。
```

【输出参数】

```
PresentVal      % 变动现金流的现值。
```

【例 2-2】周期性现金流计算实例。

有一项投资，投资者在期初投入了 10000 元，以后 5 年的现金流流入分别为 2000 元、1500 元、3000 元、3800 元、5000 元。在折现率为 8% 时，该项投资的现值是多少？

【解析】

在 MATLAB 命令窗口中输入如下命令：

```
Cashflow = [ -10000, 2000, 1500, 3000, 3800, 5000];
Rate = 0.08;
Pvvar(Cashflow,Rate)
ans =
   1.7154e+003
```

因此，该项目投资的现值为 1715.4 元。

【例 2-3】非周期性现金流计算实例。

甲公司于2016年1月12日购买乙公司价值10000元的某设备，甲公司计划每年支付给乙公司相应的费用来偿还设备费用。乙公司在2017年2月14日收到甲公司支付的2500元，2017年3月3日收到2000元，2017年6月14日收到3000元，2017年12月1日收到4000元。在折现率8%的水平下，计算乙公司现金流的现值。

【解析】

在MATLAB命令窗口中输入如下命令：

```
CashFlow = [ -10000,2500,2000,3000,4000];
Rate =0.08;
IrrCFDates = ['01/12/2016'
              '02/14/2017'
              '03/03/2017'
              '06/14/2017'
              '12/01/2017'];
pvvar(CashFlow,0.08,IrrCFDates)
ans =
   281.6279
```

因此，乙公司现金流的现值为281.6279元。

二、终值

通俗来讲，现在投入1元钱在未来到期收到的钱可以称为终值。

1. 终值（future value，FV）

终值又称将来值或本利和，是指现在一定量的资金在未来某一时点上的价值，通常记作FV。现金流在T时刻的终值的计算公式如下：

$$FV = \sum_{t=1}^{T} C_t (1 + r_t)^t \tag{2.4}$$

其中，FV 表示在 T 时刻的终值；C_t 表示在 t 时刻的现金流流入或现金流流出；r_t 为即期利率。

2. 终值函数

MATLAB为现金流终值的计算提供了fvfix函数和fvvar函数。fvfix用于固定现金流终值的计算；fvvar用于变动现金流终值的计算。

（1）fvfix函数。

【语法格式】

```
FutureVal = fvfix(Rate,Numperiods,Pavment,PresentValue,Due)
```

【输入参数】

Rate　　　　　% 对应于即期利率；

Numperiods　　% 现金流流入或现金流流出的总期数；

Pavment　　　 % 现金流的固定值；

PresentValue　% 现金流初始值；

Due　　　　　 % 控制变量，只能取 0 或 1，默认值为 0。0 表示现金流在期末流入或流出，1 表示现金流在期初流入或流出。

【输出参数】

FutureValue　% 固定现金流的终值。

【例 2 -4】某人银行账户目前余额为 50000 元，在接下来的每年年末都向该账户存入 10000 元，在即期利率为 3% 时，5 年后该人账户将拥有多少存款?

【解析】

在 MATLAB 命令窗口中输入：

```
fvfix(0.03,5,10000,50000,0)
ans =
   1.1106e +05
```

因此，投资者在 5 年后可以收到 111060 元。

（2）fvvar 函数。

【语法格式】

FutureVal　=　fvvar（Cashflow，Rate，IrrCFDates）

【输入参数】

Cashflow　　% 现金流的流入值或流出值，不要求每期必须相同；

Rate　　　　% 对应于即期利率；

IrrCFDates　% 当期数没有规律时，对应的日期参数值。

【输出参数】

FutureValue　% 可变现金流的终值。

【例 2 -5】同【例 2 -3】，试计算该笔现金流的终值。

【解析】

在 MATLAB 命令窗口中输入：

```
CashFlow = [ -10000,2500,2000,3000,4000];
Rate =0.08;
IrrCFDates = ['01/12/2016'
```

```
        '02/14/2017'
        '03/03/2017'
        '06/14/2017'
        '12/01/2017'];
  fvvar(CashFlow, 0.08, IrrCFDates)
ans =
   325.5340
```

因此，该笔现金流的终值为 325.534 元。

三、内部收益率

1. 内部收益率（internal rate of return，IRR）

内部收益率是使投资现金流现值等于当前价格的收益率，其计算公式为：

$$P = \frac{C_1}{1+r} + \frac{C_2}{(1+r)^2} + \frac{C_3}{(1+r)^3} + \cdots + \frac{C_n}{(1+r)^n} \tag{2.5}$$

其中，C_i 为第 i 年度现金流；P 为债券价格；n 为年数；r 为内部收益率。

2. 内部收益率函数

MATLAB 中计算内部收益率的函数是 irr。

【语法格式】

Return = irr （Cashflow）

【输入参数】

CashFlow　　　　% 现金流。

【输出参数】

Return　　　　　% 内部收益率。

【例 2－6】利用 irr 函数计算【例 2－3】中的内部收益率。

【解析】

在 MATLAB 命令窗口中输入：

```
CashFlow = [ -10000,2500,2000,3000,4000];
Return = IRR(CashFlow)
Return =
    0.0530
```

计算结果，该项目的内部收益率 IRR = 5.3% 。

【例 2－7】某一投资项目，各期投资现金流入和流出情况如表 2－1 所示：

表 2-1 各期投资现金流流入和流出情况 单位：元

第 0 期	第 1 期	第 2 期	第 3 期	第 4 期
-4000	1000	2000	2000	4000

请问该项目的内部收益率是多少？

【解析】

在 MATLAB 命令窗口中输入：

```
CashFlow = [ -4000, 1000, 3000, 2000, 4000]
irr(CashFlow)
ans =
   0.4021
```

因此，该投资的内部收益率是40.21%。

四、年金

年金是指每隔一定相等的时间，收到或付出的相同数量的资金。如果在一定时期内每期期末收付等额的资金，则称该年金为普通年金或后付年金；如果在一定时期内每期期初收付等额的资金，则称该年金为预付年金或先付年金。

1. 年金终值与年金现值

（1）年金终值。年金终值是各期等额收付款项的复利终值之和，下面介绍普通年金终值和即付年金终值的公式：

$$\text{普通年金终值：}F = A \times \frac{(1+i)^n - 1}{i} = A \times (F/A,i,n) \tag{2.6}$$

$$\text{即付年金终值：}F = A \times \frac{(1+i)^n - 1}{i} \times (1+i) = A \times (F/A,i,n) \times (1+i) \tag{2.7}$$

其中，A 表示等额的收付款项；$\frac{(1+i)^n - 1}{i}$表示年金终值系数，记作（F/A，i，n）；F 表示年金终值。

（2）年金现值。年金现值是各期等额收付款项的复利现值之和，这里主要介绍普通年金现值和即付年金现值的公式：

$$\text{普通年金现值：}P = A \times \frac{1-(1+i)^{-n}}{i} = A \times (P/A,i,n) \tag{2.8}$$

$$\text{即付年金现值：}P = A \times \frac{1-(1+i)^{-n}}{i} \times (1+i) = A \times (P/A,i,n) \times (1+i) \tag{2.9}$$

其中，$\frac{1-(1+i)^{-n}}{i}$表示年金现值系数，记作（P/A，i，n）。

2. 计算年金利率

MATLAB 为计算年金利率提供了 annurate 函数。

【语法格式】

Rate = annurate(Numperiods, Payment, PresentValue, FutureValue, Due)

【输入参数】

Numperiods　　% 年金总期数；

Payment　　% 收到或付出的等额资金；

PresentValue　　% 年金的现值；

FutureValue　　% 年金的终值；

Due　　% 只能取 0 或 1，默认值为 0。0 表示普通年金，1 表示先付年金。

【输出参数】

Rate　　% 年金的收益率。

【例 2-8】某人购买房产向银行贷款 300000 元，采用等额本息法还款，20 年还清，月还款额为 2000 元，请计算该人还款的月利率。

【解析】

在 MATLAB 窗口中执行以下命令：

```
annurate(20 * 12,2000,300000,0,0)
ans =
   0.0043
```

因此，此人还款的月利率为 0.43%。

3. 计算年金期间数

MATLAB 为计算年金期间数提供了 NumPeriods 函数。

【语法格式】

NumPeriods = annuterm(Rate, Payment, PresentValue, FutureValue, Due)

【输入参数】

Rate　　% 年金的收益率；

Payment　　% 收到或付出的等额资金；

PresentValue　　% 年金的现值；

FutureValue　　% 年金的终值；

Due　　% 只能取 0 或 1，默认值为 0。0 表示普通年金，1 表示先付年金。

【输出参数】

Numperiods　　% 年金总期数。

【例 2－9】某人银行账户目前余额为 10000 元，计划每月存入 1000 元，利率为 3%，计算多少个月后可以达到 30000 元。

【解析】

在 MATLAB 窗口中执行以下命令：

```
annuterm(0.0025,1000,10000,30000,0)
ans =
   19.0750
```

因此，该人的银行账户在第 20 个月可以达到 30000 元。

第三节　复杂现金流基本计算

一、固定证券的定价

MATLAB 为固定收益的证券定价提供了 bndprice 函数、prdisc 函数、prmat 函数和 prtbill 函数四种定价函数。

1. bndprice 函数

bndprice 函数是根据给定日期和半年收益计算价格与利息，一般计算债券的持有期固定是半年。

$$P = F(1 + \frac{i}{2})/1 + \frac{y}{2} \tag{2.10}$$

其中，i 表示票面利率；y 表示到期收益率；F 债券面值；P 为债券价格。

【语法格式】

[Price,AccruedInt] = bndprice(Yield,CouponRate,Settle,Maturity)

[Price,AccruedInt]=bndprice(Yield,CouponRate,Settle,Maturity,Period,Basis,EndMonthRule,IssueDate,FirstCouponDate,LastCouponDate,StartDate,Face)

【输入参数】

```
Yield          % 半年为基础的到期收益；
CouponRate     % 债券息票率；
Settle         % 债券结算日期，必须小于等于到期日；
Maturity       % 到期日；
Period         % (optional)，发放票息的频率，默认值是 2，可为 0，1，2，3，4，6，12；
Basis          % 应计天数的计算方式：
```

0 = actual/actual(default);

1 = 30/360;

2 = actual/360;

3 = actual/365;

4 = 30/360(PSA);

5 = 30/360(ISDA);

6 = 30/360(European);

7 = actual/360(Janpanese);

EndMonthRule　% 可选项，月末法则，应用在到期日实际小于等于于 30 天的月份，0 代表债券的红利发放日总是固定的一天，1 代表是在实际的每个月末;

IssueDate　% 可选项，债券发行日;

FirstCouponDate　% 可选项，首次派息日，当 FirstCouponDate 和 LastCouponDate 同时出现时，FirstCouponDate 优先决定红利发放结构。

LastCouponDate　% 可选项，最后派息日，当 FirstCouponDate 没标明时，LastCouponDate 决定红利发放结构，红利发放结构无论 LastCouponDate 是何时，都以其为准，并且紧接着债权到期日;

Face　% 面值，默认值是 100。

【输出参数】

Price　% 债券价格，为净价;

AccruedInt　% 结算时的应计利息，根据 Basis 参数指定的计息规范进行计算。

上面所有的参数必须是 1 * NUMBONDS 或是 NUMBONDS * 1 的向量。当为可选项时，用([])代替，在向量用 NaN 填写没说明的输入项。

【例 2-10】三种债券到期收益率分别为 4%、5% 和 6%，票息率都为 5%，结算日为 2012 年 1 月 20 日，到期日为 2018 年 7 月 15 日，每年付 2 次息，应计天数法则为 ACT/ACT，求三种债券的价格。

【解析】

在 MATLAB 命令窗口中输入以下命令:

```
Yield = 0.04;
CouponRate = 0.05;
Settle = '2012-1-20';
Maturity = '2018-7-15';
```

```
Period = 1;
Basis = 0;
[Price, AccruedInt] = bndprice(Yield, CouponRate, Settle, Maturity,
Period, Basis)
Yield = 0.05;
CouponRate = 0.05;
Settle = '2012-1-20';
Maturity = '2018-7-15';
Period = 1;
Basis = 0;
[Price, AccruedInt] = bndprice(Yield, CouponRate, Settle, Maturity, Period, Basis)
Yield = 0.06;
CouponRate = 0.05;
Settle = '2012-1-20';
Maturity = '2018-7-15';
Period = 1;
Basis = 0;
[Price, AccruedInt] = bndprice(Yield, CouponRate, Settle, Maturity, Period, Basis)
Price =
    105.3453
AccruedInt =
    2.5820
Price =
    99.6175
AccruedInt =
    2.5820
Price =
    94.2493
AccruedInt =
    2.5820
```

因此，三只债券的价格分别为 105.3453、99.6175、94.2493。

2. prdisc 函数

prdisc 函数计算的是折价债券的价格，prdisc 函数表示返回债券的价格，一般来说它的收益率是银行要求的折现率。

$$P = \frac{F}{1+r} \tag{2.11}$$

其中，r 为银行要求的折现率。

【语法格式】

Price = prdisc(Settle,Maturity,Face,Discount,Basis)

【输入参数】

Settle　　　% 债券结算日期，必须小于等于到期日；

Maturity　　% 到期日；

Face　　　　% 票面价值，默认值 100；

Discount　　% 债券的银行折现率，是分数；

Basis　　　　% 应计天数的计算方式：

0 = actual/actual(default)；

1 = 30/360；

2 = actual/360；

3 = actual/365；

4 = 30/360(PSA)；

5 = 30/360(ISDA)；

6 = 30/360(European)；

7 = actual/360(Janpanese)。

【输出参数】

Price　　　　% 贴现债券价格。

【例 2 - 11】一只债券的结算日是 2016 年 10 月 14 日，到期日是 2018 年 3 月 17 日，面值是 100，折现因子是 0.87，应计天数的法则 actual/360，求债券的价格。

【解析】

在 MATLAB 命令窗口中输入以下命令：

Settle = '2016 - 10 - 14'；

Maturity = '2018 - 7 - 3'；

Face = 100；

Discount = 0.087；

```
Basis = 2;
price = prdisc(Settle, Maturity, Face, Discount, Basis)
price =
    84.8475
```

所以，债券的价格为 84.8475 元。

3. prmat 函数

prmat 函数计算的是到期支付利息的债券的价格，是与到期利率有关的价格。prmat 函数表示返回价格和在到期支付债券的精确利率。这个函数也应用于零息票债券或纯折现债券。

$$P = \frac{F(1+i)}{1+r} \tag{2.12}$$

【语法格式】

[Price, AccruInterest] = prmat(Settle, Maturity, Issue, Face, CouponRate, Yield, Basis)

【输入参数】

Settle　　　　% 债券结算日期，必须小于等于到期日；

Maturity　　　% 到期日；

Issue　　　　% 债券的发行日；

Face　　　　% 票面价值；

CouponRate　% 票面利率；

Yield　　　　% 年收益率；

Basis　　　　% 应计天数的计算方式。

【输出参数】

Price　　　　% 债券价格；

AccruInterest　% 结算时的应计利息，根据 Basis 参数指定的计息规范进行计算。

【例 2-12】一种债券的面值为 100 元，票息率都为 6.08%，该债券的发行日是 2017 年 10 月 11 日，结算日为 2018 年 2 月 17 日，到期日为 2018 年 4 月 13 日，每年付息 2 次，应计天数法则为 30/360。求债券的到期支付利息。

【解析】

在 MATLAB 命令窗口中输入如下命令：

```
Settle = '2018-2-17';
Maturity = '2018-4-13';
Issue = '2017-10-11';
```

Face = 100;

CouponRate = 0.0608;

Basis = 1;

[Price, AccruInterest] = prmat(Settle, Maturity, Issue, Face, CouponRate, Yield, Basis)

Price =

    99.9806

AccruInterest =

    2.1000

因此，债券的到期支付利息 2.1 元。

4. prtbill 函数

prtbill 函数用于计算政府债券的定价。计算公式为：

$$P = F/(1 + r \times \frac{d}{Y}) \tag{2.13}$$

其中，r 为折现率；d 为债券持有时间，一般不到一年；Y 为按照特定应计法则计算的年实际天数。

【语法格式】

Price = prtbill(Settle, Maturity, Face, Discount)

【输入参数】

Settle　　　% 债券结算日期，必须小于等于到期日；

Maturity　　% 到期日；

Face　　　　% 票面价值；

Discount　　% 债券的银行折现率。

【输出函数】

Price　　　　% 债券价格。

【例 2－13】2018 年 2 月 10 日发行，2018 年 8 月 6 日到期，折现率 3.77%，并且平价是 1000 元。求国库券的价格。

【解析】

在 MATLAB 命令窗口中输入如下命令：

Price = prtbill('2018－2－10','2018－8－6',1000,0.0377)

Price =

    981.4642

因此，国库券的价格为 981.4642 元。

二、固定证券的收益

1. beytbill 函数

beytbill 函数用来计算短期国库券的收益以及政府债券的收益。

【语法格式】

yield = beytbill(settle, maturity, discount)

【输入参数】

settle　　　　% 交割日，交割日必须等于或早于到期日；

Maturity　　　% 到期日；

Discount　　　% 短期国库券的贴息率，输入小数。

【输出参数】

Yield　　　　% 债券收益率。

【例 2-14】短期国库券的交割日是 2017 年 2 月 11 日，到期日是 2017 年 8 月 7 日，贴息率是 5.77%。债券的收益率是多少？

【解析】

在 MATLAB 命令窗口中输入如下命令：

```
Yield = beytbill('2017-2-11','2017-8-7',0.0577)
Yield =
    0.0602
```

因此，债券的收益率是 6.02%。

2. bndyield 函数

bndyield 函数计算的是固定利率债券的到期收益，债券的票面利率是固定的，并且给定到期日。给定日期和净值后，计算到期收益。其中，Yield 是 1 * NUMBONDS 向量，Price 和 Yield 有以下公式：

Price + Accrued - Interest = sum[CashFlow × (1 + Yield/2)^(-Time)]

【语法格式】

Yield = bndyield(Price, CouponRate, Settle, Maturity, Period, Basis, EndMonthRule, IssueDate, FirstCouponDate, LastCouponDate, StartDate, Face)

【输入参数】

所有说明的参数必须是 1 * NUMBONDS 或是 NUMBONDS * 1 的向量。当是可选项时，用([])代替。在向量用 NaN 填写未说明的输入项。

Price　　% 债券的价格;

CouponRate　　% 分红利率;

Settle　　% 债券结算日期，必须小于等于到期日;

Maturity　　% 到期日;

Period　　% 选择项，年分红次数缺省值 2，可为 0，1，2，3，4，6，12;

Basis　　% 应计天数的计算方式;

EndMonthRule　　% 可选项，月末规则，应用在到期日实在小于等于 30 天的月份，0 代表债券的红利发放日总是固定的一天，1 代表是在实际的每个月末;

IssueDate　　% 发行日期;

FirstCouponDate　　% 可选项，第一次分红日，当 FirstCouponDate 和 LastCouponDate 同时出现时，FirstCouponDate 优先决定红利发放结构;

LastCouponDate　　% 可选项，到期日的最后一次红利发放日，当 FirstCouponDate 没标明时，LastCouponDate 决定红利发放结构，红利发放结构无论 LastCouponDate 是何时，都以其为准，并且紧接着债权到期日;

StarDate　　% 可选项，债权实际起始日（现金流起始日），当预计未来的工具时，用它标明是个未来的日期，如果没有特别说明 StarDate，起始日是 settlement date;

Face　　% 面值，默认值是 100。

【输出参数】

Yield　　% 债券收益率。

【例 2 - 15】有三种债券的价格分别是 95 元、100 元和 105 元，票面利率是 5%，结算日是 2012 年 7 月 20 日，到期日是 2017 年 7 月 15 日，每年两次结息，求债券的收益率。

【解析】

在 MATLAB 命令窗口中输入如下命令：

```
Price = [95;100;105];
CouponRate = 0.05;
Settle = '2012 - 7 - 20';
Maturity = '2017 - 7 - 15';
Period = 2;
Basis = 0;
[Yield] = bndyield(Price,CouponRate,Settle,Maturity,Period,Basis)
```

Yield =

0.0618

0.0500

0.0389

即三种债券的收益率分别为6.18%、5%、3.89%。

3. discrate 函数

discrate 函数用来计算货币市场证券的银行贴现率。银行贴现率基于证券的赎回价值计算并且体现了投资者的所得。

【语法格式】

DiscRate = discrate(Settle,Maturity,Face,Price,Basis)

【输入参数】

Settle　　%结算日;

Maturity　　%到期日;

Face　　%赎回价值;

Price　　%证券价格;

Basis　　%应计天数的计算方式。

【输出参数】

DiscRate　　%贴现率。

【例2-16】债券的结算日是2017年1月6日，到期日是2000年7月25日，债券的面值是100元，价格是97.74元，应计天数法则为Act/Act，求债券的贴现率。

【解析】

在MATLAB命令窗口中输入以下命令:

DiscRate = discrate('2017-1-6','2017-7-25',100,97.74,0)

DiscRate =

0.0412

因此，贴现率为4.12%。

4. ylddisc 函数

ylddisc 函数用于计算折价债券的收益、贴现证券的收益。

【语法格式】

Yield = ylddisc(Settle,Maturity,Face,Price,Basis)

【输入参数】

Settle　　% 偿债日（日期型数字或字符串），其必须早于或等于到期日；

Maturity　　% 到期日（日期型数字或字符串）；

Face　　% 面值；

Price　　% 债券的折价；

Basis　　% 应计天数的计算方式。

【输出参数】

Yield　　% 债券收益率。

【例 2-17】某只债券的结算日是 2016 年 10 月 14 日，到期日是 2017 年 3 月 17 日，债券的面值是 100 元，价格是 96.28 元，应计天数法则为 Act/360，求债券的贴现率。

【解析】

在 MATLAB 命令窗口中输入以下命令：

```
Settle = '2016-10-14';
Maturity = '2017-03-17';
Face = 100;
Price = 96.28;
Basis = 2;
Yield = ylddisc(settle,maturity,face,price,basis)
Yield =
   0.0903
```

因此，债券的贴现率为 9.03%。

5. yldmat 函数

Yldmat 函数用于计算到期付息债券的收益率。

【语法格式】

Yield = Yldmat(Settle, Maturity, Issue, Face, Price, Couponrate, Basis)

【输入参数】

Settle　　% 偿债日；

Maturity　　% 到期日；

Issue　　% 发行日；

Face　　% 赎回价（面值）；

Price　　% 债券的折价；

Couponrate　　% 利息率，小数；

Basis　　　　% 应计天数的计算方式。

【输出参数】

Yield　　　　% 付息债券的收益率。

【例 2－18】某只债券的结算日是 2017 年 2 月 7 日，到期日是 2017 年 4 月 13 日，发行日是 2016 年 10 月 11 日，债券的面值是 100 元，价格是 99.98 元，应计天数法则为 30/360，求债券的收益率。

【解析】

在 MATLAB 命令窗口中输入如下命令：

```
Issue = '2016-10-11';
Settle = '2017-02-07';
Maturity = '2017-04-13';
Face = 100;
Price = 99.98;
Couponrate = 0.0608;
Basis = 1;
Yield = yldmat(Settle,Maturity,Issue,Face,Price,Couponrate,Basis)
Yield =
    0.0607
```

因此，债券的收益率为 6.07%。

第四节　短期债券回购

债券回购是指债券交易的双方在进行债券交易的同时，以契约方式约定在将来某一日期以约定的价格（本金和按约定回购利率计算的利息），由债券的"卖方"（正回购方）向"买方"（逆回购方）再次购回该笔债券的交易行为。

债券回购的最长期限为 1 年，利率由双方协商确定。

债券回购分为以券融资和以资融券两种方式。所谓以券融资，即为卖出回购，就是债券持有者在卖出一笔债券的同时，与买方约定于某一到期日再以事先约定的价格将该笔债券购回，并支付一定利息。所谓以资融券，即为买入返售，是指资金持有人将手中持有的资金以一定的利率借给债券持有人，获得债券抵押权，并在回购期满得到相应利息收入的行为。

回购协议利率报价采用单利，应计利息按照 Act/360 天计算，利率高低取决于质押品的质量和回购协议。回购利息的计算公式：

$$回购利息 = 回购资金 \times 回购利率 \times （回购天数/360） \tag{2.14}$$

其中，

$$回购资金 = 回购价 - 卖出价 \tag{2.15}$$

在 MATLAB 中，为短期债券回购提供了 tbillrepo 函数。

【语法格式】

TBEDiscount

= tbillrepo(RepoRate, InitialDiscount, PurchaseDate, SaleDate, Maturity)

【输入参数】

RepoRate　　　　　% 债券的回购率；

InitialDiscount　　　% 初始贴现率；

PurchaseDate　　　% 购买日期；

SaleDate　　　　　% 卖出日期；

Maturity　　　　　% 债券到期日。

【输出参数】

TBEDiscount　　　　% 回购盈亏平衡点的贴现率

如图 2－1 所示，已知在 T_1 时段内年化收益率为 r，求在 T_1 结束时的贴现率 TBEDiscount（在回购协议中，应采用 Act/360 的计息规范）。

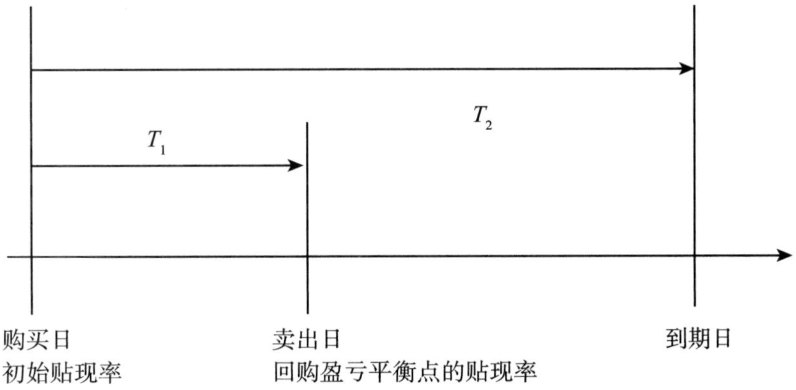

图 2－1　回购盈亏平衡点计算

计算步骤：

（1）根据初始贴现率计算购买日的价格，记为 P_0，即 $\frac{100 - P_0}{100} \times \frac{360}{T_2} = \text{InitialDiscount}$，可以得到 P_0。

（2）根据回购协议利率，计算出在 T_1 时刻的价格，记为 P_1，即$\frac{P_1-P_0}{P_0}\times\frac{360}{T_1}=\text{RepoRate}$，可以得到 P_1。

（3）根据 T_1 时刻的价格，计算回购盈亏平衡点的贴现率 TBEDiscount，即$\frac{P_1-P_0}{P_0}\times\frac{360}{T_1}=\text{RepoRate}$，$\frac{100-P_1}{100}\times\frac{360}{T_2-T_1}=\text{TBEDiscount}$，可以得到 TBEDiscount。

【例 2－19】回购贴现率计算实例。短期债券的贴现率为 4.75%，债券到期日为 2018 年 4 月 3 日，购买债券日期为 2018 年 1 月 3 日，卖出债券日期为 2018 年 2 月 3 日，回购利率为 4.5%。求此项回购盈亏平衡点的贴现率。

【解析】

在 MATLAB 命令窗口中输入如下命令：

```
RepoRate = 0.045;
InitialDiscount = 0.0475;
PurchaseDate = '01-03-2018';
SaleDate = '02-03-2018';
Maturity = '04-03-2018';
TBEDiscount = tbillrepo(RepoRate, InitialDiscount, PurchaseDate, SaleDate, Maturity)
TBEDiscount =
    0.0491
```

此项回购盈亏平衡点的贴现率为 4.91%。

第五节　可转换债券定价

可转换债券是可转换为股票的债券，兼有公司债和股票的双重特点，一般情况下事先规定票面利率、转股价格、转股比率和转换期。票面利率就是债券持有到期时的收益率，转股价格是指可转债在转股期间转化为基础股票的每股价格。转换比率是指发行可转换债券的公司向投资者约定比率，按照这一比率，投资者可以将手中的债券转换为相应数量的股票。转换期是指可转换债券转换为股票起始日至结束日的期间。

可转换公司债代表了发行公司获取利润的能力和增长潜力，作为发行公司向社会公众筹集资金的有价证券的凭证，因此，其基本面是影响可转换公司债最主要的因素。公司经营业绩和成长性越好，股票价格上涨的可能性越大，可转换公司债的价值也就越高。否则，发行公司业绩下滑可能导致信用危机，此时的可转换公司债隐含着巨大风险。

一、可转换债券价格的影响因素

1. 股票价格

在其他条件一定的情况下，股票价格上涨可导致可转换债券价格上涨。一般地，用可转换债券价格 B 的一阶导数 Δ 和二阶导数 γ 来描述可转换债券价格相对于股票价格变动的敏感性。

即，$\Delta=\frac{dB}{dS}$，$\gamma=\frac{d\Delta}{dS}=\frac{d^2B}{dS^2}$

2. 波动率

波动率对可转换债券的影响用可转换债券价格对波动率的一阶导数 λ 描述，

即 $\lambda=\frac{dB}{d\sigma}$。波动率越大，债券的价格就越高。这是由于波动率越大，股票价格出现高价的机会就越多，因此可转换债券的价格就越高。

3. 利率

利率变动对可转换债券的影响用可转换债券价格对利率的导数表示。利率对可转换债券中的普通债券和转股期权的影响是不同的，利率越高，可转换债券中普通债券的价格越低；而转股期权则相反，利率越高，转股期权的价格越高。当股票价格较低时，可转换债券更接近普通债券，因此，利率提高将使可转换债券的价格降低。而股票价格较高时，可转换债券接近于股票，因此，它对利率的变化不敏感，但是由于期权的价值随利率提高而提高。因此，综合的影响结果是：当股票价格较低时，可转换债券价格随利率提高而降低；当股票价格较高时，利率对可转换债券价格的影响并不显著。

4. 稀释

把可转换债券中的转股期权视为一个普通的股票看涨期权。投资者将可转换债券转为股票，相当于公司发行新股。这与行使股票看涨期权，买进已发行在外的股票是不同的。在可转换债券被转换为股票时，公司的股份被稀释，而使用股票看涨期权买进股票不会使公司的股份被稀释。因此，把转股期权作为一个普通股票看涨期权对可转换债券定价是有问题的。

二、可转换债券定价的方法

通过建立可转换公司债的定价模型，可在一定的误差范围内确定可转换公司债的理论价格，为实际操作奠定良好基础。目前，可转换公司债理论定价两类模型：一类模型是以 Black - Sholes 公式为基础，在种种假定条件下，得出可转换公司债价格近似解；另一类模型试图将影响可转换公司债价格的所有因素都考虑进去，即多因素模型，比较常见的多因素模型有二叉树法、有限差分法及蒙特卡洛模拟等方法。本书主要介绍二叉树定价方法。

首先介绍标准的二叉树模型。S 为股票价格，在风险中性的假定下建立标的股价的二叉树。树图的起点为对应的定价日，终点对应的是可转债的到期日，中间的节点表示股价某一时刻的可能值。

风险中性概率：

$$P = \frac{e^{r\Delta t} - d}{u - d} \tag{2.16}$$

其中，$u = e^{\sigma\sqrt{\Delta t}}$，$d = e^{-\sigma\sqrt{\Delta t}}$，与二叉树每一节点的股价相对应，都有一个可转债的价值。根据风险中性原理，债券价值公式：

$$M = e^{-2r\Delta t}[p^2 M_{uu} + 2p(1-p)M_{ud} + (1-p)^2 M_{dd}] \tag{2.17}$$

其中，M_{ij}为二叉树各节点的债券价值。

由于可转换债券中包含了复杂的期权结构，特别是包含了百慕大期权，因此一般用二叉树模型和风险中性定价原理来定价。

可转换债券定价的第一步是建立股票价格二叉树，二叉树描述的是股票价格在风险中性空间中的运动。股票价格从时刻 t 到 $t+\Delta t$ 应当按照时刻 t 的无风险利率 r（t）上涨，即 $S\mu = \mu S = e^{r\Delta t}S$。由于我们是在现在计算一个未来时间区间（$t$，$t+\Delta t$）内股票价格的运动，因此无风险利率 r（t）应当为时间区间（t，$t+\Delta t$）的远期利率。

可转换债券定价的第二步是建立可转换债券价格二叉树，在二叉树末端节点上，可转换债券的价格为：$\max(P_{Nj}, B_{Nj})$。其中 P_{Nj}为债券到期的平价，B_{Nj}为债券到期时的底价，它等于债券面值与最后一次利息之和。在二叉树中间的节点上，可转换债券的价格为 $\max\{\min(Q_1, Q_2), Q_3, Q_4\}$。其中，$Q_1$ 是债券不转股、不赎回、不回售情况下持有债券的价格，它等于从后两个节点递推得到的价格（包括应记利息）；Q_2 是债券赎回价格（包括应记利息）；Q_3 是债券的平价；Q_4是债券回售价格。

在应用二叉树和风险中性定价原理为可转换债券定价时，折现率的选择较为复杂。首先，在债券肯定不会转股的情况下，应选择与债券发行者信用相当的折现率 $r \times r$（t）。其次，在债券肯定会转股的情况下，每个节点上应当用远期无风险利率 r（t）折现。这是因为由风险中性定价原理可知，股票衍生产品的价格与发行股票的公司的信用无关。大多数情况下，我们并不知道在每个节点上债券是否会被转股，考虑在时刻 t 一个节点的股票价格为 S，假设在风险中性空间中债券转股的概率为 π（t，s），则不转股的概率为 $1-\pi$（t，s）。令这个节点的折现率为 $\pi(t,s)r(t) + [(1-\pi(t,s))]r\times(t)$。这个折现率在二叉树上自后向前递推时可以直接实现。设在某个节点上二叉树以概率 P 向上分支，到达节点的折现率为 r_μ，以概率 $1-P$ 向下分支，到达节点的折现率为 r_d，则这个节点的折现率为：$Pr_\mu+(l-p)r_d$。二叉树每向后递推一步，检查债券是否转股、赎回或回售，如果这都不是最优的选择，那么它就是该节点的折现率，并用于向后递推计算。如果转股、赎回或回售最优，那么该节点的折现率应当用 $r\times(t)$。

在 MATLAB 中，采用 Cox - Ross - Rubinstein 二叉树方法计算可转换债券价格。

【语法格式】

[CBMatrix, UndMatrix, DebtMatrix, EqtyMatrix] = cbprice(RiskFreeRate, StaticSpread, Sigma, Price, ConvRatio, NumSteps, IssueDate, Settle, Maturity, CouponRate, Period, Basis, EndMonthRule, DividendType, DividendInfo, CallType, CallInfo, TreeType)

【输入参数】

RiskFreeRate %无风险利率；

StaticSpread %静态价差,为超过无风险利率部分；

Sigma %股票波动的标准差；

Price %标的资产的价格；

ConvRatio %转换比例；

NumSteps %计算的步数；

IssueDate %发行日；

Settle %结算日；

Maturity %到期日；

CouponRate %债券的息票率；

Period %二叉树离散的时间段；

Basis %(Optional)应计天数法则,取值如下：

0 = Act/Act(default)；

1 = 30/360(SIA)；

2 = actual/360；

3 = actual/365；

4 = 30/360(PSA)；

5 = 30/360(ISDA)；

6 = 30/360(European)；

7 = act/365(Japanese)；

EndMonthRule　　% 月末法则，每月最后一日的处理方式，当月末等于 30 日或者小于 30 日该法则有效；0 表示忽略该法则，说明利息的支付日小于 30 日；1 表示红利的支付总是在月末，默认值是 1；

DividendType　　% 红利类型，0 表示红利以绝对形式发放，1 表示红利以收益率形式发放；

DividendInfo　　% 除息信息，缺失值表示没有除息，第一行是除息日期，第二行是除息的数量；

CallType　　% 看涨期权的类型，0 表示现金价，1 表示净价，不含应计利息的价格；

CallInfo　　% 第一列为日期，面值为 100 元的债券的回购价格，默认值为无赎回条款；

TreeType　　% 树形图的类型，0 是默认值，表示二叉树；1 表示三叉树。

【输出参数】

CBMatrix　　% 可转换债券的可转换价格矩阵，CBMatrix（1，1）为可转换价格；

UndMatrix　　% 二叉树格式的债券价格；

DebtMatrix　　% 可转换债券价格的债券部分，为一矩阵形式；

EqtyMatrix　　% 可转换债券价格的股票部分，为一矩阵形式。

【例 2－20】已知无风险利率为 5%，标的资产波动标准差为 0.3，可转换债券转换比率为 1:1，二叉树时间离散数目为 200 个时间段。债券发行日为 2013 年 1 月 2 日，结算日为 2013 年 1 月 2 日，到期日为 2018 年 1 月 2 日，该债券票面利率为 4%，每半年付息一次，天数采用 30/360（SIA）方法。月末法则默认值为 1，红利采用绝对形式支付，在 2015 年 1 月 2 日以 115 元的价格赎回。请构建可转换债券价格和股票价格的关系示意图。

【解析】

在 MATLAB 中执行以下命令：

```
StartDates = '01-02-2013';
EndDates = '01-02-2018';
Rates = 0.05;
Compounding = -1;
Basis = 1;
RateSpec = intenvset('StartDates', StartDates, 'EndDates', EndDates, 'Rates', Rates, ...
```

```
'Compounding',Compounding,'Basis',Basis);
    Settle = '01 - 02 - 2013';
    Maturity = '01 - 02 - 2018';
    CouponRate = 0.04;
    CallStrike = 115;
    CallExDates = [datenum('01 - 02 - 2015') datenum(Maturity)];
    ConvRatio = 1;
    AmericanCall = 1;
    Sigma = 0.3;
    Spreads = 0:0.005:0.015;
    Prices = 40:10:140;
    convprice = zeros(length(Prices),length(Spreads));
    NumSteps = 200;
    TimeSpec = stttimespec(StartDates,EndDates,NumSteps);
    for PriceIdx = 1:length(Prices);
    StockSpec = stockspec(Sigma,Prices(PriceIdx));
    STTT = stttree(StockSpec,RateSpec,TimeSpec);
    convprice (PriceIdx,:) = cbondbystt (STTT, CouponRate, Settle, Maturity, ConvRatio, ...
'Spread', Spreads(:),'CallExDates',CallExDates,'CallStrike', CallStrike, ... 'AmericanCall',
AmericanCall);
    end
    stock = repmat(Prices',1,length(Spreads));
    plot(stock,convprice);
    legend({'+0 bp'; '+50 bp'; '+100 bp'; '+150 bp'});
    title ('Effect of Spread using Trinomial tree - 200 steps');
    xlabel('Stock Price');
    ylabel('Convertible Bond Price');
    text(50, 150, ['Coupon 4% semiannual,', sprintf('\n'), ... '110 Call after 2 years,' spri-
ntf('\n'), ... 'maturing in 5 years.'],'fontweight','Bold')。
```

可转换债券价格和股票价格的关系见图 2 - 2。

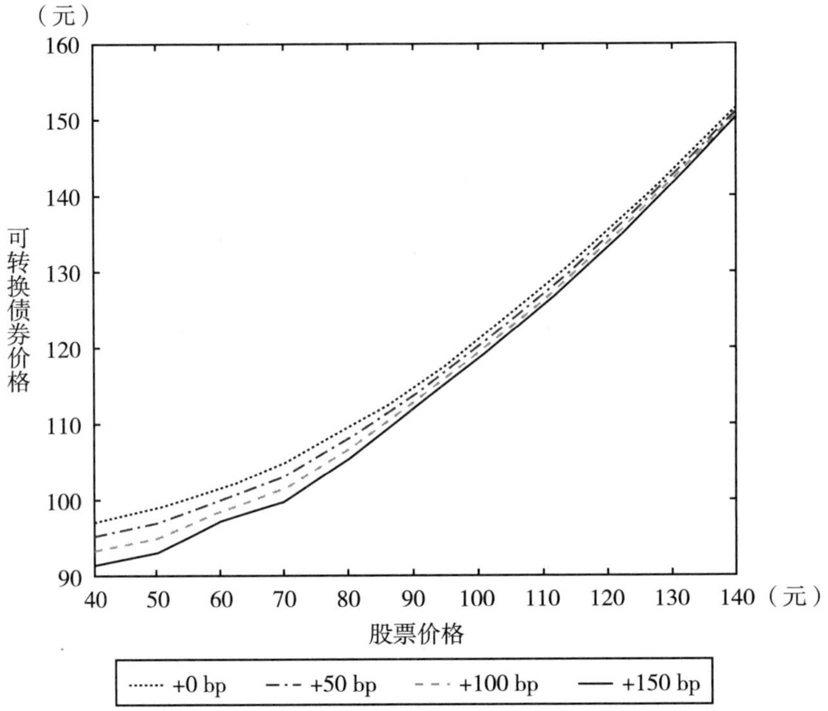

图 2-2 可转换债券的价格和股票价格的关系

注：根据二叉树方法计算的有效价差 -200 步。

第六节 久期和凸度计算

久期和凸性是衡量债券利率风险的重要指标。具体来说，久期是衡量债券价值对利率敏感性的近似指标，而凸度是改善久期评估效果的指标。随着债券市场监管力度的加强，市场的投资行为不断规范，利率风险逐渐显现，久期和凸度成为衡量利率风险的有效工具。

一、久期及其计算

久期（duration）是金融学的一个重要工具，最初是由弗雷德里希·麦考利（Federich Macaulay）于 1938 年提出的，因而称为麦考利久期。当时，麦考利试图找到一个可以比较期限相同但是支付结构不同的债券的方法，后来的麦考利久期主要用来衡量债券价格对利率的风险敞口。

1. 麦考利久期与修正麦考利久期

（1）麦考利久期（macaulay duration）。麦考利久期是以未来发生的现金流，按照目前的收益率折算为现值，再用每笔现值乘以现在距离该笔现金流发生时间点的时间年限，然后进行求和，以这个总和除以债券初始价格得到的数值就是久期。久期是一个加权平均的时间长度，具体的计算公式如下：

$$D = \sum_{t=1}^{N}\left[\frac{\frac{C_t}{(1+r)^t}}{\sum_{t=1}^{N}\frac{C_t}{(1+r)^t}}\right]t = \frac{1}{P_0}\sum_{t=1}^{N}\left[\frac{C_t}{(1+r)^t}\right]t \tag{2.18}$$

其中，$P_0 = PV = \sum_{t=1}^{N}\left[\frac{C_t}{(1+r)^t}\right]$，表示债券现行价格；$D$ 是麦考利久期；C_t 表示 t 期的现金流；r 是适合当时的市场利率环境和债券风险性质的折现率。下面对 r 进行简单讨论。

通常情况下，恰当的折现率是无风险利率加上风险溢价。若 r 为无风险市场利率，C_t 表示第 t 期的现金流，$C_t/(1+i)^t$ 表示对第 t 期的现金流进行贴现。但实际上，$C_t/(1+i)^t$ 表示对第 t 期的现金流进行贴现是不准确的，应该用到期收益率 y 来进行折现，这样 $C_t/(1+i)^t$ 应表示为 $C_t/(1+y)^t$。

若折现率为到期收益率 y，那么久期为：

$$D = \frac{1}{P_0}\sum_{t=1}^{N}\left[\frac{C_t}{(1+y)^t}\right]t \tag{2.19}$$

对于贴现债券来说，由于是以贴现价格购买，到期偿还票面金额，因此它每期的现金流 $C_t=0$，其中 $t=1$，2，…，$N-1$，从而贴现债券的久期为到期期限。对于所有期间有现金流发生的债券来说，它的久期一般小于到期期限。

对久期公式（2.19）进行改写：

$$D = \sum_{t=1}^{N} t\left[\frac{C_t/P_0}{(1+y)^t}\right] \tag{2.20}$$

这可以理解为，麦考利久期是以时间 t 为权数，在时间 t 所支付的现金流的折现价值占债券价值比重的加权平均值。

久期是衡量债券价格对利率风险的变动弹性，将公式（2.20）中的 P_0 对折现率 y 求导，可以得到：

$$\frac{dP_0}{dy} = -\sum_{t=1}^{N}\left[\frac{C_t}{(1+y)^{t+1}}\right]t = -\frac{DP_0}{1+y} \tag{2.21}$$

整理得到：

$$D = -\frac{dP_0}{dy}\frac{1+y}{P_0} = -\frac{dP_0}{P_0}\Big/\frac{dy}{1+y} \tag{2.22}$$

具体而言，当利率变化时，债券价格的变化率与其到期收益率的变化率是相关的，可表示为：

$$\frac{\Delta P}{P} = -D\left[\frac{\Delta(1+y)}{1+y}\right] \tag{2.23}$$

债券价格变化率等于久期乘以（1+债券收益率）的变化率。

（2）修正的麦考利久期（modified macaulay duration）。通常最常使用的久期计算方法是修正的麦考利久期，修正麦考利久期是在收益率改变而债券的各期现金流不变的情况下，计算的收益率变化1%时债券价格变动的百分比。修正麦考利久期为：

$$修正久期(D_M) = \frac{麦考利久期(D)}{1+债券到期收益率/k} \tag{2.24}$$

其中，k 表示每年支付利息次数。

在形式上改进一下，修正麦考利久期定义为：

$$\frac{\Delta P}{P} = -D_M \times \Delta y \tag{2.25}$$

（3）久期与利率的关系。债券的久期越大，利率的变化对该债券价格的影响也越大，因此风险也越大。在降息时，久期大的债券上升幅度较大；在升息时，久期大的债券下跌的幅度也较大。因此，投资者在预期未来降息时，可选择久期大的债券；在预期未来升息时，可选择久期小的债券。这是重要的风险管理方法。在同等要素条件下，修正久期小的债券较修正久期大的债券抗利率上升风险能力强，但抗利率下降风险能力较弱。

2. 现金流久期的计算

MATLAB 中计算现金流久期的函数是 cfdur。

【语法格式】

[Duration,ModDuration] = cfdur(CashFlow,Yield)

【输入参数】

CashFlow　　　　% 为一个现金流向量；

Yield　　　　% 到期收益率。

【输出参数】

Duration　　　　% 为现金流的麦考利久期；

ModDuration　　　　% 为现金流的修正久期。

【例 2-21】一项投资，各期现金流流入和流出情况如表 2-2 所示，贴现率为 0.025，问该项投资的久期是多少？

表 2-2　　投资现金流流入与流出情况　　单位：元

期限	第 1 期	第 2 期	第 3 期	第 4 期	第 5 期
金额	2000	2000	3000	4000	5000

【解析】

久期公式为 $D = \frac{1}{P_0}\sum_{t=1}^{N}\left[\frac{C_t}{(1+r)^t}\right]t$，其中 $P_0 = PV = \sum_{t=1}^{N}\left[\frac{C_t}{(1+r)^t}\right]$，此时贴现率 r 为 0.025。

首先，将各期现金流保存到变量 CashFlow，然后调用 cfdur 函数。

```
CashFlow = [2000,2000,3000,4000,5000];
[Duration,ModDuration] = cfdur(CashFlow,0.025)
Duration =
    3.4533
ModDuration =
    3.3691
```

因此，该投资现金流的麦考利久期为 3.4533 年，修正久期为 3.3691 年。

【例 2－22】一种债券的面值为 100 元，票息额为每年 9 元。市场利率为 8%，债券的到期期限为 6 年，一年付息一次。计算该债券的久期。

【解析】

久期公式为 $D = \frac{1}{P_0}\sum_{t=1}^{N}\left[\frac{C_t}{(1+i)^t}\right]t$，其中 $P_0 = PV = \sum_{t=1}^{N}\left[\frac{C_t}{(1+i)^t}\right]$，此时 i 为市场利率，等于 8%。

在 MATLAB 中输入如下命令：

```
Cashflow = [9,9,9,9,9,109];
[Durartion,ModDuration] = cfdur(Cashflow,0.08)
Durartion =
    4.9169
ModDuration =
    4.5527
```

因此，该债券的麦考利久期为 4.9169 年，修正久期为 4.5527 年。

3. 债券的久期计算

在 MATLAB 中计算债券久期的函数是 Bnddurp 和 Bnddury。Bnddurp（bond duration on price）函数给定价格的债券平均期限，计算价格一定的债券久期。Bnddury（bond duration on yield）函数给定收益的债券的平均期限，计算固定收益债券的久期。

【语法格式】

```
[ModDuration,YearDuration,PerDuration] = bnddurp(Price,CouponRate, Settle,Maturity,Period,Basis,EndMonthRule,IssueDate,FisrtCouponDate, LastCouponDate,StartDate,Face)
```

[ModDuration, YearDuration, PerDuration] = bnddury(Yield, CouponRate, Settle, Maturity, Period, Basis, EndMonthRule, IssueDate, FisrtCouponDate, LastCouponDate, StartDate, Face)

【输入参数】

Price　　　　　　% 债券价格，在 Bnddurp 函数中；

Yield　　　　　　% 债券到期收益率，在 Bnddury 函数中；

CouponRate　　　% 债券息票率；

Settle　　　　　% 债券结算日期，必须小于等于到期日；

Maturity　　　　% 债券到期日；

Period　　　　　% 可选项，年息票支付频次；

Basis　　　　　　% 可选项，债券的天数计算法：

0 = actual/actual(default)；

1 = 30/360；

2 = actual/360；

3 = actual/365；

4 = 30/360(PSA)；

5 = 30/360(ISDA)；

6 = 30/360(European)；

7 = actual/360(Janpanese)；

EndMonthRule　　% 可选项，月末法则，应用在到期日实际小于等于 30 天的月份，0 代表债券的红利发放日总是固定的一天，1 代表是在实际的每个月末；

IssueDate　　　　% 可选项，债券发行日；

FirstCouponDate　% 可选项，首次派息日，当 FirstCouponDate 和 LastCouponDate 同时出现时，FirstCouponDate 优先决定红利发放结构；

LastCouponDate　% 可选项，最后派息日，当 FirstCouponDate 没标明时，LastCouponDate 决定红利发放结构，红利发放结构无论 LastCouponDate 是何时，都以其为准，并且紧接着债权到期日；

StarDate　　　　% 可选项，开始计息日期，当预计未来的工具时，用他标明是个未来的日期，如果没有特别说明 StarDate，起始日是 settlement date；

Face　　　　　　% 可选项，债券面值大小。

【输出参数】

ModDuration　　% 债券修正久期；

YearDuration　　% 债券的麦考利久期，以年为计量单位；

PerDuration　　　　% 债券的麦考利久期，以半年为计量单位。

根据债券收益率和息票率计算久期。

【例 2-23】三种债券到期收益率分别为 5%、5.5% 和 6%，票息率都为 5.5%，结算日为 2013 年 8 月 2 日，到期日为 2018 年 6 月 15 日，每年付 2 次息，应计天数法则为 Act/Act。求修正久期、以年为计量单位和以半年为计量单位的麦考利久期。

【解析】

在 MATLAB 中输入如下命令：

```
Yield = [0.04,0.05,0.06];
CouponRate = 0.055;
Settle = '08-02-2013';
Maturity = '06-15-2018';
Period = 2;
Basis = 0;
[ModDuration,YearDuration,PerDuration] = bnddury(Yield,CouponRate, Settle,Maturity,Period,Basis)
ModDuration =
    4.2444
    4.2097
    4.1751
YearDuration =
    4.3292
    4.3149
    4.3004
PerDuration =
    8.6585
    8.6299
    8.6007
```

因此，三只债券的修正久期分别为 4.2444 年、4.2097 年、4.1751 年；三只债券以年为计量单位的麦考利久期为 4.3292 年、4.3149 年、4.3004 年；三只债券以年为计量单位的麦考利久期为 8.6585 年、8.6299 年、8.6007 年。

根据债券价格计算久期。

【例 2-24】已知三种债券的价格分别为 106 元、100 元、98 元，票息率为 5.5%，结算日为2013年8月22日，到期日为2018年6月15日，每年支付2次票息，应计天数法则为Act/Act，请分别计算上述三个久期。

【解析】

在MATLAB中输入如下命令：

```
Price =[106;100;98];
CouponRate =0.055;
Settle = '08 - 02 - 2013';
Maturity = '06 - 15 - 2018';
Period =2;
Basis =0;
[ModDuration,YearDuration,PerDuration] = bnddurp (Price, CouponRate,Settle,Maturity,Period,Basis)
ModDuration =
    4.2400
    4.1925
    4.1759
YearDuration =
    4.3275
    4.3077
    4.3007
PerDuration =
    8.6549
    8.6154
    8.6154
```

因此，三只债券的修正久期分别为4.2400年、4.1925年、4.1759年；三只债券以年为计量单位的麦考利久期为4.3275年、4.3077年、4.3007年；三只债券以年为计量单位的麦考利久期为8.6549年、8.6154年、8.6154年。

二、凸度及其计算

久期是价值曲线在当前利率和债券价格点的斜率，凸性则是斜率的变化量。由债券定价原理可知，债券的价格与债券的收益率成反比，同时，对于期限既定的债券，同等幅度的收益率变动，收益率下降给投资者带来的利润大于收益率上升给投资者带来的损失，由此，可以推出债券凸性的概念。

1. 凸度

债券凸性反映了债券价格变动率与其收益率变动关系的曲度，由上述债券价格和债券收益率的关系可知，债券的凸性在以收益率为横坐标，以价格为纵坐标的图中，表现为一条向下倾斜的曲线。可以这样理解，凸度实际上是债券价格对收益率的二阶导数关系：凸度 = 久期变化的百分比/收益率变化的百分比。用泰勒公式展开，得到：

$$\Delta P \approx \frac{\mathrm{d}P}{\mathrm{d}r}\Delta r + \frac{1}{2}\frac{\mathrm{d}^2 P}{\mathrm{d}r^2}(\Delta r)^2 \tag{2.26}$$

式（2.26）两边同除以 P，式子左边为价格变动率，右边变成：

$$\frac{\Delta P}{P} \approx \frac{\frac{\mathrm{d}P}{\mathrm{d}y}}{P}\Delta r + \frac{1}{2}\frac{\frac{\mathrm{d}^2 P}{\mathrm{d}r^2}}{P}(\Delta r)^2 \tag{2.27}$$

我们定义凸度为：

$$C = \frac{\frac{\mathrm{d}^2 P}{\mathrm{d}r^2}}{P} = \frac{1}{P}\sum_{t=1}^{N}\left[\frac{t(1+t)C_t}{(1+r)^{t+2}}\right] \tag{2.28}$$

因此式（2.28）可以写为关于久期和凸度的公式：

$$\frac{\Delta P}{P} = -D \times \Delta r + \frac{1}{2}C \times (\Delta r)^2 \tag{2.29}$$

其中，

$$D = -\frac{\mathrm{d}P_0}{\mathrm{d}r}\frac{1+r}{P_0}$$

由此，得到凸度与麦考利久期之间的关系为：

$$C = \frac{1}{(1+r)^2}[S + D(1+D)] \tag{2.30}$$

其中，$S = \frac{1}{P}\sum_{t=1}^{N}\left[\frac{C_t(1+r)^{-t}}{t-D}\right]$。$S$ 是衡量现金流的集中度，当久期给定时，现金流越集中，则债券凸度越大，现金流越分散，则债券凸度越小。

2. 凸度的计算

（1）现金流凸度的计算。在 MATLAB 中计算现金流凸度的函数是 cfconv 函数。

【语法格式】

CFlowConvexity = cfconv(CashFlow, Yield)

【输入参数】

CashFlow　　　　% 为一个现金流向量。

Yield　　　　　　% 到期收益率。

【输出参数】

CFlowConvexity　　% 为现金流的凸度。

【例 2－25】一种债券的面值为 100 元，票息额连续 9 年为每年 2.4 元。第 10 年还本付息。求该现金流凸度。

【解析】

在 MATLAB 中输入如下命令：

```
Cashflow = [2.40,2.40,2.40,2.40,2.40,2.40,2.40,2.40,2.40,102.40];
Convex = cfconv(Cashflow,0.024)
Convex =
    91.1452
```

因此，该现金流的凸度为 91.1452。

（2）债券凸度的计算。在 MATLAB 中计算凸度的函数是 bndconvp 函数和 bndconvy 函数。

【语法格式】

[YearConvexity, PerConvexity] = bndconvp(Price, CouponRate, Settle, Maturity, Period, Basis, EndMonthRule, IssueDate, FisrtCouponDate, LastCouponDate, StartDate, Face)

[YearConvexity, PerConvexity] = bndconvy(Yield, CouponRate, Settle, Maturity, Period, Basis, EndMonthRule, IssueDate, FisrtCouponDate, LastCouponDate, StartDate, Face)

【输入参数】

同上述久期函数的参数。

【输出参数】

YearConvexity　　% 以年为计量单位的债券凸性；

PerConvexity　　% 以半年为计量单位的债券凸性。

【例 2－26】假设有三种债券，其价格分别为 106 元、100 元、98 元，票息率都为 5%，结算日都为 2013 年 8 月 2 日，到期日为 2018 年 6 月 15 日。半年付一次息，Act/Act。请计算三种债券的凸度。

【解析】

在 MATLAB 中输入如下命令：

```
Price = [106; 100;98];
CouponRate =0.05;
Settle = '8-2-2013';
Maturity = '6-15-2018'
Period =2;
```

```
Basis = 0;
[YearConvexity, PerConvexity] = bndconvp(Price, CouponRate, Settle, Maturity, Period, Basis)
YearConvexity =
    21.8488
    21.4469
    21.3079
PerConvexity =
    87.3954
    85.7875
    85.2314
```

因此，三只债券的凸度分别为 87.3954、85.7875、85.2314。

第七节 固定收益工具箱

固定收益工具箱扩展了 MATLAB 的功能，使其能够对固定收益进行建模和分析。

一、主要功能

用户可以在固定收益工具箱的帮助下实现对固定收益证券价格、收益率等的计算，包括 MBS、公司债、国债、市政债、大额存单和国库券等。

同时，固定收益工具箱也可以计算一些衍生品，如互换、可转债、国债期货等。用户可以利用内置函数，构建基于 MBS 和债务工具的固定收益模型。可以基于这些模型计算：固定利率抵押贷款池和气球型抵押贷款的价格和收益率；债务工具的价格、收益率、贴现率和现金流的支付时间表等；计算互换利率和敏感性；利用市场数据分析和计算利率的期限结构。

对于抵押贷款支持证券（MBS）MATLAB 工具箱提供了以下功能：基于 PSA 标准的提前支付比率，计算 MBS 证券的价格和收益率；利用期权调整价差的方法得到抵押贷款池的价格和有效久期；利用凸性、久期和平均期限等抵押贷款基点差风险。

对于债务工具，MATLAB 的工具箱允许用户处理多种债务工具。用以计算其价格、收益率、折现率和国库券贴现率的盈亏平衡点，计算公司债、国债和市政债券的价格、收益率以及现金流。

通过固定收益工具箱内置零息票债券相关函数，可以方便得到任意期限上固定的息票率债券的现值。

同时对于 Stepped – Coupon 债券的价格、收益率和现金流方面的计算，MATLAB 固定收益的工具箱也提供了强有力的支持。

利用固定收益工具箱提供的对于衍生证券的支持，用户可以处理很多基于固定收益证券的衍生品价格、收益率等。

利用固定收益工具箱、可以计算互换、可转债，以及对资产组合的对冲管理等。

二、体系结构

MATLAB R2008b 自带的固定收益工具箱 V. 6 版本，对上一个版本的更新体现在对利率期限结构对象的操作上。

固定收益工具箱内主要应用在两个方面：增强了对于 MBS 计算的支持，对于 MBS 的支持可以有效地帮助用户分析 MBS 证券；增强了对于利率期限结构数据支持，这一点有利于建立一个统一的利率期限结构描述框架，实现编程过程中的统一性和简洁性。

在此基础上，固定收益工具箱的主要功能是对期限结构的计算以及对特殊债券的价格、收益率的计算等，包括公司债、国债、市政债。

三、主要函数

固定收益工具箱的主要功能分为以下六大类：

（1）大额存单。

cdai　　计算大额存单的应计利息；

cdprice　　计算大额存单的价格；

cdyield　　计算大额存单的收益率。

（2）抵押贷款支持证券。

mbsprice　　MBS 证券价格；

mbsconvp　　MBS 证券的凸性；

mbsdurp　　MBS 证券的久期。

（3）阶梯式息。

stepcpnprice stepped – coupon　债券价格；

stepcpnyield stepped – coupon　债券的收益率。

（4）国库券。

tbillprice　　国库券价格；

tbillyield　　国库券的收益率；

tbillval01　利率变动一个基点导致的国库券价格变动量。

（5）国债期货。

tfutbyprice　国债期货的价格。

（6）零息票债券工具。

zeroprice　给定收益率情况下零息票债券的价格；

zeroyield　给定价格情况下的零息票债券的收益率。

本章小结

固定收益证券顾名思义是收益固定的证券，在资本市场和货币市场中，固定收益证券为配置金融资源提供一种重要的手段。固定收益的金融工具主要有国债、企业债、中央银行票据、结构化产品以及可转换债券。

货币的时间价值是研究金融工具的重要内容之一，现值是指对未来现金流量以恰当的折现率进行折现后的价值，MATLAB 为现金流现值的计算提供了 pvfix 函数和 pvvar 函数。终值又称将来值或本利和，是指现在一定量的资金在未来某一时点上的价值，MATLAB 为现金流终值的计算提供了 fvfix 函数和 fvvar 函数。内部收益率是使投资现金流现值等于当前价格的收益率。MATLAB 中计算内部收益率的函数是 irr。

年金是指每隔一定相等的时间，收到或付出的相同数量的资金。MATLAB 为计算年金期间数提供了 numperiods 函数，为计算年金利率提供了 rate 函数。

MATLAB 为固定收益的证券的定价提供了 bndprice 函数、prdisc 函数、prmat 函数和 prtbill 函数四种定价函数。

债券回购是指债券交易的双方在进行债券交易的同时，以契约方式约定在将来某一日期以约定的价格（本金和按约定回购利率计算的利息），由债券的“卖方”（正回购方）向“买方”（逆回购方）再次购回该笔债券的交易行为。在 MATLAB 中，为短期债券回购提供了 tbillrepo 函数。

可转换债券是可转换为股票的债券，兼有公司债券和股票的双重特点，一般情况下事先规定票面利率、转股价格、转股比率和转换期。在 MATLAB 中，采用 Cox – Ross – Rubinstein 二叉树方法计算可转换债券价格。

久期是衡量债券价值对利率敏感性的近似指标，而凸度是改善久期评估效果的指标。在 MATLAB 中计算债券久期的函数是 bnddurp 和 bnddury。在 MATLAB 中计算凸度的函数是 bnd-convp 函数和 bndconvy 函数。

重要术语

固定收益　　债券　　现金流　　优先股　　国库券　　抵押贷款支持证券

现值　　终值　　内部收益率　　年金　　年金终值　　年金现值

可转换债券　　久期　　凸度

复习与思考

1. 设某5年期面值为1000元的国债，票面利率为4%，国债投资者每年在付息日都会收到40元利息，并在第5年（最后一年）收到1000元本金，计算其现值。

2. 某人银行账户当前余额为20000元，计划每月存入2000元，利率为3.5%，计算多少个月后可以达到40000元?

3. 三种债券到期收益率分别为5%、6%和7%，票息率都为5%，结算日为2018年1月20日，到期日为2022年7月15日，每年付息2次，应计天数法则为Act/Act。求三种债券的价格。

4. 短期债券的出贴现率为4.75%，债券到期日为2018年4月3日，购买债券日期为2018年1月3日，卖出债券日期为2018年2月3日，回购利率为4.5%。求此项回购盈亏平衡点的贴现率。

5. 已知无风险利率为5%，标的资产波动标准差为0.35，可转换债券转换比率为1∶1，二叉树时间离散数目为100个时间段。债券发行日为2018年1月2日，结算日为2018年1月2日，到期日为2023年1月2日，该债券票面利率为4%，每半年付息一次，天数采用30/360（SIA）方法。月末法则默认值为1，红利采用绝对形式支付，在2020年1月2日以115元的价格赎回。求可转换债券的价格。

6. 假设有三种债券，其价格分别为1060元、100元、980元，票息率都为5%，结算日都为2018年8月2日，到期日为2023年6月15日。半年付一次息，Act/Act。请计算三种债券的凸度。

第三章

股票收益率计算

【学习目标】

本章主要介绍股票收益率的计算，包括单个股票和多个股票的收益率计算、股票波动率的计算。通过本章的学习，可以让读者了解股票收益率的计算以及收益波动率的计算。

第一节　收益定义与加总

一、股票收益

股票收益是指投资者从购入股票开始到出售股票为止整个持有期间的收入，它由股息收入、资本利得和资产增值三部分组成。

股票收益是指投资者持有股票和买卖股票所获得的报酬，主要包括：

（1）股利，指投资者以股东身份，按照持股数量，从公司的盈利分配中获得的收益，具体包括股息和红利两部分。

（2）资本利得，是指股票持有者持股票到市场上进行交易，当股票的市场价格高于买入价格时，卖出股票就可以赚取差价收益。

（3）资产增值，股票投资报酬不只有股利，股利只是公司税后利润的一部分。公司税后利润除支付股息和红利外，还会留一部分作为资本公积金和未分配利润，股东对其拥有所有权，作为公司资产的增值部分，它仍应属于股票收益。

二、股票收益的形式

1. 股息

股息是股票投资人定期从股份公司取得的一定收益。股息的分配以股票面值为依据，股息和分红构成股东的收益。对普通股股东而言，股东收益多少取决于公司当年的盈利状况，优先股股息则是固定的。

股份公司在支付优先股的固定股息之后尚有剩余时，再把剩余赢利分配给普通股股东，通常称为分红。分红的利润部分也称为红利，因此有人把普通股收益称为红利，而用股息专指优先股的收益。但是，由于我国目前没有规范的优先股，所以通常把股息和分红混用，并不加以区分。

2. 资本利得

资本利得，指通过股票的买卖而获取的价差收入。股票价格的变动受多种因素影响，股票投资者根据市场变化进行股票交易。通过股票二级市场的股票买卖取得的价差收益称为资本利得。

三、收益计算

为了计算方便，我们假设股票在计算期内不发放股利。

1. 收益计算

假定某支金融资产在时刻 t 的价格为 P_t。百分比收益和连续复利收益的定义如下：

单期百分比收益为：

$$R_t = \frac{P_t}{P_{t-1}} - 1 \tag{3.1}$$

k 期百分比收益为：

$$\begin{aligned} R_t(k) &= (1 + R_t)(1 + R_{t-1})\cdots(1 + R_{t-k+1}) - 1 \\ &= \frac{P_t}{P_{t-1}} \cdot \frac{P_{t-1}}{P_{t-2}} \cdot \frac{P_{t-2}}{P_{t-3}} \cdots \frac{P_t}{P_{t-1}} - 1 \\ &= \frac{P_t}{P_{t-k}} - 1 \end{aligned} \tag{3.2}$$

单期连续复利收益为：

$$r_t = \log(1 + R_t) = \log\left(\frac{P_t}{P_{t-1}}\right) = P_t - P_{t-1} \tag{3.3}$$

其中：

$$P_t = \log(P_t)$$

k 期连续复利收益为：

$$\begin{aligned} r_t(k) &= \log[1 + R_t(k)] \\ &= \log[(1 + R_t)(1 + R_{t-1})\cdots(1 + R_{t-k+1})] \\ &= \log(1 + R_t) + \log(1 + R_{t-1}) + \cdots + \log(1 + R_{t-k+1}) \\ &= r_t + r_{t-1} + r_{t-k+1} \end{aligned} \tag{3.4}$$

2. 收益加总

收益加总的方式如表 3 - 1 所示。

表 3 - 1　　收益加总方式情况

加总方式（aggregation）	时序（temporal）	截面（cross - section）
百分比收益（percent returns）	$R_i = \prod_{t=1}^{T}(1 + R_{it}) - 1$	$R_{pt} = (\sum_{i=1}^{N} w_i R_{it})$
连续复利收益（continuously compound returns）	$r_i = (\sum_{i=1}^{T} r_{it})$	$r_{pt} = \ln(\sum_{i=1}^{N} w_i e^{r_{it}})$

对于百分比（复合）收益，单期收益一般比较小。于是，对年收益公式进行一阶泰勒展开得近似的年收益公式：

$$R_t(k) \approx \frac{1}{k}\sum_{j=0}^{k-1} R_{t-j} \tag{3.5}$$

而对于投资组合的连续复利收益，我们有近似公式：

$$r_{pt} \cong (\sum_{i=1}^{N} w_i r_{it}) \tag{3.6}$$

第二节　单个收益率股票的计算

创建单股票收益计算环境。

MATLAB 中将价格序列转换为收益利率序列的函数是 price2ret。

【语法格式】

[RetSeries, RetIntervals] = price2ret (TickSeries,TickTimes, Method)

【输入参数】

TickSeries　　% 价格序列；

TickTimes　　% 价格序列对应的时间；

Method　　% 计算收益率的方法，转换方法同上，其取值“Simple”时计算方法为算数收益率，取值“Continuous”时为对数计算法。

【输出参数】

RetSeries　　% 收益率序列；

RetIntervals　　% 收益率时间间隔。

年收益计算。

【例3-1】计算上证指数（Idx000001）的年收益。注意：计算相应收益时不需要用调整后的收盘价。

【解析】

选取上证指数（Idx000001）1991~2017年的收盘价年价格数据“Idx000001Year”文件，然后用price2ret函数计算上证指数的年收益。

在MATLAB中执行以下命令：

```
A = xlsread('Idx000001Year.xlsx');
% 从excel中读取数据到matlab;
TickSeries = xlsread('Idx000001Year.xlsx','sheet1','d2:d28');
% TickSeries为上证指数(Idx000001)的年收盘价数据;
TickTimes =  xlsread('Idx000001Year.xlsx','sheet1','c2:c28');
% TickTimes为上证指数(Idx000001)的年收盘价数据对应的时间。
```

运行下述函数：

```
[RetSeries, RetIntervals] = price2ret (TickSeries, TickTimes)
RetSeries =
     0.0662
    -0.2523
    -0.1542
     0.5016
     0.2640
    -0.0405
     0.1754
     0.4169
    -0.2309
    -0.1926
     0.0977
    -0.1672
    -0.0869
     0.8348
     0.6763
    -1.0611
```

```
   0.5877
  -0.1545
  -0.2443
   0.0312
  -0.0699
   0.4244
   0.0900
  -0.1313
   0.0635
  -0.0434
RetIntervals =
     1
     1
     1
     1
     1
     1
     1
     1
     1
     1
     1
     1
     1
     1
     1
     1
     1
     1
     1
     1
     1
```

```
1
1
1
1
1
```

【例3－2】计算浦发银行（600000sh）的日收益。

【解析】

选取浦发银行（600000sh）2018年3月1日至2018年3月27日的每个交易日的收盘价作为日数据“浦发银行日数据.xlsx”文件，然后用price2ret函数计算浦发银行（600000sh）日收益。

在MATLAB中执行以下命令：

```
A = xlsread('浦发银行日数据.xls');
% 从excel中读取数据到matlab;
TickSeries = xlsread('浦发银行日数据.xls','sheet1','d2:d15');
% TickSeries为浦发银行(600000sh)的日收盘价数据;
TickTimes = xlsread('浦发银行日数据.xls','sheet1','c2:c15');
% TickTimes为浦发银行(600000sh)的日收盘价数据对应的时间;
```

运行下述函数：

```
[RetSeries, RetIntervals] = price2ret (TickSeries,TickTimes)
RetSeries =
   -0.0048
    0.0008
    0.0056
         0
   -0.0016
    0.0008
    0.0016
   -0.0008
   -0.0080
         0
   -0.0073
    0.0008
```

```
    0.0008
   -0.0024
   -0.0033
   -0.0451
   -0.0086
    0.0009
RetIntervals =
     1
     1
     1
     1
     1
     1
     1
     1
     1
     1
     1
     1
     1
     1
     1
     1
     1
     1
```

第三节 多股票收益计算

一、多股票收益率

多股票收益率的计算类似于证券投资组合收益率计算，投资组合收益率是组成该组合的各种证券的收益率的加权平均数，权数是投资于各种证券的资产数占总投资额的比重。

公式如下：

$$R_p = \sum_{i=1}^{n} w_i R_i \tag{3.7}$$

其中，R_p 表示证券投资组合的收益率；R_i 表示证券投资组合中第 i 种证券的收益率；w_i 表示证券投资组合中第 i 种证券的资产数占总投资额的比重。当全部资产被投资于不同证券品种时，不同证券上的投资比重之和 $\sum_{i=1}^{n} w_i = 1$。

二、多股票收益率的计算

计算多股票收益率的基本思路是，先用 price2ret 函数计算每只股票的收益率序列，由收益率序列求预期收益率和协方差矩阵，再计算投资组合的有效前沿。

【例 3-3】分别选取浦发银行（600000sh）、皖通高速（600012sh）、老白干酒（600559sh）、国药股份（600511sh）四只股票2016年1月至2018年2月每月最后一个交易日的收盘价作为初始数据，计算出每只股票的月收益率，保存在“四只股票月收益数据.xlsx”文件里（注意：这个文件一定要保存在 MATLAB 工作区的文件夹里，否则找不到）。

【解析】

在 MATLAB 中执行以下命令：

```
A = xlsread('四只股票月收盘价数据.xlsx');
% 从 excel 中读取数据到 matlab;
P1 = xlsread('四只股票月收盘价数据.xlsx','sheet1','d2:d14');
% P1 为浦发银行(600000sh)的月收盘价;
T1 = xlsread('四只股票月收盘价数据.xlsx','sheet1','c2:c14');
% T1 为浦发银行(600000sh)的月收盘价数据对应的时间;
[RetSeries, RetIntervals] = price2ret(P1,T1)
RetSeries =
   -0.0356
   -0.0513
    0.1057
   -0.0149
    0.0546
   -0.0499
    0.0125
   -0.0204
```

```
    0.0235
   -0.0251
    0.0450
   -0.0554
RetIntervals =
     1
     1
     1
     1
     1
     1
     1
     1
     1
     1
     1
     1
P2 = xlsread('四只股票月收盘价数据.xlsx','sheet2','d2:d14');
%P2 为皖通高速(600012sh)的月收盘价;
T2 = xlsread('四只股票月收盘价数据.xlsx','sheet2','c2:c14');
%T2 为皖通高速(600012sh)的月收盘价数据对应的时间;
[RetSeries, RetIntervals] = price2ret (P2, T2)
RetSeries =
    0.1004
    0.0997
   -0.1613
   -0.1119
    0.0642
   -0.0289
    0.0100
    0.0077
   -0.0138
```

```
    0.0274
   -0.1899
    0.0401
RetIntervals =
     1
     1
     1
     1
     1
     1
     1
     1
     1
     1
     1
     1
P3 = xlsread('四只股票月收盘价数据.xlsx','sheet3','d2:d14');
%P3 为国药股份(600511sh)的月收盘价;
T3 = xlsread('四只股票月收盘价数据.xlsx','sheet3','c2:c14');
%T3 为国药股份(600511sh)的月收盘价数据对应的时间;
[RetSeries, RetIntervals] = price2ret(P3,T3)
RetSeries =
    0.0070
    0.0205
    0.0686
   -0.0211
    0.0357
   -0.1584
    0.0084
   -0.0446
   -0.0088
   -0.1096
```

```
    0.0479
    0.0312
RetIntervals =
      1
      1
      1
      1
      1
      1
      1
      1
      1
      1
      1
      1
P4 = xlsread('四只股票月收盘价数据.xlsx','sheet4','d2:d14');
% P4 为老白干酒(600559sh)的月收盘价;
T4 = xlsread('四只股票月收盘价数据.xlsx','sheet4','c2:c14');
% T4 为老白干酒(600559sh)的月收盘价数据对应的时间;
[RetSeries, RetIntervals] = price2ret(P4,T4)
RetSeries =
      0
      0
      0
      0
      0
      0
      0
      0
      0
      0.3151
      0.0026
```

```
    0.0090
RetIntervals =
    1
    1
    1
    1
    1
    1
    1
    1
    1
    1
    1
    1
```

将上述四只股票的月收益率数据保存在“四只股票月收益数据.xlsx”文件里。

```
A = xlsread('四只股票月收益数据.xlsx');
R1 = xlsread('四只股票月收益数据.xlsx','sheet1','a2:a13');
%R1 为浦发银行的月收益数据;
R2 = xlsread('四只股票月收益数据.xlsx','sheet1','b2:b13');
%R2 为皖通高速的月收益数据;
R3 = xlsread('四只股票月收益数据.xlsx','sheet1','c2:c13');
%R3 为国药股份的月收益数据;
R4 = xlsread('四只股票月收益数据.xlsx','sheet1','d2:d13');
%R4 为老白干酒的月收益数据;
R = [R1,R2,R3,R4]              %R 为四只股票的收益率矩阵;
ER = mean(R)                   %期望收益率;
DR = cov(R)                    %协方差矩阵。
```

在 MATLAB 中运行上述程序,得到:

```
ER =
   -0.0009   -0.0130   -0.0103    0.0272
DR =
    0.0025   -0.0028    0.0018   -0.0007
```

```
-0.0028     0.0091    -0.0011     0.0012
 0.0018    -0.0011     0.0044    -0.0028
-0.0007     0.0012    -0.0028     0.0082
```

portopt(ER,DR)

运用 portopt 函数，得到有效前沿图形，见图 3-1。

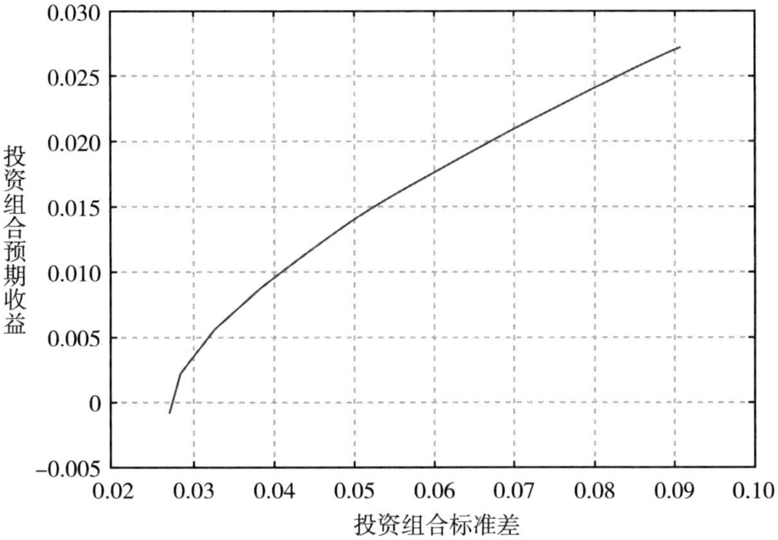

图 3-1　有效前沿

【例 3-4】分别选取美的集团（000333）、格力电器（000651）、青岛海尔（600690）三只股票 2018 年 1 月 1 日至 2018 年 6 月 30 日每个交易日的收盘价作为投资组合的初始数据，计算投资组合收益率。

【解析】

计算出每只股票的日收益率，保存在"股票投资组合日收益率.xlsx"文件里。

```
A = xlsread('投资组合日收盘价.xlsx');
%从 excel 中读取数据到 matlab;
T = xlsread('投资组合日收盘价.xlsx','sheet1','a2:a122');
%T 日收盘价数据对应的时间;
P1 = xlsread('投资组合日收盘价.xlsx','sheet1','b2:b122');
%P1 为美的集团(000333)d 的日收盘价;
P2 = xlsread('投资组合日收盘价.xlsx','sheet1','c2:c122');
%P2 为格力电器(000651)的日收盘价;
P3 = xlsread('投资组合日收盘价.xlsx','sheet1','d2:d122');
```

%P3 为青岛海尔(600690)的日收盘价。

计算每只股票的收益率:

[RetSeries1,RetIntervals1] = price2ret(P1,T)

[RetSeries2,RetIntervals2] = price2ret(P2,T)

[RetSeries3,RetIntervals3] = price2ret(P3,T)

将收益率数据保存在"股票投资组合日收益率.xlsx"中。

R1 = xlsread('股票投资组合日收益率.xlsx','sheet1','a2:a121');

%R1 为美的集团(000333)的日收益率;

R2 = xlsread('股票投资组合日收益率.xlsx','sheet1','b2:b121');

%R2 为格力电器(000651)的日收益率;

R3 = xlsread('股票投资组合日收益率.xlsx','sheet1','c2:c121');

%R3 为青岛海尔(600690)的日收益率。

求三只股票的期望收益和协方差:

```
R = [R1,R2,R3]                    %R 为三只股票的收益率矩阵;
ExpReturn = mean(R)               %期望收益率;
ExpCovariance = cov(R)            %协方差矩阵。
portopt(ExpReturn,ExpCovariance,20)
```

得到:

```
ExpReturn = [ -0.3292    0.2675    0.2350]
ExpCovariance =
    0.5118    0.0301    0.0420
    0.0301    0.6243    0.4642
    0.0420    0.4642    0.5565
```

下面我们需要讨论一下各股票的权重。

(1) 若已经给定各个股票的权重相同,即 Weights = ones(1,3)/3,输入资产组合有效前沿,以及相关资产组合,绘出各个资产组合风险与收益,代码如下:

```
[PortRisk,Portreturn] = portstats(Returns,Covariances,Weights)
hold on
plot(PortRisk,PortReturn,'.r')
title('均值—方差有效前沿以及各个资产组合风险与收益')
xlabel('风险(标准差)')
ylabel('期望收益率')
```

hold off

绘制均值—方差有效前沿以及各个资产组合风险与收益图（见图 3 –2）。

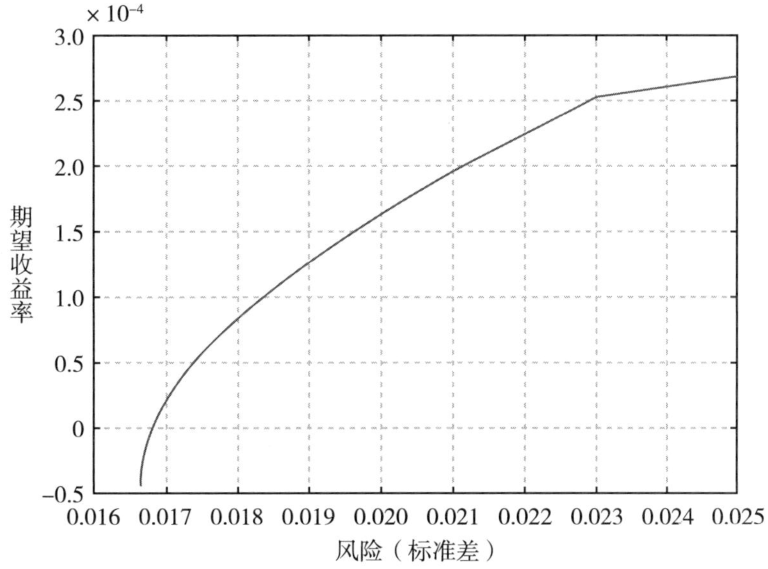

图 3 –2　均值—方差有效前沿以及各个资产组合风险与收益

（2）若没有给定权重，需要求出最优投资组合，此时需要 portopt 函数。

```
[PortRisk,PortReturn,PortWts] = portopt(Returns, Covariances,NumPorts)
hold on
plot(PortRisk,PortReturn,'r + - ')
title('均值—方差有效前沿以及各个资产组合风险与收益')
xlabel('风险(标准差)')
ylabel('期望收益率')
hold off
```

得到：

```
PortRisk =
    0. 5266
    0. 5551
    0. 6332
    0. 7901
PortReturn =
   - 0. 0438
```

0.0599

0.1637

0.2675

PortWts =

0.5060	0.2045	0.2895
0.3275	0.2997	0.3728
0.1491	0.3949	0.4560
0	1.0000	0

绘制均值—方差有效前沿以及各个资产组合风险与收益图（见图3－3）。

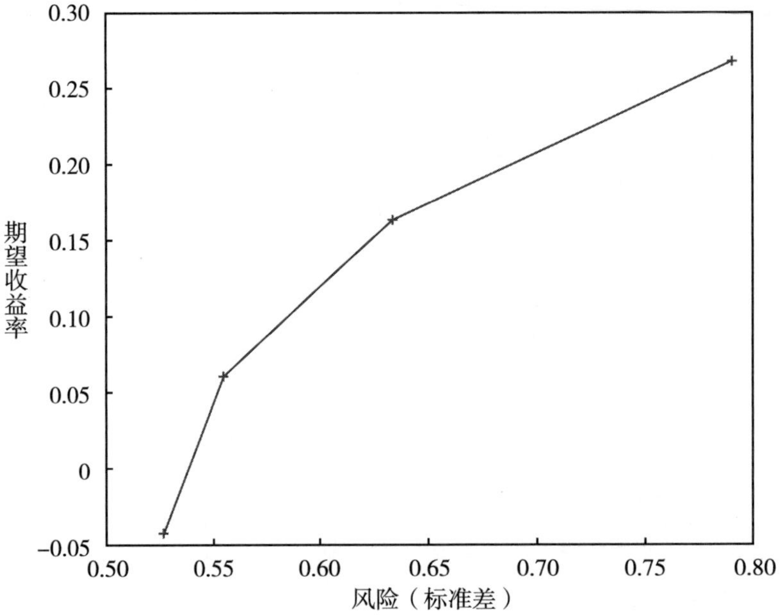

图3－3 均值—方差有效前沿以及各个资产组合风险与收益

第四节 收益率波动计算

收益波动率是衡量股票收益变动的一个指标，是金融计算与建模的基础，如风险度量、资产定价等。最简单的收益波动率计算模型是静态波动率估计模型。实际中最常用的方法是移动平均、指数平滑和GARCH模型。

一、收益波动率的概念与公式

收益波动率的计算是根据历史收益率来进行计算。由于季节变化、经济环境等的不同，波动率不是固定值，而是随时间变化的。

历史波动率为：
$$\sigma = \sqrt{\frac{1}{T-1}\sum_{t=1}^{T}(R_i - \bar{R})^2} \tag{3.8}$$

加入衡量资产价值的时间步长的变化后，可以衡量不同时间区间的波动率变化。如下所示：

$$\sigma = \sqrt{\frac{1}{(M-1)\delta t}\sum_{t=1}^{M}(R_i - \bar{R})^2} \tag{3.9}$$

其中，δt 表示时间步长。

用移动平均法和指数平滑法来计算收益波动率。

（一）移动平均法估计波动率

移动平均法估计收益波动率是根据过去 M 天的历史波动率来估计今天的波动率，具体的计算公式如下所示：

等权重情况下的波动率：$\sigma = \sqrt{\frac{1}{(M-1)}\sum_{t=1}^{M}(R_i - \bar{R})^2}$ (3.10)

其中，M 表示时间区间。

指数加权情况下的波动率：$\hat{\sigma} = \sqrt{(1-\lambda)\sum_{t=1}^{M}\lambda^t(r_t - \bar{r})^2}$ (3.11)

近似公式为 $\sum_{j=1}^{T}\lambda^{j-1} \cong \frac{1}{1-\lambda}$；精确权重为$\lambda^{j-1}/\sum_{j=1}^{T}\lambda^{j-1}$。

简单移动平均（simple moving average，SMA）模型是动态模型中最为简单的一种。它是以过去 M 天的收益的样本方差来估计当前的波动率，即：

$$\sigma_t^2 = \frac{1}{M-1} \times \sum_{j=1}^{M}\left(r_{t-i} - \frac{\sum_{j=1}^{M} r_{t-j}}{M}\right)^2 \tag{3.12}$$

这样每天通过增加前一天的信息和去掉前 $M+1$ 天的信息来更新预测。

此模型简单易行，但也有一定的缺陷。其中最为严重的缺陷是它忽略了观察值的动态顺序，给历史上所有的信息以同样的权重。实际上，较旧的信息如 M 天前的信息对于当前的代表性远不如当前的信息，因此，从这个角度讲，越新的数据越应该具有越高的相关性。此外，如果在 M 天前有一个较大的收益，那么，当估计明天的波动率时会去掉这个收益，这也会影响波动率的估计。

同时，移动平均时间长度的选择也是一个问题。时间长的移动平均比短的移动平均要更加平稳。这是因为时间长度 M 越长，每一天所附的权重（$1/M$）就越小，从而波动率的估计值受每一天的影响也越小。较长的时间长度增加了估计的精度，但是对于波动率变化的敏感性却下降了。

指数加权移动平均模型依赖参数 λ，称 λ 为衰减因子（decay factor），该参数决定估计波动率时各个观察数据的相对权重。注意，当 λ = 1 时，就是简单移动平均（SMA）。

指数加权移动平均为波动率的估计提供了一个较为实用的方法。该模型是利用指数预测方法建立的，形式上，对 t 时间波动率的预测为：

$$\sigma_t^2 = \lambda\sigma_{t-1}^2 + (1-\lambda)[r_{t-1} - E(r_{t-1})]^2 \tag{3.13}$$

其中，衰减因子 λ 必须小于 1。

当时间足够长时，$E(r_{t-1})$ 与 $E(r_t)$ 几乎相等。事实上，一般假设 $E(r_t)$ 约等于 0，于是得到 t 时刻波动率的如下预测：

$$\sigma_t^2 = \lambda\sigma_{t-1}^2 + (1-\lambda)r_{t-1}^2 \tag{3.14}$$

其中，衰减因子 λ 小于 1。

理论上，可以通过极大似然法去求指数加权移动平均中的衰减因子 λ 的估计值。但在实际操作中，摩根大通的 RiskMetrics 系统给出了一个规范的值，对于日收益率数据，最优衰减因子 λ 为 0.94；对于月度收益率数据，最优衰减因子 λ 为 0.97。

（二）GARCH 模型

GARCH 模型（generalized autoregressive conditional heteroskedasticity），全称广义自回归条件异方差模型，或称为广义 ARCH 模型。GARCH 模型假定收益的方差服从一个可预测的过程，它依赖于最新的收益，也依赖于先前的方差。GARCH（1，1）是这类模型中最简单的，用公式表示有：

$$r_t = \sqrt{h_t}e_t \tag{3.15}$$

其中，$h_t = \alpha_0 + \alpha_1 r_{t+1}^2 + \beta_1 h_{t-1}$，$e_t \sim iidN(0,1)$。$\alpha_0$、$\alpha_1$ 和β_1 均为待估的参数，可以用历史数据估计出。

这个模型的优点在于模型简洁，参数较少，且对于数据的拟合性相当好。GARCH 模型已经成为金融市场时间序列分析的主要工具。

GARCH 模型的主要缺陷在于它是一种非线性的函数。参数需要通过似然函数最大化估计得到，并且要通过数值算法求出。

可以看出，指数加权移动平均可以看作是 GARCH 系列特例，即 $\alpha_0 = 0$，$\alpha_1 + \beta_1 = 1$。相对于 GARCH 模型而言，指数加权移动平均模型仅仅依赖于一个参数，所以实施起来特别容易。另外，指数加权移动平均模型与 GARCH 模型一样，对于波动率的估计都是递归的，对于当期波动率的预测只基于前期的预测和最新观察的结果，这大大优于简单移动平均，后者要利用过去 M 天的收益信息才能建立预测。

（三）波动率估计公式

常见的波动率估计方法的具体公式及详细说明，见表 3－2。

表 3－2　　常见的波动率估计法及说明

方法	公式	说明
加权移动平均（weighted moving average，WMA）	$\hat{\sigma}_{t+1}^{2}=\sum_{i=t-T}^{t}\frac{w_i(r_i-\bar{r})^2}{T-1}$	r_i 为时刻 i 时的收益率 $\bar{r}$ 为从时刻（$t-T$）到 t 期间的平均收益率； w_i 为时刻 i 时的权重对于日数据，一般选取 $T=5$ 或 $T=10$，通常取 $T=10$
指数加权移动平均（exponential weighted moving average，EWMA）	$\sigma_t^{2}=\lambda\hat{\sigma}_{t-1}^{2}+(1-\lambda)r_{t-1}^2$ $\hat{\sigma}_t^{2}=(1-\lambda)\sum_{i=1}^{\infty}\lambda^{i-1}r_{t-1}^2$	权数 λ 为衰退因子，它小于 1，选取 λ 使得波动率估计值的估计误差最小化。 RiskMetrics 建议 λ 值应随资料周期而改变，对日数据应取 λ＝0.94，月数据时取 λ＝0.97
GARCH 估计（generalized autoregressive conditional heteroskedasticity）	$r_t=\sqrt{h_t}e_t$ $h_t=\alpha_0+\alpha_1 r_{t+1}^{2}+\beta_1 h_{t-1}$ $e_t\sim iidN(0,1)$	α_0，α_1 和β_1 为待估参数 h_t 和 h_{t-1}为本期和前期的条件方差
其他一些综合方法		对特殊情况，如有涨跌停板限制下的波动率测算等

（四）波动率模型

1. 传统波动率模型（CLA 模型）

传统模型为波动模型的基础模型，也是运用最广泛的波动模型之一。观察值的取值只取每天的收盘价。在传统布朗运动的假设下，传统的波动率计算方法主要考虑收盘价（即前期收盘价和当期收盘价）。

表达公式为：

$$\sigma=\sqrt{\frac{\sum_{i=1}^{n}(X_i-X)^2}{n-1}} \tag{3.16}$$

其中，$X_i=\ln(P_{i+1})/P_i$；σ 为波动率（volatility）；n 为观察值的数量；X 为资产的平均对数收

益；X_i 为资产的对数收益；P_{i+1} 为当日价格；P_i 为前一日价格。

基础波动率计算过程中应注意的事项：

① 对观察值的取值只取每天的收盘价；

② 对数的计算应为现值比前值，如 ln（P_{12}/P_{11}）；

③ 对数取值应比实际观察数量少 1，即应为（$n-1$）；

④ 计算所得的基础波动率应按取值的频率对应年化，如按日取值的基础波动率年化应乘以 $\sqrt{260}$。

计算步骤：

① 选取周期：1 年日线，为一年的历史数据，样本数据为每日价格。其中，$P_{i,1}$ 为当日收盘价，P_i 为前一日收盘价格。

② $X_i = \ln(P_{i+1})/P_i$，从最初的数据开始，如 $X_2 = \ln(P_2/P_1)$。

③ 以 15 日为例：$\text{STEDV}_{15}(X_2:X_{15})\ldots\text{STEDV}_{16}(X_3:X_{16})\ldots$

④ $\text{Volatility}_{15} = \text{STEDV}_{15}$（$X_2:X_{15}$）$\times \text{SQRT}(260)$，其中 260 为年化天数。

2. 高低价波动率模型（PKMParKinson 模型）

表达式为：

$$\sigma = \sqrt{\frac{1}{4n\ln 2}\sum_{i-1}^{n}\left(\ln\frac{H_i}{L_i}\right)^2} \tag{3.17}$$

其中，σ：波动率（Volatility）；n：观察值的数量；H_i：当日最高价；L_i：当日最低价。

计算步骤：

（1）选取周期：1 年日线，为一年历史数据。样本数据为每日价格，H_i 为当日最高价，L_i 为当日最低价。

（2）计算当日最高价与最低价的对数的平方；$X_i = (\ln(H_i/L_i))\hat{}2$，从最初的数据开始，$X_1 = \left(\ln\left(\frac{H_1}{L_1}\right)\right)\hat{}2$，求对数平方的和；以 30 日为例：sum（$X_1:X_{30}$）。

（3）计算常值 $\frac{1}{4n\text{Ln}2}$。

（4）将步骤 2 和步骤 3 的结果相乘，并开方，所得结果即为 PKM 波动率。

（5）根据取值频率相应年化。

即，$\text{Volatility}_{30} = \text{SQRT}(\text{sum}(X_1:X_{30})/(4*30\text{Ln}2))*\text{SQRT}(260)$，其中 260 为年化天数。

3. Rogers 与 Satchell 模型（R&S 模型）

模型公式：

$$\sigma = \sqrt{\frac{1}{n}\sum_{i=1}^{n}(\ln\frac{H}{C}\ln\frac{H}{O} + \ln\frac{L}{C}\ln\frac{L}{O})} \tag{3.18}$$

其中，σ：波动率；n：观察值数量；H：当日最高值；L：当日最低值；O：当日开市值；C：当日收市值。

计算 R&S 模型公式的步骤建议如下：

（1）选择周期：1 年日线，为一年历史数据，样本数据为每日价格。

（2）求各组对数的值：$\ln\frac{H}{C}$，$\ln\frac{H}{O}$，$\ln\frac{L}{C}$和 $\ln\frac{L}{O}$。

（3）合计所有对数乘积的和，除以对象值数量，如 10 日应除以 10，30 日应除以 30 等；以 30 日为例：sum(X_1:X_{30})/30。

（4）开根号，得到单日波动率；即 SQRT(sum(X_1:X_{30})/30)。

（5）将得到的单日波动率年化，即乘以 $\sqrt{260}$，如遇到周数据或月数据应年化乘以 $\sqrt{52}$ 或 $\sqrt{12}$，以此类推。

4. Garman 与 Class 模型（G&K 模型）

该模型是在 PKM 模型的基础上通过对偏离程度的衡量而形成的另一种波动公式：

$$\sigma = \sqrt{\frac{0.511}{n}\sum_{i=1}^{n}\ln\left(\frac{H}{L}\right)^2 - \frac{0.019}{n}\sum_{i=1}^{n}\left(\ln\frac{H}{L}\ln\frac{C}{O} + \ln\frac{L}{O}\ln\frac{C}{O} - 2\ln\frac{H}{O}\ln\frac{L}{O}\right) - \frac{0.383}{n}\sum_{i=1}^{n}\ln\left(\frac{C}{O}\right)^2} \tag{3.19}$$

其中，σ 为波动率；n 为观察值数量；H 为当日最高值；L 为当日最低值；O 为当日开始值；C 为当日收市值。

由于 GK 公式的复杂性，建议计算步骤如下：

（1）计算各对数值：ln（H/L），ln（C/O），ln（L/O），ln（H/O）；

（2）计算 ln(H/L)的平方，ln(H/L) * ln(C/O)，ln(L/O) * ln(C/O)，ln(H/O) * ln(L/O)和 ln(C/O)的平方；

（3）乘以各自系数并处以 n，如 10 日取值则应除以 10；

（4）所得波动率按周期年化，如乘以根号 252；月数据则应乘以根号 12；

（5）应注意第二项系数为 0.019 而非 0.19。

二、程序实现

程序一：

% 检测序列 x 是否是均值为 0 的，随机游走序列，如果是随机游走序列，返回方差值，否则返回 0；

% 模型仍然假设随机游走方差不变，且期望是 0（没有漂移项）；

% 参考估计收益率方差的极值法；

```
%返回样本 1/n 时间段内的方差值。
function [parkinson1,parkinson2,test] = parkinson(x,n)
ifnargin ==1
    n =25;
end
dis = length(x)/n;
x_max = zeros(n,1);
x_min = zeros(n,1);
j =1;
while j * dis <= length(x)
        x_max(j) = max(x((round((j-1) * dis) +1):round(j * dis)));
        x_min(j) = min(x((round((j-1) * dis) +1):round(j * dis)));
        j =j +1;
end
l = x_max - x_min;
parkinson1 = mean(l. * l)/(4 * log(2));
parkinson2 = mean(l)^2 * pi/8;
test =2 * mean(l. * l)/(log(2) * pi)/(mean(l)^2);
end
```

程序二：

%w 模型参考最高、最低收盘价来估计方差；

%模型假设价格随机游走，方差保持不变，可以带常数项漂移；

%返回结果是 1/n 数据长度的方差；

%返回第一项是 Rogers - Satchell 波动率，第二项是 Garman - Klass 波动率（漂移项为 0 时使用）。

```
function [var,vargarm] = rog_sat_var(x,n)
ifnargin =1
    n =30;
end
dis = length(x)/n;
x_max = zeros(n,1);
x_min = zeros(n,1);
```

```
x_t = zeros(n,1);
j = 1;
while j * dis < = length(x):
        x_max(j) = max(x((round((j - 1) * dis) + 1):round(j * dis)));
        x_min(j) = min(x((round((j - 1) * dis) + 1):round(j * dis)));
        x_t(j) = x(round(j * dis));
        j = j + 1;
end
var1 = x_max. * (x_max - x_t) + x_min. * (x_min - x_t)
```

第五节　股票市场 CAPM 的计算

一、资本资产定价模型

在所有投资者追求最优投合的条件下，就产生了资产的均衡价格和收益。资本资产定价模型（CAPM）就是确定这个均衡价格的模型。

CAPM 成立的基本条件包括：投资者在资本增额和红利之间无向；有健全的股票竞争机制，即有许多的买者和卖者，任何单个投资者都不能通过单独的行动影响股票价格；资产是无穷可分的；不存在文易费用；所有资产都是可市场化的；投资者可以按无风险利率进行借贷。

1. CAPM 体现的两个基本关系

CAPM 体现了两个基本关系。第一种关系称为资本市场线（CML），通过这种关系可以确定一个计算机生成了投资组合的预期收益，如果该投资组合能提供这样的预期收益，那么它就是一个有效组合，值得去购买。

资本市场线公式：

$$ER_p = R_f + \sigma_p + \frac{ER_M - R_f}{\sigma_M} \tag{3.20}$$

资本市场线给出了有效组合预期收益和风险之间的关系。

CAPM 体现的第二种美系称为证券市场线（SML），它的含义更广一些，既可以解决单个证券也可以解决组合的定价。

证券市场线公式：

$$ER_i = R_f + \beta_i(ER_M - R_f) \tag{3.21}$$

证券市场线的应用要比资本市场线更广，但必须从资本市场线来理解证券市场线的含义。CAPM 意味着一项资产的期望收益与它和市场组合收益的协方差是线性相关的。

2. CAPM 的两种基本形式

对于证券市场线公式，CAPM 有两种基本形式，即夏普和林特纳（1965）形式、布莱克（1972）形式。

（1）夏普和林特纳形式：

$$ER_i = R_f + \beta_{iM}(ER_M - R_f) \tag{3.22}$$

其中：$\beta_{iM} = \dfrac{Cov(R_i, W'_M R)}{Var(W'_M R)} = \dfrac{\sigma_{iM}}{\sigma_M^2}$；$ER_i$ 为风险资产的预期收益；R_M 为市场组合的收益；R_f 为无风险资产的收益。

（2）布莱克形式。如果无法确定无风险收益 R_f，根据有关理论结果，以找到 R_M 的零 Beta 组合 R_{0M}，它使 $Cov(R_M, R_{0M})=0$，于是可以用 R_{0M}替 R_f，唯一不同之处在于这个 R_{0M}是存在的，但我们观察不到，要把它当作未知参数来处理。于是，得到布莱克形式的 CAPM：

$$ER_i = ER_{0M} + \beta_{iM}(ER_M - ER_{0M}) \tag{3.23}$$

其中：ER_i 风险资产的预期收益；R_M 为市场组合 $w'_M R$ 的收益；Ru 为市场组合的收益；R_{0M}为关于市场组合的零 Beta 组合的收益。

从上面的讨论知道，CAPM 使资产收益与市场的收益联系起来，因此，资本资产定价模型（CAPM）可以用于预测资产的预期收益，也就是说利用它可以解决风险资产在资本市场上的定价问题。

3. 超额收益形式的 CAPM 方程

布莱克、詹森和斯科尔斯（Black，Jensen & Scholes，1972）给出的基本时间序列 CAPM 方程如下：

$$R_{i,t} - R_{f,t} = \alpha_i + \beta_i(R_{M,t} - R_{f,t}) + \varepsilon_{i,t} \tag{3.24}$$

其中：α_i 为待估的截距参数，通常称之为 Alpha，平均说来，期望为 0；β_i 为待估的斜率参数，通常称之为 Beta，是系统（不可多样化）风险的一种相对度量；$\varepsilon_{i,t}$为第 i 种资产在 t 期的随机误差项，是非系统（可多样化）风险；$R_{f,t}$为无风险资产在 t 期的收益；$R_{M,t}$为市场在 t 期的收益。

方程两边的两个差值是超额收益，$R_{i,t} - R_{f,t}$是资产 i 在 t 期的超额收益，$R_{M,t} - R_{f,t}$为市场在 t 期的超额收益。

二、确定无风险收益

对于中国证券市场，由于没有市场利率，应用超额收益形式的 CAPM 方程时有以下两种方法。

方法一：不用无风险收益。

将 CAPM 时间序列方程改写为：

$$R_{i,t} = \theta_i + \beta_i R_{Mt} + \varepsilon_{i,t}, t = 1,2,\ldots,T \tag{3.25}$$

其中，$\theta_i = \alpha_i - \beta R_{ft} - R_{ft}$为待估计参数。

方法二：确定无风险收益。

比较合理的方法是用银行间同业拆借或回购利率。

虽然 CAPM 模型得到广泛应用，但是我们在现实中常常会面临数据缺失的情况，使用 MATLAB 中提供的函数解决这种情况。

【例 3－5】在美国市场选取 12 只股票，分别是 AAPL、AMZN、CSCO、DELL、EBAY、GOOG、HPQ、IBM、INTC、MSFT、ORCL、YHOO，但是 GOOG 的数据是确实的，计算 CAPM 模型。

【解析】从 MATLAB 中下载股票收益率数据。

```
load CAPMuniverse
whos Assets Data Dates
Assets(1:7)
Assets(8:14)
[NumSamples, NumSeries] = size(Data);
NumAssets = NumSeries - 2;
StartDate = Dates(1);
EndDate = Dates(end);
fprintf(1,'Separate regressions with');
fprintf (1,'daily total return data from %s to %s ... \n', ...
    datestr(StartDate,1),datestr(EndDate,1));
fprintf(1,'%4s % -20s % -20s % -20s\n','','Alpha','Beta','Sigma');
fprintf(1,' ------------------------- ');
fprintf(1,' ----------------------------------------- \n');
for i = 1:NumAssets
% Set up separate asset data and design matrices
  TestData = zeros(NumSamples,1);
  TestDesign = zeros(NumSamples,2);
  TestData(:) = Data(:,i) - Data(:,14);
```

```
    TestDesign(:,1) = 1.0;
    TestDesign(:,2) = Data(:,13) - Data(:,14);
% Estimate CAPM for each asset separately
    [Param,Covar] = ecmmvnrmle(TestData, TestDesign);
% Estimate ideal standard errors for covariance parameters
    [StdParam, StdCovar] = ecmmvnrstd(TestData, TestDesign, ...
     Covar, 'fisher');
% Estimate sample standard errors for model parameters
    StdParam = ecmmvnrstd(TestData, TestDesign, Covar, 'hessian');
% Set up results for output
    Alpha = Param(1);
    Beta = Param(2);
    Sigma = sqrt(Covar);
    StdAlpha = StdParam(1);
    StdBeta = StdParam(2);
    StdSigma = sqrt(StdCovar);
% Display estimates
    fprintf('%4s %9.4f (%8.4f) %9.4f (%8.4f) %9.4f (%8.4f) \n', ...
      Assets{i},Alpha(1),abs(Alpha(1)/StdAlpha(1)), ...
      Beta(1),abs(Beta(1)/StdBeta(1)),Sigma(1),StdSigma(1));
End
```

得到：

```
Separate regressions with daily total return data from 03-Jan-2000 to 07-Nov-2005 ...
           Alpha                  Beta                 Sigma
  ---- -------------------- -------------------- --------------------
  AAPL    0.0012(1.3882)    1.2294 (17.1839)    0.0322 (0.0062)
  AMZN    0.0006(0.5326)    1.3661 (13.6579)    0.0449 (0.0086)
  CSCO   -0.0002(0.2878)    1.5653 (23.6085)    0.0298 (0.0057)
  DELL   -0.0000(0.0368)    1.2594 (22.2164)    0.0255 (0.0049)
  EBAY    0.0014(1.4326)    1.3441 (16.0732)    0.0376 (0.0072)
  GOOG    0.0046(3.2107)    0.3742 (1.7328)     0.0252 (0.0071)
   HPQ    0.0001(0.1747)    1.3745 (24.2390)    0.0255 (0.0049)
```

IBM	–0.0000(0.0312)	1.0807 (28.7576)	0.0169 (0.0032)
INTC	0.0001(0.1608)	1.6002 (27.3684)	0.0263 (0.0050)
MSFT	–0.0002(0.4871)	1.1765 (27.4554)	0.0193 (0.0037)
ORCL	0.0000(0.0389)	1.5010 (21.1855)	0.0319 (0.0061)
YHOO	0.0001(0.1282)	1.6543 (19.3838)	0.0384 (0.0074)

本章小结

股票收益是指投资者从购入股票开始到出售股票为止整个持有期间的收入，它由股息收入、资本利得和资产增值三部分组成。

通过 MATLAB 创建单股票收益计算环境，MATLAB 中将价格序列转换为收益利率序列的函数是 price2ret。

多股票收益率的计算类似于证券投资组合收益率计算，投资组合收益率是组成该组合的各种证券的收益率的加权平均数，权数是投资于各种证券的资产数占总投资额的比重。计算多股票收益率的基本思路是，先用 price2ret 函数计算每只股票的收益率序列，由收益率序列求预期收益率和协方差矩阵，再计算投资组合的有效前沿。

收益波动率是衡量股票收益变动的一个指标，是金融计算与建模的基础，如风险度量、资产定价等。实际中最常用的方法是移动平均、指数平滑和 GARCH 模型。

重要术语

股票收益　股息　资本利得　收益波动率　移动平均法　GARCH 模型
指数加权移动平均　传统波动率模型　Garman 与 Class 模型

复习与思考

1. 计算深证指数（SZ399001）的年收益。

2. 计算建设银行（SH601939）的月收益率。

3. 分别选取山东黄金（SH600547）、益生股份（SZ002458）、老白干酒（600559sh）、国药股份（600511sh）四只股票 2016 年 1 月至 2018 年 2 月每月最后一个交易日的收盘价作为初始数据，计算出每只股票的月收益率，保存在“四只股票月收益数据.xlsx”文件里（注意：这个文件一定要保存在 MATLAB 工作区的文件夹里，否则找不到）。

4. 在中国市场选取 12 只股票，从数据库中导入日收益率数据，导入市场收益率以及无风险收益率，计算中国市场的 CAPM 模型。

第四章

投资组合计算

【学习目标】

本章是关于投资组合的计算，通过本章的学习，要求读者掌握收益率序列和价格序列的转换、协方差矩阵和相关系数矩阵之间的转换、投资组合收益与方差的计算、投资组合有效集的计算、资产组合的配置等，熟悉投资组合基本理论，学会运用 MATLAB 计算投资组合最优化问题。

第一节　收益序列和价格序列间的转换

一、收益率序列转换为价格序列

在 MATLAB 中，将收益率序列转换为价格序列的函数是 ret2tick。

【语法格式】

[TickSeries,TickTimes] = ret2tick(RetSeries,StartPrice,RetIntervals,StartTime, Method)

【输入参数】

RetSeries　　% 收益率序列；

StartPrice　　%（optional）起始价格，默认值是 1；

RetIntervals　　%（optional）收益率序列的时间间隔，默认值是 1；

StartTime　　%（optional）价格开始计算的时间，默认值是 0；

Method　　%（optional）转换办法，Method = 'simple' 表示简单方法，$P_{t+1} = P_t(1 + r_{t+1})$；Method = 'Continous' 表示连续法，$P_{t+1} = P_t e^{r_{t+1}}$。

【输出参数】

TickSeries　　% 价格序列；

TickTimes　　%与价格对应的时间序列。

【例4－1】已知资产收益率及时间间隔如表4－1所示。

表4－1　　资产收益率及时间间隔

收益率	0.1	0.05	－0.05
时间间隔（天）	182	91	92

起始价格为10元，起始时间为2016年12月18日，试求该资产价格时间序列，收益率采用离散方法。

【解析】

在MATLAB中执行以下命令：

```
RetSeries = [0.10   0.05   -0.05]';
RetIntervals = [182   91   92]';
StartPrice = 10;
StartTime = datenum('2016-12-18');
[TickSeries,TickTimes] = ret2tick(RetSeries,StartPrice,RetIntervals,StartTime)
datestr(TickTimes)
TickSeries =
    10.0000
    11.0000
    11.5500
    10.9725
TickTimes =
    736682
    736864
    736955
    737047
ans =
   18-Dec-2016
   18-Jun-2017
   17-Sep-2017
   18-Dec-2017
```

这样就把收益率时间序列转换为价格时间序列，结果如表4－2所示。

表 4 – 2　　资产各时间的价格

时间	2016 年 12 月 18 日	2017 年 6 月 18 日	2017 年 9 月 17 日	2017 年 12 月 18 日
价格	10.0000	11.0000	11.5500	10.9725
收益率	–	0.10	0.05	–0.05
时间间隔	–	182	91	92

二、将价格序列转换为收益率序列

MATLAB 中，将价格序列转换为收益率序列的函数是 tick2ret。

【语法格式】

[RetSeries,RetIntervals] = ret2tick(TickSeries,TickTimes,Method)

【输入参数】

TickSeries　　% 价格序列；

TickTimes　　% 价格序列对应的时间；

Method　　% 计算收益率的方法，转换方法同上，其取值“Simple”时计算方法为算数收益率，取值“Continuous”时为对数收益率。

【输出参数】

RetSeries　　% 收益率序列；

RetIntervals　　% 收益率时间间隔。

【例 4 – 2】已知股票价格时间序列如表 4 – 3 所示。

表 4 – 3　　股票各时间对应的价格

时间	0	6	9	12
价格	100	110	115	110

求出该股票的收益率时间序列。

【解析】

在 MATLAB 中执行以下命令：

```
TickSeries = [100;110;115;110];
TickTimes = [0;6;9;12];
[RetSeries, RetIntervals] = ret2tick(TickSeries,TickTimes)
RetSeries =
    0.1000
```

```
    0.0455
   -0.0435
RetIntervals =
    6
    3
    3
```

计算时间间隔和收益率的结果如表 4－4 所示：

表 4－4　　转换后的收益率

时间间隔	6	3	3
收益率	0.1000	0.0455	－0.0435

第二节　协方差矩阵和相关系数矩阵之间的转换

证券投资组合的风险不是简单等于单个证券风险以投资比重为权数进行加权平均，因为投资组合内部不同证券之间的风险可能会相互抵消，使整个投资组合的风险变小。因此在分析投资组合的风险时，需要引入两个可以表示随机变量之间关系的变量——协方差和相关系数。

一、协方差

协方差反映了两个证券收益率之间的走向关系。以 A、B 两种证券为例，协方差可以记作 Cov（R_A，R_B），也可记作 σ_{AB}，是用来确定证券投资组合收益率方差的关键性指标，其计算公式为：

$$\sigma_{AB} = \frac{1}{n}\sum_{i=1}^{n}[R_{Ai} - E(R_A)][R_{Bi} - E(R_B)] \tag{4.1}$$

其中，R_{Ai}、R_{Bi} 分别表示证券 A 和证券 B 所观察到的收益率；E（R_A）、E（R_B）分别表示证券 A 与证券 B 的预期收益率。

当两个证券的协方差为正值时，则表明证券 A 与证券 B 的收益率变动趋势一致，即一种证券的收益率高于其预期收益率时，另一种证券的收益率也高于其预期收益率；而当两个证券的协方差为负值时，则表明两种证券的收益率变动趋势相反，即一种证券的收益率高于其预期收益率时，另一种证券的收益率低于其预期收益率。

若投资组合包含 N 种证券，其协方差矩阵用 $\sum$ 表示，则其矩阵形式为：

$$\sum = \begin{bmatrix} \sigma_1^2 & \sigma_{12} & \cdots & \sigma_{1N} \\ \sigma_{21} & \sigma_2^2 & \cdots & \sigma_{2N} \\ \vdots & \vdots & \vdots & \vdots \\ \sigma_{N1} & \sigma_{N2} & \cdots & \sigma_N^2 \end{bmatrix}$$

但是从协方差的符号仅能看出证券收益率之间是否相关，而不能很好地体现两者之间的相关程度。为了体现两者之间的相关程度，我们引入相关系数。

二、相关系数

相关系数是协方差的标准化，记作ρ_{AB}，相关系数与协方差的关系可以用公式表示：

$$\rho_{AB} = \frac{\sigma_{AB}}{\sigma_A \sigma_B} \tag{4.2}$$

即 $\sigma_{AB} = \rho_{AB}\sigma_A\sigma_B$。

当相关系数的值与两个证券收益率变动之间的关系为 $\rho_{AB} = -1$，表示两个证券收益率变动之间的关系为完全负相关；$\rho_{AB} = +1$，表示两个证券收益率变动之间的关系为完全正相关；$\rho_{AB} = 0$，表示两个证券收益率变动完全不相关；$-1 < \rho_{AB} < 0$，表示两个证券收益率变动负相关；$0 < \rho_{AB} < +1$，表示两个证券收益率变动正相关。特别要注意的是，对某一证券而言，其自身具有相关性，即 $\rho_{AA} = 1$。

若投资组合包含 N 种证券，其相关系数矩阵用 R 表示，则其矩阵形式为：

$$R = \begin{bmatrix} \rho_{11} & \rho_{12} & \cdots & \rho_{1n} \\ \rho_{21} & \rho_{22} & \cdots & \rho_{2n} \\ \vdots & \vdots & \vdots & \vdots \\ \rho_{n1} & \rho_{n2} & \cdots & \rho_{nn} \end{bmatrix}$$

在风险的衡量过程中，之所以引入协方差之后又引入相关系数来表征两个证券收益率之间的关系，是因为两个证券的协方差经各自的标准差进行标准化后，所得到的相关系数剔除了有名数的干扰，而且不再像协方差一样数值是无界的，相关系数的取值范围介于 -1 与 +1 之间，这样既可以体现两者之间的相关程度，又便于同另外一对随机变量的相关性进行比较。

MATLAB 中，把相关系数矩阵转换为协方差矩阵的是 corr2cov 函数。

【语法格式】

Covariances = corr2cov(STDs, correlations)

【输入参数】

STDs % 标准差矩阵；

Correlations % 相关系数矩阵。

【输出参数】

Covariances % 协方差矩阵。

【例 4－3】某投资组合包含三种证券，每种证券的资产收益率、标准差和相关系数如表 4－5 所示。

表 4－5 三只证券的资产收益率、标准差和相关系数矩阵

		证券 A	证券 B	证券 C
预期收益率（%）		10	15	12
标准差		0.2	0.25	0.18
相关系数矩阵	证券 A	1	0.8	0.4
	证券 B	0.8	1	0.3
	证券 C	0.4	0.3	1

求该资产的协方差矩阵。

【解析】

在 MATLAB 中执行以下命令：

```
Returns = [0.1;0.15;0.12];
STDs = [0.2;0.25;0.18];
Correlations  = [1    0.8  0.4
                 0.8  1    0.3
                 0.4  0.3  1   ];
Covariances = corr2cov(STDs,Correlations)
```

所以，该资产的协方差矩阵如下所示：

```
Covariances =
    0.0400    0.0400    0.0144
    0.0400    0.0625    0.0135
    0.0144    0.0135    0.0324
```

第三节 投资组合收益与方差

投资组合理论（portflio theoy）主要研究如何配置各种不同的金融资产，实现资产组合的最佳投资配置。1952 年美国学者马克维茨创立了资产组合理论，该理论在实践中得到广泛运用。

在马科维兹的均值—方差理论的基础上进行证券组合投资，投资者最关心的是其风险和收益，不同的投资组合方法会对投资者未来的财富水平产生不同的影响，因而权衡风险和预期收益成为投资者最为关心的问题。本节 MATLAB 工具为计算投资组合的相关统计变量提供了多种函数，投资者可以方便计算投资组合的预期收益与方差。

一、投资组合收益率与方差的测定

收益与风险权衡的优化目标是依据投资者愿意接受的风险程度使预期收益率最大化，或者是在预期收益率既定的情况下接受最低的风险水平。

1. 证券投资组合收益率的测定

投资者将资产按照一定的比例投资于不同的证券时，就构成了一个投资组合。组合的预期收益率由组合中每种证券的权重和预期收益率决定，即证券投资组合的预期收益率是该组合中各种证券的预期收益率的加权平均数，权重是每种证券的资产数占总投资额的比重，如下所示：

$$E(R_p) = \sum_{i=1}^{n} w_i E(R_i) \tag{4.3}$$

假设一个组合中有 n 个证券，其中任意证券 $i=1, 2, \dots, n$；式（4.3）中 $E(R_p)$ 表示证券投资组合的预期收益率；$E(R_i)$ 为组合中第 i 种证券的预期收益率；w_i 表示第 i 种证券的权重。当全部资产被投资于不同的证券品种时，不同证券的投资比重之和为 $\sum_{i=1}^{n} w_i = 1$。

对于单一证券来说，其预期收益率为：

$$E(R) = \frac{E(w_1) - w_0}{w_0} \tag{4.4}$$

其中，$E(w_1)$ 是期初投资者对于期末财富数量的估计；w_0 表示期初购买证券所投入的成本，一般情况下是期初证券市价；w_1 表示期末财富数量，即期初市价与投资者在持有期内所获得的收益加总。

2. 证券投资组合方差的测定

风险是指投资者投资于某种证券后实际收益率的不确定性，实际收益率与预期收益率的偏差越大，投资于这种证券的风险也越大。证券的风险是用证券收益率的方差来测度的，而证券投资组合的风险是由证券投资组合的方差来测定的。

证券投资组合的方差如下所示：

$$\sigma_p^2 = \sum_{i=1}^{n}\sum_{j=1}^{n} w_i w_j \sigma_{ij} = \sum_{i=1}^{n}\sum_{j=1}^{n} w_i w_j \rho_{ij}\sigma_i\sigma_j \tag{4.5}$$

其中，σ_p^2 为证券投资组合的方差，用来衡量风险；σ_{ij} 为证券投资组合中某两种证券的协方差；ρ_{ij}表示证券投资组合中某两种证券的相关系数；σ_i 为投资组合中某种证券的标准差。

二、投资组合收益率和方差的计算

MATLAB 中计算证券投资组合收益率和方差的函数是 portstats。

【语法格式】

[PortRisk, PortReturn] = portstats(ExpReturn, ExpCovariance, PortWts)

【输入参数】

ExpReturn　　　　　　% 证券投资组合中各证券的期望收益向量；

ExpCovariance　　　　% 各证券收益率构成的协方差矩阵；

PortWts　　　　　　　% 各证券权重。

【输出参数】

PortRisk　　　　　　　% 资产组合收益的标准差；

PortReturn　　　　　　% 资产组合的期望收益。

【例 4-4】某资产组合中有三种证券 A、B、C，资产组合中各资产的预期收益率分别为 0.1、0.2、0.15，投资组合 1 权重分别为 0.4、0.2、0.4，投资组合 2 权重分别为 0.2、0.4、0.4，具体如表 4-6 所示。

表 4-6　　　　单项资产预期收益率、协方差及所占组合权重矩阵

		资产 A	资产 B	资产 C
协方差	资产 A	0.01	-0.0061	0.0042
	资产 B	-0.0061	0.04	-0.0252
	资产 C	0.0042	-0.0252	0.0225
预期收益率		0.1	0.2	0.15
投资组合 1 中各资产权重		0.4	0.2	0.4
投资组合 2 中各资产权重		0.2	0.4	0.4

求两个资产组合的收益率和方差。

【解析】

在 MATLAB 命令窗口中输入以下命令：

```
ExpReturn = [0.1 0.2 0.15];
ExpCovariance = [0.01    -0.0061    0.0042
                -0.0061   0.04     -0.0252
                 0.0042  -0.0252    0.0225];
```

```
PortWts = [0.4,0.2,0.4;0.2,0.4,0.4];
[PortRisk,PortReturn] = portstats(ExpReturn,ExpCovariance,PortWts)
PortRisk =
    0.0560
    0.0451
PortReturn =
    0.1400
    0.1600
```

因此，这两个资产组合的标准差为0.056和0.0451，预期收益率为0.14和0.16。

【例4-5】假设资产组合中有5种资产，收益分别为0.1、0.16、0.12、0.2、0.14，方差分别为0.02、0.05、0.03、0.05、0.01，资产收益率各不相关，各自产权重分别为0.1、0.2、0.2、0.2、0.3，计算该组合的预期收益率和方差。

【解析】

在MATLAB中输入执行命令：

```
returns = [0.1,0.16,0.12,0.2,0.14];
variances = [0.02,0.05,0.03,0.05,0.01]
PortWts = [0.1,0.2,0.2,0.2,0.3];
mean = sum(returns.* PortWts)
mean =
    0.1480
variance = sum(variances.* PortWts.^2)
variance =
    0.0063
```

因此，该资产组合的收益为0.148，方差为0.0063。

第四节 投资组合有效集计算

资产组合理论的核心思想是最优化问题，用分散投资来防范风险。按照马科维兹的理论，资产配置也就是资产在不同投资产品之间的分配，达到预期收益和方差之间的最优组合。同时，“最优”组合取决于投资者对风险的偏好以及资产有效配置问题。

资产配置的有效前提是资产配置位于资产组合的有效前沿上，在有效前沿上的组合才能根据投资者的偏好来做到最优配置。

一、有效集及无风险资产对有效集的影响

1. 模型假设

证券投资组合理论的基本模型关于投资者行为提出了以下关键假设：

第一，投资者完全根据一段时间内投资组合的预期收益率和标准差来评价组合的优劣，从而做出投资决策。

第二，投资者永不满足，因此，当面临其他条件相同的两种选择时，投资者会选择具有较高预期收益率的组合。

第三，投资者厌恶风险，因此，当面临其他条件相同的两种选择时，投资者会选择具有较低风险（较小标准差）的组合。

2. 无差异曲线

投资者的一条无差异曲线表示能够给投资者带来相同满足程度的预期收益与风险的不同组合。对一个特定的投资者而言，根据他对预期收益率和风险的厌恶程度，按照预期收益率对风险补偿的要求，得到一条曲线。此曲线上的无差异表现在曲线上的不同组合对于投资者来说都是具有同等吸引力的，高风险对应高预期收益率，低风险对应低预期收益率，但是吸引力是相同的。因此，在曲线上每个投资组合给投资者带来的效用是相等的。

对于投资组合理论基本模型假设下的厌恶风险的投资者来说，其无差异曲线即为一个固定效用值下的所有预期收益与风险的组合点，并且具有以下特征：

（1）投资者都拥有正斜率的、下凸的无差异曲线，这是因为投资者都是不满足且对风险是厌恶的，如果需要让投资者多承担风险，就需要给予更高的收益作为补偿。

（2）同一投资者具有无数条平行的无差异曲线，位置越靠上的无差异曲线所代表的投资者的满足程度越高。如图 4 - 1 所示，I_3 所代表的投资者满足程度要高于 I_1。

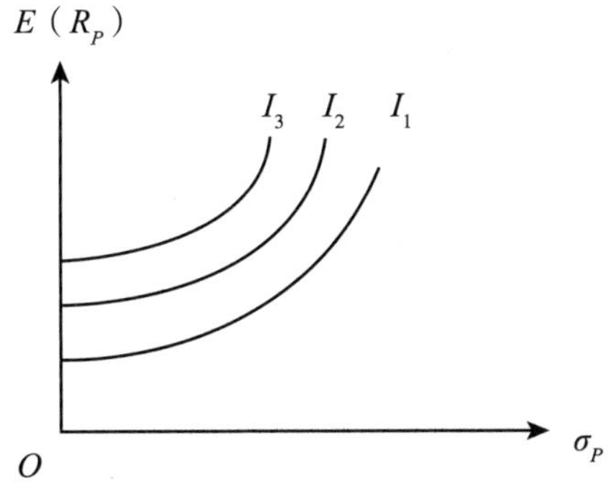

图 4 - 1　无差异曲线

3. 有效集

无差异曲线表明了投资者主观的风险—收益偏好，而证券市场客观存在的可供投资者选择的投资组合的风险—收益状况却由投资组合的可行集和有效集来表示。

可行集是指由 n 种证券所构成的所有组合的集合，它包括了现实生活中所有可能的组合。也就是说，由几种证券所构成的所有可能的组合将位于可行集的内部或边界上。一般来说，可行集的形状呈伞状，如图 4－2 由 A、N、B、H 所围成的区域所示。

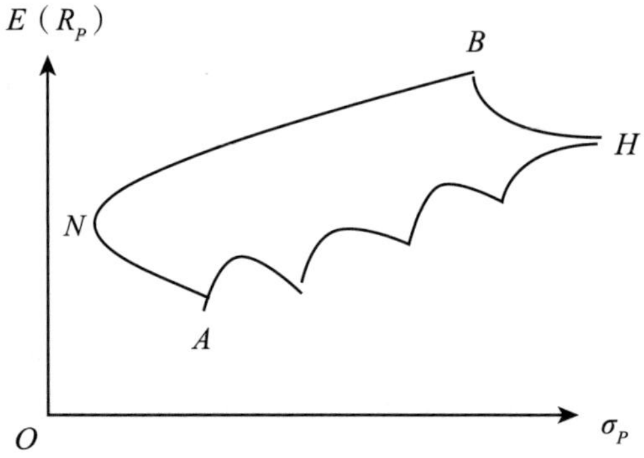

图 4－2　可行集与有效集

4. 可行集与有效集

马柯维茨投资组合理论假设投资者是风险厌恶型的，所以在一定的风险水平下，投资者将会选择能够提供最大预期收益率的组合；而同样的预期收益率水平下，他们将会选择风险最小的组合。同时满足这两个条件的投资组合的集合就是有效集，也称有效边界或马柯维茨有效集。

有效集是可行集的一个子集，位于可行集的左上方边界，如图 4－2 所示，可行集边界上 N、B 两点间的部分为有效集。

在图 4－2 中，对于各种风险水平而言，能提供最大预期收益率的组合集是可行集 N 和 H 之间上方边界的组合集；而对于各种预期收益率水平而言，能提供最小风险水平的组合集是可行集中介于 A、B 之间的左边界上的组合集，同时满足两个条件的即为 N、B 两点之间可行集上方边界上的组合集。

从有效集的形状可以看出，有效集具有以下特点：

第一，有效集是一条向右上方倾斜的曲线。这是因为它反映了证券投资“高收益、高风险”的原则。

第二，有效集是一条上凸的曲线，不可能存在凹陷的地方。这是因为有效集是可行集的子集，则有效集上任意两点再构成组合仍是可行的，也就是说两点之间仍可以连线。这时，在一定风险水平下，两点连线上的组合的预期收益率一定高于凹陷处的预期收益率，所以不可能存在凹陷的地方。

确定了有效集后，投资者就可根据自己的无差异曲线群选择能使自己投资效用最大化的最优证券投资组合。这个组合位于无差异曲线与有效集的切点——E，如图 4－3 所示。

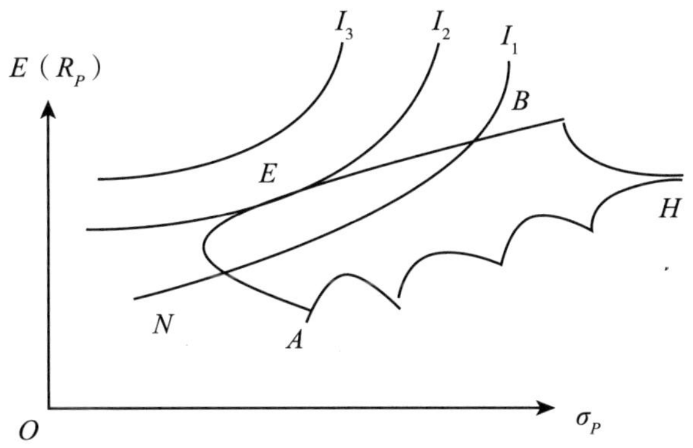

图 4－3 最优证券投资组合的确定

虽然投资者更偏好 I_3 上的组合，但可行集中找不到这样的组合，因而是不可实现的；而 I_1 上的组合，虽然有一部分在可行集中，但由于位置位于 I_2 的右下方，即所代表的效用低于 I_2，因此 I_1 上的组合都不是最优组合；而 I_2 代表了可以实现的最高投资效用。有效集上凸的特征和无差异曲线下凸的特征决定了有效集和无差异曲线的切点只有一个，也就是说最优投资组合是唯一的。但对于不同风险厌恶程度的投资者来说，最优投资组合的位置不同，风险厌恶程度越强的投资者，无差异曲线的斜率越大，因此其最优投资组合越接近 N 点；风险厌恶程度越弱的投资者，无差异曲线的斜率越小，因此其最优投资组合越接近 B 点。

5. 无风险资产对有效集的改进

当市场中除了风险资产外还存在无风险资产可供投资者选择时，新的有效集和投资者的新的最优投资组合将会如何？

无风险资产是预期收益率确定且方差为零的资产。无风险资产的预期收益率与任何风险资产的预期收益率之间的协方差也为零。投资者持有期限与债券到期期限相当的短期政府债券可以被视为无风险资产。所以，一定的投资期限内只会存在一种无风险资产。

投资于无风险资产通常被称为“无风险贷出”，引入“无风险借入”意味着投资者可以以无风险利率借入资金并投资于风险资产。引入无风险贷出，投资者的可行集发生了改变，不再呈现伞状，而是若干条线段的集合，如图 4－4 所示，新的有效集变为线段 $R_F T$ 加 TP 弧。引入无风险借入后，投资者的可行集也不再呈伞状，而变为若干条线段延长线的集合。在图 4－4 中，新的有效集变为弧 $P'T$ 加延长线 TD。同时允许投资者无风险借入和贷出时（如图

4－4所示)，新的有效集变为过点 R_F 与原来马柯维茨有效集相切的射线 R_FD。

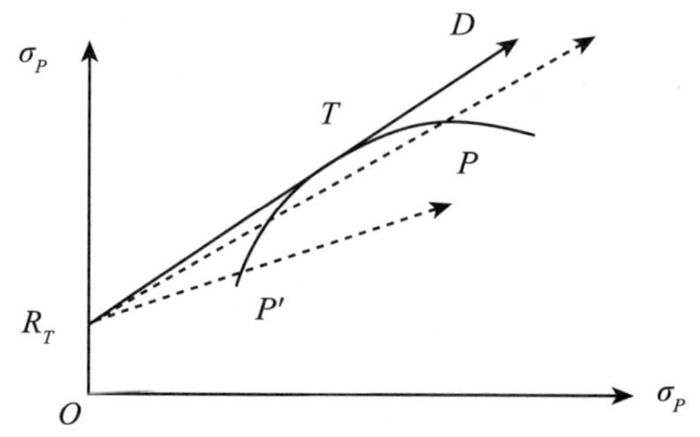

图4－4　可行集与有效集

二、资产有效前沿

1. 资产有效前沿的概念

建立在马科维兹均值—方差理论基础上的资产组合理论，最优投资组合是在方差相等的情况下，预期收益最大；或者在收益既定的情况下，方差最小。

假设有两种资产，资产1和资产2，其收益率分别为 R_1、R_2，协方差为 σ_{12}。假设资产组合为 P，资产组合收益率为 R_P，方差为 σ_P^2，两种资产的权重分别为 x_1、x_2 那么有：

$$R_P = x_1R_1 + x_2R_2 \tag{4.6}$$

该投资组合的期望收益率与方差为：

$$E(R_P) = x_1E(R_1) + x_2E(R_2) \tag{4.7}$$

$$\sigma_P^2 = x_1^2\sigma_1^2 + 2x_1x_2\sigma_{12} + x_2^2\sigma_2^2 \tag{4.8}$$

以投资组合标准差为横坐标，预期收益率为纵坐标，这样资产投资组合收益率的均值与方差如图4－5所示。

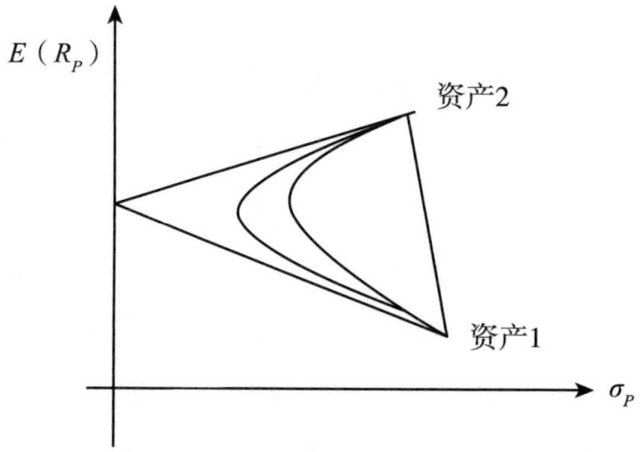

图4－5　资产组合收益率均值与方差

MATLAB 工具箱中包含了资产均值方差有效前沿函数，这些都是基于 MATLAB 中的最优化理论工具箱。

马科维兹资产组合理论就是寻找一个有效组合，即在同等风险水平下有最高收益，不同收益与其最小风险构成有效前沿。

在不允许卖空时，有效组合的目标函数为：

$$\min \frac{1}{2} x V x^T \tag{4.9}$$

$$\text{s.t} \quad x^T \bar{R} = \bar{R}_P ; x_1 + x_2 = 1, x_1, x_2 \geqslant 0 \tag{4.10}$$

式中，V 表示协方差为 σ_{ij}，其中 i、$j=1$、2。

这是一个约束条件为线性且含有不等式的二次规划方程，给定一个组合收益率就有一个最小方差，组合收益与最小方差构成有效前沿关系。

2. 均值方差有效前沿

MATLAB 中计算均值方差有效前沿的函数为 frontcon。

【语法格式】

[PortRisk, PortReturn, PortWts] = frontcon(ExpReturn, ExpCovariance, NumPorts, PortReturn, AssetBounds, Goups, GroupBounds)

【输入参数】

ExpReturn　　% 资产组合中每项资产预期回报，为一列行向量；

ExpCovariance　　% 各种资产之间的协方差矩阵；

NumPorts　　% (Optional) 在资产组合有效前沿上点的个数，默认值是 10 个点；

PortReturn　　% (Optional) 在有效前沿上每个点的回报；

AssetBounds　　% (Optional) 每种资产权重的上限、下限区间；

Goups　　% (Optional) $G(i,j)=1$ 表示第 i 个资产属于第 j 个群；$G(i,j)=0$ 表示第 i 个资产不属于第 j 个群；

GroupBounds　　% (Optional) 每种群权重约束区间，默认值规定下限为 0，上限为 1。

【输出参数】

PortRisk　　% 资产组合的标准差；

PortReturn　　% 组合的回报；

PortWts　　% 组合中每个资产的权重。

【例 4-6】考虑一个三种资产组合，分别为资产 1、资产 2 与资产 3。其预期收益率 0.2、0.1 和 0.15，资产协方差矩阵如表 4-7 所示，求该资产组合有效前沿。

表 4 –7　　三种资产协方差矩阵

	资产 1	资产 2	资产 3
资产 1	0. 01	–0. 0061	0. 0042
资产 2	–0. 0061	0. 04	–0. 0252
资产 3	0. 0042	–0. 0252	0. 0225

【解析】

在 MAYLAB 中执行以下命令：

```
ExpReturn = [0. 1 0. 2 0. 15];
ExpCovariance = [0. 0100    –0. 0061    0. 0042
                 –0. 0061    0. 0400   –0. 0252
                  0. 0042   –0. 0252    0. 0225];
NumPorts = 4   % 资产组合有效前沿上的 4 个点;
[PortRisk, PortReturn, PortWts] = frontcon(ExpReturn, ExpCovariance, NumPorts)
PortRisk =
    0. 0426
    0. 0483
    0. 1089
    0. 2000
PortReturn =
    0. 1569
    0. 1713
    0. 1856
    0. 2000
PortWts =
    0. 2134   0. 3518   0. 4348
    0. 0096   0. 4352   0. 5552
    0. 7128   0. 2872   01. 00000
plot(PortRisk, PortReturn, 'r + –')
```

得到该组合有效前沿，如图 4 –6 所示。

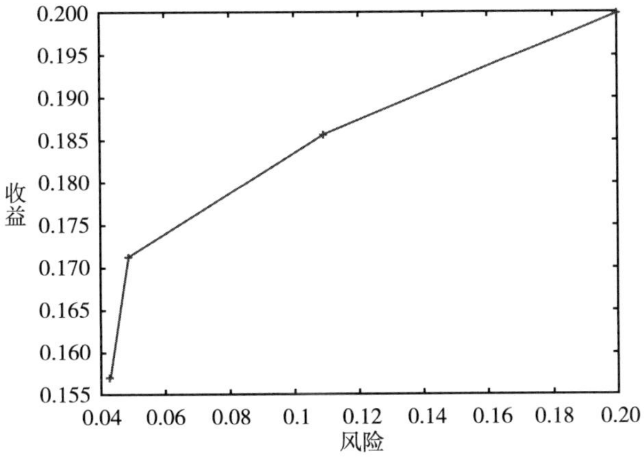

图 4-6　资产组合的有效前沿

3. 带约束条件的资产组合有效前沿

投资组合中的问题很少有简单的约束，大多数情况下是多种约束。例如，监管当局为控制风险，对资产组合中每种资产的比例加以种种限制，这时就需要多种约束条件下的最优组合问题。

MATLAB 利用均值—方差理论求解资产组合问题，首先是将约束条件写成矩阵形式，例如 $Ax \leqslant b$，或者 $Ax = b$ 形式，下面我们用一个例子说明。

【例 4-7】某资产组合中有 5 种资产构成，第 i 种资产的预期回报率为 $r_i(i=1,2,3,4,5)$，w_i 为第 i 种资产在总资产中的权重，考虑 w_i 具有如下形式：

$0 \leqslant w_1 \leqslant 0.35$；$0 \leqslant w_2 \leqslant 0.3$；$0 \leqslant w_3 \leqslant 0.3$

$0 \leqslant w_4 \leqslant 0.35$；$0 \leqslant w_5 \leqslant 0.35$

$0.20 \leqslant w_1 + w_2 \leqslant 0.6$

$0.3 \leqslant w_3 + w_4 + w_5 \leqslant 0.7$

上述约束条件写成矩阵形式如下：

$$\begin{bmatrix} 1 & 0 & 0 & 0 & 0 & 0.35 \\ 0 & 1 & 0 & 0 & 0 & 0.30 \\ 0 & 0 & 1 & 0 & 0 & 0.30 \\ 0 & 0 & 0 & 1 & 0 & 0.30 \\ 0 & 0 & 0 & 0 & 1 & 0.50 \\ -1 & 0 & 0 & 0 & 0 & 0 \\ 0 & -1 & 0 & 0 & 0 & 0 \\ 0 & 0 & -1 & 0 & 0 & 0 \\ 0 & 0 & 0 & -1 & 0 & 0 \\ 0 & 0 & 0 & 0 & -1 & 0 \\ -1 & -1 & 0 & 0 & 0 & 0.2 \\ 0 & 0 & -1 & -1 & -1 & -0.3 \\ 1 & 1 & 0 & 0 & 0 & 0.6 \\ 0 & 0 & 1 & 1 & 1 & 0.7 \end{bmatrix}$$

注意约束条件 $0 \leqslant w_1 \leqslant 0.35$ 可以分解成两个约束条件：$0 \leqslant w_1$（可以写成约束 $-w_1 \leqslant 0$）和 $-w_1 \leqslant 0.35$，分别对应矩阵的第 1 行和第 6 行。下面我们计算约束条件下组合有效前沿。

【语法格式】

[PortRisk, PortReturn, PortWts] = portopt (ExpReturn, ExpConvariance, NumPorts, PortReturn, Conset)

【输入参数】

ExpReturn　　%资产的期望回报率；

ExpConvariance　　%资产协方差；

NumPorts　　%(Optional) 在资产组合中投资品种的个数；

PortReturn　　%(Optional) 要求组合的回报率；

ConSet　　%(Optional) 约束条件。

【输出参数】

PortRisk　　%资产组合的风险；

PortReturn　　%资产组合的回报；

PortWts　　%组合中各种资产的权重。

由于 MATLAB 软件当中 portopt 已经部分删除，并且不再接受 ConSet 或 varargin 参数，因此提出使用 portfolio 来解决投资组合问题。

p = Portfolio;

这种语法创建一个 Portfolio 对象 p，使所有其他对象属性都为空。Portfolio 函数还接受"name""value"的集合，表示参数属性及其取值。Portfolio 函数表示为：

p = Portfolio('property1', value1, 'property2', value2, ...);

p = Portfolio(p, Name, Value)。

【例 4-8】设有两种资产，其预期回报率分别为 0.1、0.3，协方差矩阵为 $\begin{bmatrix} 0.02 & 0 \\ 0 & 0.04 \end{bmatrix}$，约束条件如下：

$$x_1 + x_2 = 1$$

$$0 \leqslant x_1 + x_2$$

求该资产组合的有效前沿。

【解析】

在 MATLAB 中输入以下命令：

m = [0.1 0.3];　　%m 为资产预期回报率矩阵；

```
c = [0.02 0
     0 0.04];            % 协方差矩阵;
p = Portfolio;
p = Portfolio(p,'assetmean',m,'assetcovar',c);
p = Portfolio(p,'lowerbudget',1,'upperbudget',1);
p = Portfolio(p,'lowerbound',0);
plotFrontier(p)
```

得到带约束条件的资产组合有效前沿，如图 4 -7 所示。

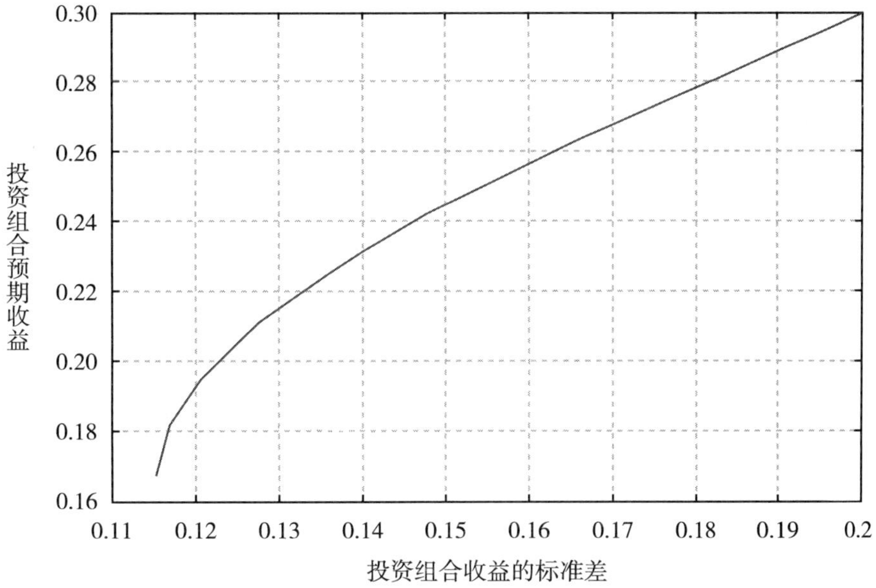

图 4 -7　带约束条件的资产组合有效前沿

【例 4 -9】各资产的相关系数矩阵、预期收益率、标准差如表 4 -8 所示。

表 4 -8　　各资产的相关系数矩阵、预期收益率和标准差

		资产 A	资产 B	资产 C
相关系数矩阵	资产 A	1	0.8	0.4
	资产 B	0.8	1	0.3
	资产 C	0.4	0.3	1
预期收益率		0.1	0.15	0.2
各资产标准差		0.2	0.25	0.18

【解析】

在 MATLAB 中执行如下命令:

```
Return = [0.1 0.15 0.12];
STDs = [0.2 0.25 0.18];
Correlations = [1     0.8   0.4
                0.8   1     0.3
                0.4   0.3   1   ];
Covariances = corr2cov(STDs, Correlations)      % 相关系数矩阵转换;
portopt(Return,Covariances,20)                  % 绘出组合的有效前沿,然后选择权重。
```

得到资产组合的有效前沿,如图 4-8 所示。

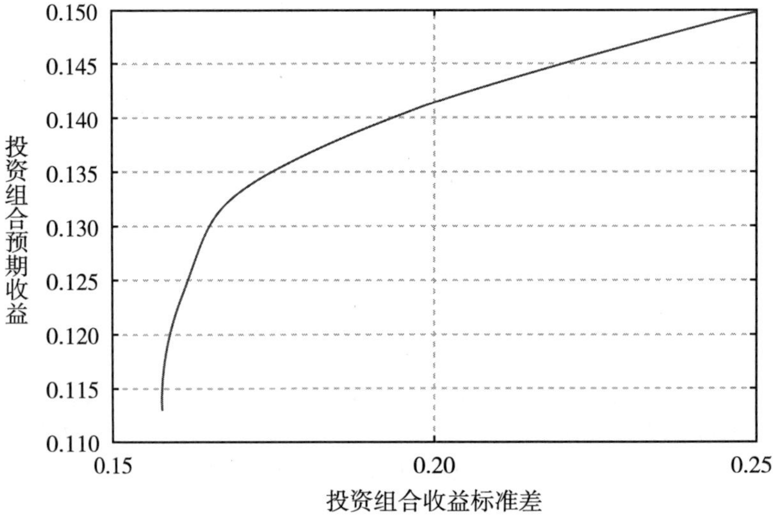

图 4-8 资产组合的有效前沿

```
rand('state',0);
Weights = rand(1000,3);                 % 产生 1000 行 * 3 列随机数;
Total = sum(Weights,2);                 % Weights 中的数据沿对列求和;
Weights(:,1) = Weights(:,1)./Total;
Weights(:,2) = Weights(:,2)./Total;
Weights(:,3) = Weights(:,3)./Total;     % 这时 Weighs 变成了权重矩阵。
```

输入资产组合有效前沿,以及相关资产组合,绘出各个资产组合风险与收益,代码如下:

```
[PortRisk,Portreturn] = portstats(Returns,Covariances,Weights);
Hold on
```

```
plot(PortRisk,PortReturn,'. r')
title('均值—方差有效前沿以及各个资产组合风险与收益')
xlabel('风险(标准差)')
ylabel('期望收益率')
holdoff
```

这样资产组合有效前沿和各种资产组合风险与收益的点如图 4 -9 所示。

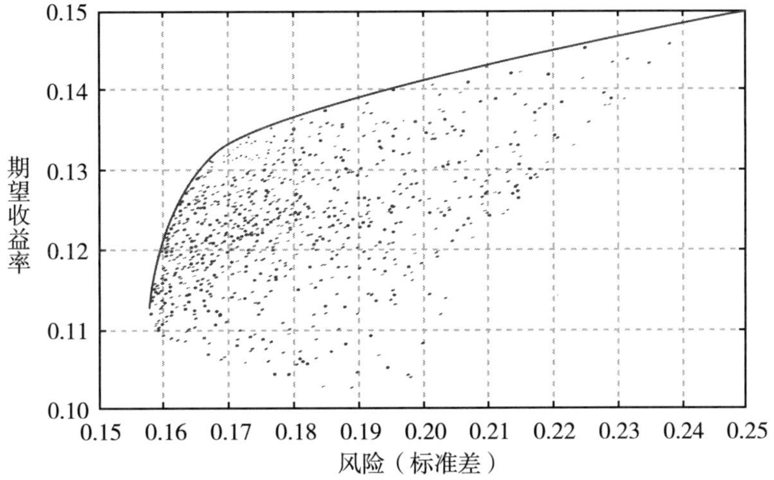

图 4 -9　资产组合的有效前沿及各个组合的风险与收益

第五节　资产配置

资产组合的有效边界并不是最终的结果。本节侧重如何结合投资者的个人偏好解决资产配置问题。

一、考虑无风险资产及借贷情况下的资产配置

此处讨论的前提是存在无风险资产，并且存在借贷情况（即允许卖空）下的资产配置问题。

假设投资者都是风险厌恶的，则在相同效用下的投资者无差异曲线应当是凸的。投资者的最优资产组合应当是投资者的效用曲线同图 4 - 10 的虚线相切的点。

因此，资产配置问题是解决如何在风险资产和无风险资产之间进行配置以达到最大化的目的。在 MATLAB 里，假设投资者的效用函数有如下二次函数形式：

$$U = E(r) - 0.5 \times A \times \sigma^2 \tag{4.11}$$

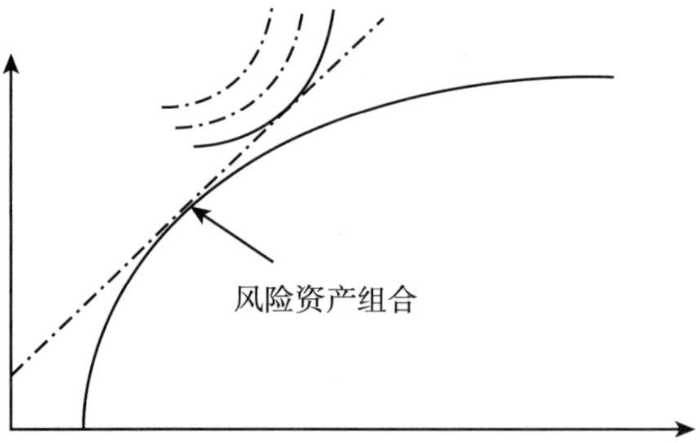

图 4－10　最优资产组合配置

在效用 U 固定的情况下，$E(r)$ 和 σ 之间的关系是一个开口向上的二次函数，MATLAB 里用系数 A 来表示风险厌恶程度，A 一般在 2～4 之间，A 越大，则风险厌恶程度就越高，对应的无差异曲线凸度就越大。

在给定风险厌恶程度和相关资产组合信息后，MATLAB 中求解最优资产配置的函数是 portalloc。

【语法格式】

[RiskyRisk, RiskyReturn, RiskyWts, RiskyFraction, OverallRisk, OverallReturn] = portalloc(PortRisk, PortReturn, PortWts, RisklessRate, BorrowRate, RiskAversion)

【输入参数】

PortRisk　　　　% 资产组合有效前沿上资产组合标准差；

PortReturn　　　% 资产组合有效前沿上的资产组合回报；

PortWts　　　　% 资产组合有效前沿上的资产权重；

RisklessRate　　% 无风险利率；

BorrowRate　　　% 可选，借款利率，默认值是没有借贷；

RiskAversion　　% 可选，风险厌恶程度，默认值是 3。

【输出参数】

RiskyRisk　　　% 风险资产组合的标准差；

RiskyReturn　　% 风险资产的回报；

RiskyWts　　　% 风险资产的权重；

RiskyFraction　% 总资产是风险资产的倍数；

OverallRisk　　% 资产组合的总体标准差；

OverallReturn　% 资产组合的整体回报率。

【例 4－10】已知一个组合中含有三种资产，每种资产的预期回报率与协方差矩阵如

表 4－9 所示。

表 4－9　三种资产的预期收益率和协方差情况

		资产 A	资产 B	资产 C
预期收益率（%）		10	20	15
协方差	资产 A	0.005	－0.010	0.004
	资产 B	－0.01	0.04	－0.002
	资产 C	0.004	－0.002	0.023

无风险利率为 8%，借贷利率为 12%，投资者的风险厌恶系数为 3，求考虑无风险资产和借贷情况下的最优资产配置。

【解析】

在 MATLAB 中执行如下命令：

```
ExpReturn = [0.1 0.2 0.15];
ExpCovariance = [0.005   -0.010    0.004
                -0.010    0.040   -0.002
                 0.004   -0.002    0.023];
[PortRisk,PortReturn,PortWts] = portopt(ExpReturn,ExpCovariance)
```

由于没有输入位于有效前沿上的点的数目，MATLAB 默认有效前沿上选取 10 个点，每个点代表一种组合，每个组合标准差保存在 PortRisk 中，收益率保存在 PortReturn 中，组合中各资产的权重保存在 PortWts 中。

下面调用 portalloc 函数求出考虑无风险资产以及允许借贷时的资产配置，代码如下：

```
RisklessRate = 0.08;
BorrowRate = 0.12;
RiskAversion = 3;
[RiskyRisk,RiskyReturn,RiskyWts,RiskyFraction,OverallRisk,OverallReturn] =
portalloc(PortRisk,PortReturn,PortWts,RisklessRate,BorrowRate,RiskAversion)
RiskyRisk =
    0.1283
RiskyReturn =
    0.1788
RiskyWts =
    0.0265
```

0.6023

0.3712

RiskyFraction =

1.1898

OverallRisk =

0.1527

OverallReturn =

0.1899

结果表明，最优组合的标准差为12.83%，风险组合部分的期望收益率为17.88%，每项资产的权重分别为0.0265、0.6023、0.3712。总资产中风险资产配置的权重为0.84(1/1.1898 = 0.84)，总资产的回报为18.99%，总资产的标准差为15.27%。

如果选取有效前沿上的20个点，得到结果如下：

[PortRisk, PortReturn, PortWts] = portopt(ExpReturn, ExpCovariance, 20)

[RiskyRisk, RiskyReturn, RiskyWts, RiskyFraction, OverallRisk, OverallReturn] = portalloc(PortRisk, PortReturn, PortWts, RisklessRate, BorrowRate, RiskAversion)

RiskyRisk =

0.1288

RiskyReturn =

0.1791

RiskyWts =

0.0057

0.5879

0.4064

RiskyFraction =

1.1869

OverallRisk =

0.1529

OverallReturn =

0.1902

结果表明，最优组合的标准差为12.88%，收益率为17.91%，每项资产的权重分别为0.0057、0.5879、0.4064，总资产是风险资产的1.1869倍，总资产的回报为19.02%，总资产的标准差为15.29%。当选择有效前沿的点数不一样时，除了资产配置差别比较大，第一项资产配置进一步减小，其他差别并不大。

二、线性规划求解资产组合问题

线性规划是研究目标函数和约束条件均为线性的最优化问题，线性规划的标准形式为：

$$\min_{Ax=b;x\geqslant 0} Cx \tag{4.12}$$

其中，C 是目标函数矩阵；A 是约束条件矩阵；x 是向量。

标准形式线性问题（linear programming，LP）问题，MATLAB 中用 LP 函数求解线性规划问题。MATLAB 中的线性规划形式如下：

$$\min fx \tag{4.13}$$

$$\text{s. t. } Ax\leqslant b \tag{4.14}$$

$$Aeq\times x=beq \tag{4.15}$$

$$lb\leqslant x\leqslant ub \tag{4.16}$$

其中，f、x、b、beq 是向量；A、Aeq 是矩阵。

【语法格式】

```
x = linprog(f,A,b)
x = linprog(f,A,b,Aeq,beq,lb,ub)
```

其中，f、A、b 分别为标准线性规划模型中的参数；Aeq 和 beq 分别表示等式约束 $Aeq\times x=beq$ 中的矩阵 Aeq 和向量 beq；lb 和 ub 分别表示自变量的上下界组成的向量，如果没有上下界，该选项用［ ］表示，如果只有部分变量有上下界，其余的变量没有，那么可以把没有上下界的变量的上下界设为 - inf 或者 inf，使 lb 或者 ub 的长度符合要求。

【例 4 - 11】假设某资产组合由资产 1、资产 2、资产 3 组成，各资产的收益率分别为 0. 12、0. 3、0. 2。要求资产 1 和资产 3 的权重小于资产 2 的权重，且没有卖空。求解使得上述收益率最大的投资组合。

【解析】

首先确定目标函数：$\max 0.12x_1+0.3x_2+0.2x_3$。

资产约束条件为：

$$x_1+x_3\leqslant x_2$$

$$x_1+x_2+x_3=1 \text{ 且 } 0\leqslant x_1,x_2\leqslant 1$$

$$0.1\leqslant x_3\leqslant 1$$

在 MATLAB 中执行如下命令：

f=［0. 12　0. 3　0. 2］；　　%f 表示收益率参数向量。

```
a = [1  -1  1];
b = 0;
Aeq = [1  1  1];
beq = 1;
lb = [0  0  0.1];
ub = [1  1  1];
x = linprog(f,a,b,aeq,beq,lb,ub)
```

得到结果为:

```
Optimization terminated.
x =
    0.4000
    0.5000
    0.1000
```

最后得出资产1、资产2、资产3的权重分别为0.4、0.5、0.1。

接下来，考虑二次规划求解资产组合，二次规划问题（quadratic programming）的标准形式如下：

$$\min \frac{1}{2}x^T Hx + q^T x \tag{4.17}$$

$$\text{s. t. } Ax \leqslant b \tag{4.18}$$

$$Aeq \times x = beq \tag{4.19}$$

$$lb \leqslant x \leqslant ub \tag{4.20}$$

其中，x 为权重向量；H 为对称矩阵。

约束条件分成两个部分，前一部分约束条件是不等式，后一部分约束条件是等式。在资产组合问题中，H 多为协方差矩阵。

在 MATLAB 中求解此类问题的函数是 quadprog。

【语法格式】

```
x = quadprog(H,q,A,b)
x = quadprog(H,q,A,b,aeq,beq)
x = quadprog(H,q,A,b, aeq,beq,lb,ub)
```

【输入参数】

H 为协方差矩阵，f 为列向量。

【例4-12】某资产组合包含五种资产，各资产的收益率和协方差矩阵如表4-10所示。

表 4－10　　各资产的收益率与协方差矩阵

		资产 1	资产 2	资产 3	资产 4	资产 5
协方差矩阵	资产 1	0. 2	0. 05	－0. 01	0. 03	0. 05
	资产 2	0. 05	0. 3	0. 015	0. 01	0. 03
	资产 3	－0. 01	0. 015	0. 1	0. 02	0. 01
	资产 4	0. 03	0. 01	0. 02	0. 1	0. 015
	资产 5	0. 05	0. 03	0. 01	0. 015	0. 15
预期收益率		0. 2	0. 14	0. 12	0. 05	0. 07

试求最优资产组合，使得资产组合收益率为 0. 1 且该组合方差最小的资产组合。

【解析】

在 MATLAB 中执行如下命令：

```
H = [0.2    0.05   -0.01   0.03   0.05
     0.05   0.3    0.015   0.01   0.03
    -0.01   0.015  0.1     0.02   0.01
     0.03   0.01   0.02    0.1    0.015
     0.05   0.03   0.01    0.015  0.15];
q = [0 0 0 0 0];
Aeq = [1 1 1 1 1;0.2 0.14 0.12 0.05 0.07];
beq = [1;0.1];
lb = [0 0 0 0 0];
ub = [1 1 1 1 1];
quadprog(H,q,[],[],Aeq,beq,lb,ub)
ans =
    0.1067
    0.0743
    0.3379
    0.2984
    0.1826
```

结果表明，最优的资产配置是资产 1、资产 2、资产 3、资产 4、资产 5 所占比率分别为 10. 67%、7. 43%、33. 79%、29. 84%、18. 26%。

本章小结

1. 本章介绍的是关于资产组合管理方面的应用。在成功的投资活动中，风险的控制是十分重要的，虽然根据历史数据计算投资收益和风险具有一定的局限性，但是这对投资行为的指导意义是十分明显的。

2. 资产组合是实务性比较强的内容，通过本章的学习，要求读者学会在 MATLAB 中使用 tick2ret 和 ret2tick 函数计算价格序列与收益率序列的相互转化，用 portstats 函数计算收益率和方差。然后，要求读者掌握有效集的相关概念以及用 frontcon 函数和 portfolio 函数计算无约束条件下的资产组合有效前沿与有约束条件下的资产组合有效前沿。资产组合的有效边界并不是最终的结果，最后还需要掌握资产配置，MATLAB 中求解最优资产配置的函数是 portalloc。

3. 本章按照资产组合各指标的计算、资产组合有效前沿和资产配置的顺序，结合 MATLAB 内置函数进行讲解，希望通过本章的学习能够为读者在实务工作中提供方便。

重要术语

均值—方差理论　　有效集　　无差异曲线　　无风险收益　　最优投资组合
资产配置

复习与思考

1. 讨论 Markowitz 有效集的含义。

2. 当证券市场中只有风险资产可供选择时，投资者如何寻找最优证券组合?

3. 如何使用无风险资产改进 Markowitz 有效集? 面对改进后新的有效集投资者如何寻找最优证券组合?

4. 影响证券组合风险的因素有哪些?

5. 已知资产收益率以及时间间隔如表 1 所示。

表 1　资产收益率及时间间隔

收益率	0. 15	0. 1	-0. 05
时间间隔（天）	90	183	92

起始价格为 100 元，起始时间为 2018 年 8 月 27 日，试用 MATLAB 求该资产价格时间序列，收益率采用离散方法。

6. 某投资组合包含四种证券，证券 A、证券 B、证券 C、证券 D。每种证券的资产收益率、标准差和相关系数如表 2 所示。

表 2　　四种证券的资产收益率、标准差和相关系数情况

		证券 A	证券 B	证券 C	证券 D
预期收益率（%）		8	12	10	4
标准差		0. 2	0. 25	0. 18	0. 16
相关系数矩阵	证券 A	1	0. 8	0. 4	0. 16
	证券 B	0. 8	1	0. 3	0. 25
	证券 C	0. 4	0. 3	1	0. 2
	证券 D	0. 16	0. 25	0. 2	1

用 MATLAB 求该资产的协方差矩阵以及有效前沿。

7. 假定投资组合 1 中各证券的权重分别为 0. 4、0. 2、0. 3、0. 1，投资组合 2 中各证券的权重分别为 0. 15、0. 2、0. 25、0. 4。根据第 6 题的数据以及求得的协方差矩阵，求两个投资组合的收益率和协方差。

第五章

利率期限结构计算

【学习目标】

通过本章的学习，读者应该掌握利率期限结构的基本概念，同时掌握基本的计算方法。在利率期限结构的基础上，本章应用无套利均衡的基本思想介绍含权债券的定价技术中用到的利率模型。

为了让读者能够在实际应用中根据自身需要开发出符合自己需求的应用程序，本章的重点是利率期限结构的 MATLAB 实现。

第一节 利息债券收益率

在投资过程中，经常面临的一项风险是再投资风险，存在再投资风险的原因是由于付息债券在到期前的现金流需要再投资，而再投资的收益率和市场当时的利率水平有关。用到期收益率并不能很好地描述这种风险，因此引入了零息债券的概念。零息债券是指发行后，在到期时一次性还本付息的债券。到期前，不存在任何现金流的支付，因而这样的债券不会面临再投资风险。

本章需要了解的是如何利用市场数据计算得到相应的零息债券收益率。在有了不同时期的零息债券之后，将这些不同期限的零息债券收益率用曲线连接起来，便构成利率期限结构曲线，在债券定价过程中，利率期限结构曲线占据了重要地位；相应地在含权债券定价中，利率曲线的建模就成了整个含权债券的核心基础。在 MATLAB 中，有丰富的函数可以直接使用。

如果没有信用风险，则这种债券面临的就只有利率波动风险，而这正是在债券定价中需要的折现率。在剔除了信用风险和再投资风险之后的利率，可以很好地描述利率波动的风险。

第二节　构建收益率曲线

利率的期限结构是指证券收益率与到期年限之间的关系。风险、流动性、税收因素完全相同的债券，由于距离债券到期日的时间不同，利率也往往不同。我们称这种差异为利率的期限结构。利率的期限结构可以形象的以收益率曲线表示出来。如果以横轴表示距离到期日的时间，以纵轴表示利率（收益率），将不同期限的利率连接起来，就会形成一条收益率曲线。应注意，即期利率才是决定债券价格的基础，因此用纵轴表示即期利率而非到期收益率才更有意义（如图 5－1 所示）。

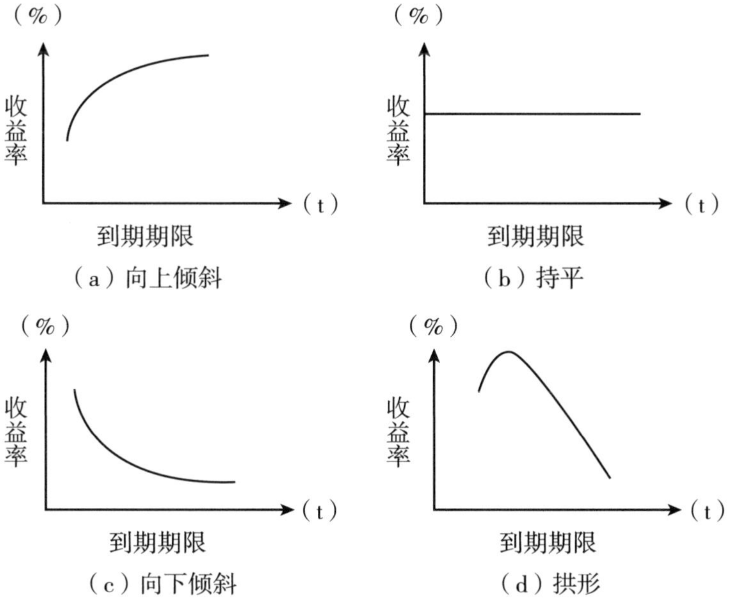

图 5－1　利率曲线

图 5－1（a）显示的是一条向上倾斜的利率曲线，表示期限越长的债券利率越高，这种曲线形状被称为正向的利率曲线。图 5－1（b）显示的是一条平直的利率曲线，表示不同期限的债券利率相等，这通常是正利率曲线与反利率曲线转化过程中出现的暂时现象。图 5－1（c）显示的是一条向下倾斜的利率曲线，表示期限越长的债券利率越低，这种曲线形状被称为相反的或反向的利率曲线。图 5－1（d）显示的是拱形利率曲线，表示期限相对较短的债券，利率与期限呈正向关系；期限相对较长的债券，利率与期限呈反向关系。从历史资料看，在经济周期的不同阶段均可以观察到这四条利率曲线。

当然，几乎没有风险、流动性、税收因素完全相同，只有期限不同的债券。所以，实际观测到的收益率曲线反映的不仅是期限结构。如果收益率曲线向上倾斜，就说明长期利率大于短期利率。如果收益率曲线向下倾斜，说明短期利率会大于长期利率；如果收益率曲线是水平的，就说明短期利率与长期利率相同。

在金融市场上，不同期限的债券利率水平有以下三个特点：

（1）同向波动。不同期限的债券往往会同向波动。就是说，如果短期利率上升，长期利率一般也会相应上升；如果短期利率下降，长期利率一般也会相应下降。

（2）如果短期利率偏低，收益率曲线更可能是向上倾斜；如果短期利率偏高，收益率曲线更可能是向下倾斜。

（3）多数情况下，收益率曲线都是向上倾斜的。

收益率曲线是分析利率走势和进行市场定价的基本工具，也是进行投资的重要依据。国债在市场上自由交易时，不同期限及其对应的不同收益率，形成了债券市场的“基准利率曲线”。市场因此而有了合理定价的基础，其他债券和各种金融资产均在这个曲线基础上考虑风险溢价后确定适宜的价格。

【例 5－1】利率期限结构构建。2017 年 10 月 20 日国债市场数据如表 5－1 所示。

表 5－1　　2017 年 10 月 20 日国债市场交易数据

债券代码	债券名称	面值（元）	到期日	年付息次数	息票率（%）	价格（元）
179937. IB	17 贴现国债 37	100	0. 25 年	0	2. 9239	99. 8671
020190. SH	17 贴债 34	100	0. 5 年	0	3. 3633	99. 2698
170009. IB	17 附息国债 09	100	1 年	2	3. 3200	101. 465
170012. IB	17 附息国债 12	100	2 年	1	3. 6200	101. 4104
170016. IB	17 附息国债 16	100	3 年	1	3. 46	100. 4589

采用连续复利计息方式。

需要注意的是，在国债市场上并不存在 1 年付息两次的 1 年期债券，为了计算精确，我们假定了这只债券的付息次数。

【解析】

前两只债券，除了到期本金支付没有任何现金流。

步骤一：求出 $T=0.25$ 时的收益率。

根据公式：$PV=FV\times e^{-rT}$

因此，对于第一只债券，有：$99.8671=100\times e^{-r_{0.25}\times 0.25}$。

解得，$r_{0.25}=0.5\%$。

步骤二：重复步骤一，计算第二只债券的到期收益率。

得到，$r_{0.5}=1.5\%$。

由于以上两只债券为贴现债券，所以得到的到期收益率就是零息债券收益率。

步骤三：计算1年期零息债券利率。

由于1年期的债券，在0.5年的时候有相应的$100\times3.3200\%\times0.5=1.66$（元）的现金流，所以1年的债券可以看作是由两个零息债券构成的：（1）0.5年的1.66元零息债券；（2）1年的101.66元的零息债券。

对于1.66元的零息债券，可以用前面计算出来的0.5年的零息债券到期收益率计算，这样我们就可以计算出1年的零息债券的到期收益率。

$$101.465 = 1.66\times e^{-r_{0.5}\times0.5} + 101.66\times e^{-r_1\times1}$$

得到，$r_1=1.8\%$。

对于两年期的债券，在一年的时候有相应的$100\times3.6200\%\times1=3.62$（元）的现金流，所以2年的债券可以看作是由两个零息债券构成的：（1）1年的3.62元零息债券；（2）2年的103.62元的零息债券。

同理，列式为：

$$101.4204 = 3.62\times e^{-r_1\times1} + 103.62\times e^{-r_2\times2}$$

得到，$r_2=2.9\%$。

同理，对于3年期的债券，可以列式为：

$$100.4589 = 3.46\times e^{-r_1\times1} + 3.46\times e^{-r_2\times2} + 103.46\times e^{-r_3\times3}$$

得到：$r_3=3.3\%$。

至此，得到了0～3年期的利率期限结构，如图5－2所示。

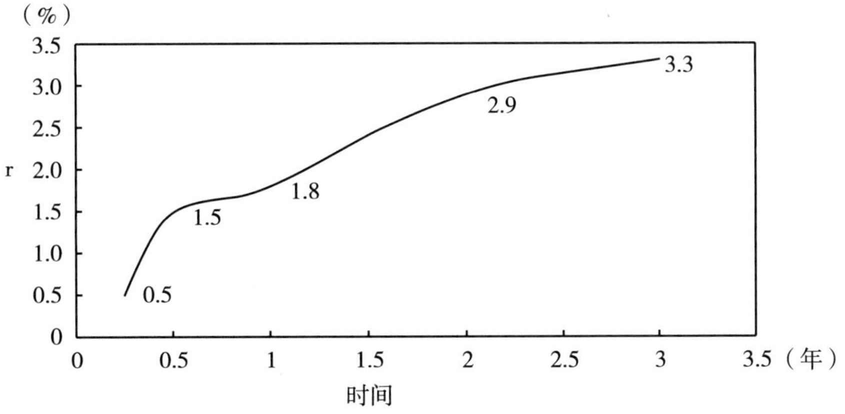

图5－2　利率期限结构示意

第三节 Bootstrapping 算法

Bootstrapping 算法，是指利用有限的样本资料经由多次重复抽样，重新建立起足以代表母体样本分布的新样本。Bootstrapping 的运用基于很多统计学假设，因此假设的成立与否会影响采样的准确性。

统计学中 Bootstrapping 指依赖于重置随机抽样的一切试验。Bootstrapping 可以用于计算样本估计的准确性。对于一个采样，我们只能计算出某个统计量的一个取值，无法知道均值统计量的分布情况。但是通过自助法，我们可以模拟出均值统计量的近似分布。

Bootstrapping 方法的实现很简单，假设抽取的样本大小为 n：在原样本中有放回的抽样，抽取 m 次。每抽一次形成一个新的样本，重复操作，形成很多新样本，通过这些样本就可以计算出样本的一个分布。

本节解决如何从大量市场交易数据中计算当前时点的利率期限结构。

【例 5－2】利率期限结构绘制实例。

2016 年 12 月 30 日观察到的中国国债市场交易数据（如表 5－2 所示），第一列是债券代码，第二列是债券简称，第三列是到期日，第四列是票面价值，第五列是息票率，请画出当时市场利率曲线图。

表 5－2　　2016 年 12 月 30 日观察到的中国国债市场交易数据

代码	简称	到期日	票面价值（元）	息票率（%）
19557	17 国债 03	2018/2/9	99.85	0.0278
19563	17 国债 09	2018/5/4	99.82	0.0332
19571	17 国债 17	2018/8/3	99.67	0.0333
19579	17 国债 24	2018/11/2	99.84	0.0354
19566	17 国债 12	2019/6/15	100.00	0.0362
19573	17 国债 19	2019/9/14	99.93	0.0350
19556	17 国债 02	2020/1/19	99.65	0.0277
19562	17 国债 08	2020/4/27	98.85	0.0323
19570	17 国债 16	2020/7/27	100.00	0.0346
19578	17 国债 23	2020/10/26	100.00	0.0360
19555	17 国债 01	2022/1/12	96.11	0.0288
19561	17 国债 07	2022/4/13	96.65	0.0313
19568	17 国债 14	2022/7/13	97.89	0.0347
19576	17 国债 21	2022/10/19	100.00	0.0373

续表

代码	简称	到期日	票面价值（元）	息票率（%）
19560	17 国债 06	2024/3/16	100.00	0.0320
19567	17 国债 13	2024/6/22	100.00	0.0362
19575	17 国债 20	2024/9/21	100.00	0.0369
19558	17 国债 04	2027/2/9	100.00	0.0340
19564	17 国债 10	2027/5/4	96.39	0.0352
19572	17 国债 18	2027/8/3	97.07	0.0359
19580	17 国债 25	2027/11/2	100.00	0.0382

【解析】由于 MATLAB 不能识别日期型数据，将日期转化为绝对天数，数据处理如表 5－3 所示。

表 5－3　　转化后交易数据

代码	简称	到期日	票面价值（元）	息票率（%）
19557	17 国债 03	43140	99.85	0.0278
19563	17 国债 09	43224	99.82	0.0332
19571	17 国债 17	43315	99.67	0.0333
19579	17 国债 24	43406	99.84	0.0354
19566	17 国债 12	43631	100.00	0.0362
19573	17 国债 19	43722	99.93	0.0350
19556	17 国债 02	43849	99.65	0.0277
19562	17 国债 08	43948	98.85	0.0323
19570	17 国债 16	44039	100.00	0.0346
19578	17 国债 23	44130	100.00	0.0360
19555	17 国债 01	44573	96.11	0.0288
19561	17 国债 07	44664	96.65	0.0313
19568	17 国债 14	44755	97.89	0.0347
19576	17 国债 21	44853	100.00	0.0373
19560	17 国债 06	45367	100.00	0.0320
19567	17 国债 13	45465	100.00	0.0362
19575	17 国债 20	45556	100.00	0.0369
19558	17 国债 04	46427	100.00	0.0340
19564	17 国债 10	46511	96.39	0.0352
19572	17 国债 18	46602	97.07	0.0359
19580	17 国债 25	46693	100.00	0.0382

步骤一：将价格数据转换成到期收益率数据。利用 bndyiled 函数，将价格序列转换成收益率序列。

在 MATLAB 命令窗口输入如下命令：

```
settle = '30 - 12 - 2016';
price = xlsread('利率期限结构 5. 3. xlsx','sheet1','d2:d22');
couponrate = xlsread('利率期限结构 5. 3. xlsx','sheet1','e2:e22');
maturity = xlsread('利率期限结构 5. 3. xlsx','sheet1','c2:c22');
yield = bndyield(price, couponrate, settle, maturity)
```

其中，price 是表 5 - 3 中的债券价格序列，couponrate 是息票率序列，maturity 是到期日序列，全部按照向量形式顺序写入 MATLAB 工作空间，得到到期收益率数据。

```
yield =
    0.0278
    0.0333
    0.0334
    0.0355
    0.0362
    0.0350
    0.0278
    0.0327
    0.0346
    0.0360
    0.0301
    0.0325
    0.0355
    0.0373
    0.0320
    0.0362
    0.0369
    0.0340
    0.0366
    0.0370
    0.0382
```

步骤二：将收益率换算成零息票利率集。

在 MATLAB 文件编辑器中输入如下代码：

```
clear;                          % 清空工作空间，并清空命令窗口；
time =0.25:0.25:10;             % 构建现金流时间点，相对时间间隔 0.25 年；
time(1,2) =0.25;                % 由于计息方式的不同，而后续循环要用到，设定为 0.25；
zbt(1,1) = yield(1,1);          % 零息票利率集的第一个值；
zbt(1,2) = yield(1,2) * 2;      % 由于计息方式的不同，进行的调整，为了后续循环简便；
for i =3: 20                    % for 循环是计算零息票利率集的核心；
intfactor =1 +0.25 * zbt(1,1:(i -1));        % 计算相应周期折现率；
cashflowdate = -2 * time(1,1:(i -1));        % 对应计息周期数目；
disfact = sum(intfactor.^cashflowdate);      % 折现因子的和；
sim =1/(2 * time(i));                        % 为表示方便设定此项；
zbt(i) =2 * ((100 +100 * couponrate(i) * 0.25)/(price(i) - 100 * couponrate(i) * 0.25 *
disfact))^sim -2;     % 在一直 zbt(i -1)的情况下,计算 zbt(i);
end
zbt(1,2) = zbt(1,2)/2;                 % 调整回 zbt(1,2)真实值,由于计息方式不同导致的；
time(1,2) =1;                          % 调整回因计息方式不同导致的不同；
plot(time,(1,1:20),zbt,'-.or');% 时间为横轴,零息票利率集为纵轴画出曲线。
```

运行程序，得到利率期限结构曲线，如图 5 -3 所示。

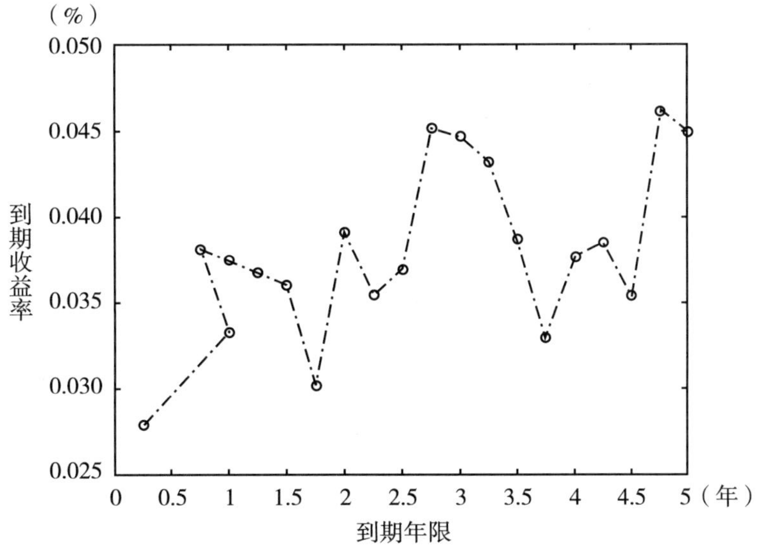

图 5 -3　市场利率期限结构

第四节 利率期限结构计算函数

利率期限结构是指某个时点不同期限的即期利率与到期期限的关系及变化规律。由于零息债券的到期收益率等于相同期限的市场即期利率，从对应关系上来说，任何时刻的利率期限结构是利率水平和期限相联系的函数。因此，利率的期限结构，即零息债券的到期收益率与期限的关系可以用一条曲线来表示，如水平线、向上倾斜和向下倾斜的曲线。甚至还可能出现更复杂的收益率曲线，即债券收益率曲线是上述部分或全部收益率曲线的组合。收益率曲线的变化本质上体现了债券的到期收益率与期限之间的关系，即债券的短期利率和长期利率表现的差异性。

用来解释利率期限结构的主要有三大理论：预期理论、流动性偏好理论和市场分割理论。

预期理论认为，长期债券的现期利率是短期债券的预期利率的函数，长期利率与短期利率之间的关系取决于现期短期利率与未来预期短期利率之间的关系。未来的远期利率由长期利率和短期利率决定，而未来的远期利率现期利率取决于短期债券的预期利率。

根据流动性偏好理论，不同期限的债券之间存在一定的替代性，这意味着一种债券的预期收益确实可以影响不同期限债券的收益。但是不同期限的债券并非是完全可替代的，因为投资者对不同期限的债券具有不同的偏好。范·霍恩（Van Home，1965）认为，远期利率除了包括预期信息之外，还包括了风险因素，它可能是对流动性的补偿。

市场分割理论认为，债券市场可分为期限不同的市场，各个市场互不相关，各有自己独立的市场均衡，长期借贷活动决定了长期债券利率，而短期交易决定了独立于长期债券的短期利率。根据这种理论，利率的期限结构是由不同市场的均衡利率决定的。

鉴于利率期限结构的重要性，MATLAB 提供了两个函数，可以根据市场数据直接计算利率期限结构，即 zbtyield 和 zbtprice。zbtyield 根据到期收益率、息票率、结算日、到期日计算利率期限结构；zbtprice 根据价格息票率、结算日和到期日计算利率期限结构。

前面已经证明，根据价格息票率，结算日和到期日可以计算到期收益率，因而两者是等价的。本节以 zbtprice 为例进行讲解。

【语法格式】

[ZeroRates,CurveDates] = zbtprice(Bonds,Price,Settle,OutputCompounding)

【输入参数】

Bonds　　　　　　　% Bonds 是一个矩阵，为 $N\times6$ 或者 $N\times2$ 的矩阵；

[Maturity,Couponndate,Face,Period,End,MonthRule]

Maturitty　　　　% 债券到期日，一个 N 维列向量；

CouponRate　　　% 对应债券息票率；

Face　　　　　　% 可选，债券面值；

Period　　　　　% 可选，债券付息频次，默认为 2；

Basis　　　　　 % 可选，计息次数；

EndMonthRule　　% 可选，月末法则；

Price　　　　　 % 债券价格向量；

Settle　　　　　% 债券结算日期，一般为当前日；

OutputCompounding　% 可选，零息票利率集的计息频次，不同 Period，默认值为 2。

【输出参数】

ZeroRates　　　　% 零息票利率集；

CurveDate　　　　% 对应日期。

【技巧与提示】

Zbtyield 用相似的输入输出变量，用法也基本一样。

【例 5－3】zttprice 函数实例。利用 zbtprice 函数，计算【例 5－2】中的利率曲线结构。

2016 年 12 月 30 日观察到的中国国债市场交易数据如表 5－4 所示，第一列是债券代码，第二列是债券简称，第三列是到期日，第四列是票面价值，第五列是息票率，请画出当时市场利率曲线图。

表 5－4　　　　2016 年 12 月 30 日观察到的中国国债市场交易数据

代码	简称	到期日	票面价值（元）	息票率（%）
19557	17 国债 03	2018/2/9	99.85	0.0278
19563	17 国债 09	2018/5/4	99.82	0.0332
19571	17 国债 17	2018/8/3	99.67	0.0333
19579	17 国债 24	2018/11/2	99.84	0.0354
19566	17 国债 12	2019/6/15	100.00	0.0362
19573	17 国债 19	2019/9/14	99.93	0.0350
19556	17 国债 02	2020/1/19	99.65	0.0277
19562	17 国债 08	2020/4/27	98.85	0.0323
19570	17 国债 16	2020/7/27	100.00	0.0346
19578	17 国债 23	2020/10/26	100.00	0.0360
19555	17 国债 01	2022/1/12	96.11	0.0288
19561	17 国债 07	2022/4/13	96.65	0.0313

续表

代码	简称	到期日	票面价值（元）	息票率（%）
19568	17 国债 14	2022/7/13	97.89	0.0347
19576	17 国债 21	2022/10/19	100.00	0.0373
19560	17 国债 06	2024/3/16	100.00	0.0320
19567	17 国债 13	2024/6/22	100.00	0.0362
19575	17 国债 20	2024/9/21	100.00	0.0369
19558	17 国债 04	2027/2/9	100.00	0.0340
19564	17 国债 10	2027/5/4	96.39	0.0352
19572	17 国债 18	2027/8/3	97.07	0.0359
19580	17 国债 25	2027/11/2	100.00	0.0382

MATLAB 不能识别日期型数据，将日期转化为绝对天数，数据处理如表 5－5 所示。

表 5－5　　　　转化后交易数据

代码	简称	到期日	价格（元）	息票率（%）	面值（元）	年分红次数	天数计算惯例	月末规则
19557	17 国债 03	43140	99.85	0.0278	100	2	0	0
19563	17 国债 09	43224	99.82	0.0332	100	2	0	0
19571	17 国债 17	43315	99.67	0.0333	100	2	0	0
19579	17 国债 24	43406	99.84	0.0354	100	2	0	0
19566	17 国债 12	43631	100.00	0.0362	100	2	0	0
19573	17 国债 19	43722	99.93	0.0350	100	2	0	0
19556	17 国债 02	43849	99.65	0.0277	100	2	0	0
19562	17 国债 08	43948	98.85	0.0323	100	2	0	0
19570	17 国债 16	44039	100.00	0.0346	100	2	0	0
19578	17 国债 23	44130	100.00	0.0360	100	2	0	0
19555	17 国债 01	44573	96.11	0.0288	100	2	0	0
19561	17 国债 07	44664	96.65	0.0313	100	2	0	0
19568	17 国债 14	44755	97.89	0.0347	100	2	0	0
19576	17 国债 21	44853	100.00	0.0373	100	2	0	0
19560	17 国债 06	45367	100.00	0.0320	100	2	0	0
19567	17 国债 13	45465	100.00	0.0362	100	2	0	0
19575	17 国债 20	45556	100.00	0.0369	100	2	0	0
19558	17 国债 04	46427	100.00	0.0340	100	2	0	0
19564	17 国债 10	46511	96.39	0.0352	100	2	0	0
19572	17 国债 18	46602	97.07	0.0359	100	2	0	0
19580	17 国债 25	46693	100.00	0.0382	100	2	0	0

【解析】

在 MATLAB 中输入如下命令：

settle = '30 – 12 – 2016';

price = xlsread('利率期限结构 5. 4. 1. xlsx','sheet1','d2:d22');

couponrate = xlsread('利率期限结构 5. 4. 1. xlsx','sheet1','e2:e22');

maturity = xlsread('利率期限结构 5. 4. 1. xlsx','sheet1','c2:c22');

face = xlsread('利率期限结构 5. 4. 1. xlsx','sheet1','f2:f22');

Period = xlsread('利率期限结构 5. 4. 1. xlsx','sheet1','g2:g22');

Basis = xlsread('利率期限结构 5. 4. 1. xlsx','sheet1','h2:h22');

EndMonthRule = xlsread('利率期限结构 5. 4. 1. xlsx','sheet1','i2:i22');

bonds = [maturity',couponrate'];

bonds = [maturity,couponrate,face,Period,Basis,EndMonthRule]。

计算出 zerorates 和 dates，然后运行下述命令：

[zerorates,dates] = zbtprice(bonds,price,'30 – 12 – 2016',2);

plot(dates,zerorates,' – . or');

dateaxis('x')。

得到利率期限结构曲线（如图 5 – 4 所示）。

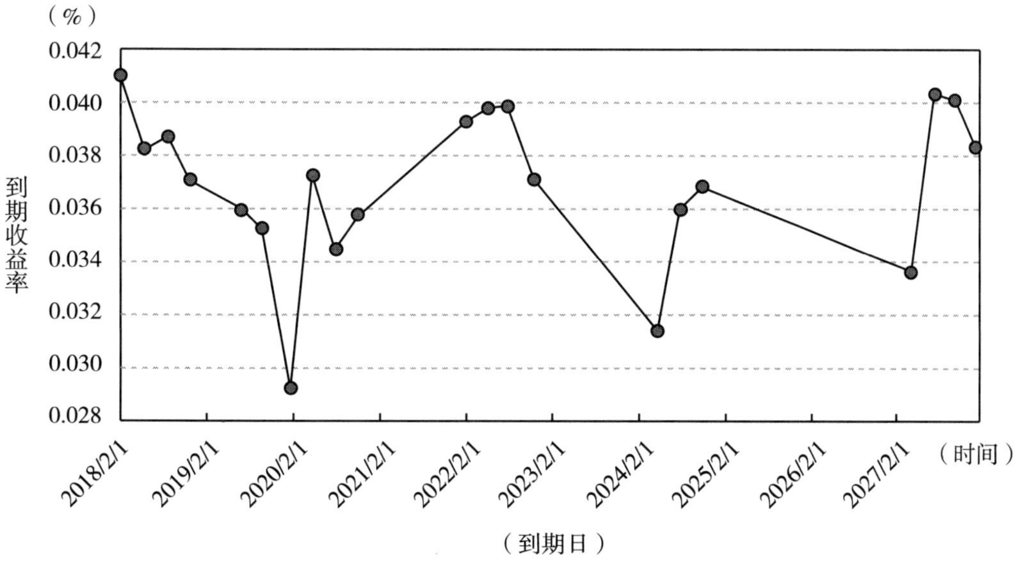

图 5 – 4　利率期限结构曲线

第五节 远期利率计算

远期利率是指现在时刻的将来一定期限的利率。远期利率有些是可以直接观测到的，因为远期合约上会注明这一指标。而许多时候，远期利率则是隐藏着的，因为在金融市场上存在着不同期限的即期利率，这些即期利率之间就隐藏着远期利率。

给出一个一般化的贴现过程，则 $t-1$ 期和 t 期的即期利率与从第 $t-1$ 年到第 t 年间的远期利率 $f_{t-1,t}$ 的关系为：

$$(1+S_{t-1})^{t-1}\times(1+f_{t-1,t})=(1+S_t)^t \tag{5.1}$$

其中，S_{t-1} 为 $t-1$ 期的即期利率，S_t 为 t 期的即期利率。

即利率 $f_{t-1,t}=\dfrac{(1+S_t)^t}{(1+S_{t-1})^{t-1}}-1$

同时，可以将上式写为：

$$(1+f_{0,1})(1+f_{1,2})(1+f_{2,3})\dots(1+f_{t-1,t})=(1+S_t)^t$$

更一般地，当时间间隔不唯一的时候，对于任意的期限 m 和 n，可以导出 $n-m$ 期和 n 期的即期利率与远期利率 $f_{n-m,n}$ 的关系：

$$(1+R_{n-m})^{n-m}(1+f_{n-m,n})^m=(1+R_n)^n \tag{5.2}$$

即：

$$f_{n-m,n}=\left[\frac{(1+R_n)^n}{(1+R_{n-m})^{n-m}}\right]^{\frac{1}{m}}-1$$

在 MATLAB 中，计算远期利率的函数是 zero2fwd。

【语法格式】

[ForwardRates,CurveDates] = zero2fwd(ZeroRates,CurveDates,Settle,Compounding,Basis)

【输入参数】

ZeroRates　　　% 利率期限结构表示的零息票利率集；

CurveDates　　% 相应的日期；

Settle　　　　% 当前结算日期，一般是作为利率期限结构曲线的起点；

Compounding　% 可选，计息方式，默认值为半年计息。

【输出参数】

ForwardRates　% 对应当前利率曲线的远期利率曲线结构图；

CurveDates　　% 相应的远期利率日期。

【例 5－4】中国国债市场 2017 年 10 月 20 日利率期限结构数据，以及一天前、一周前、一个月以前的历史交易数据如表 5－6 所示。

表 5－6　　　　中国国债市场 2017 年 10 月 20 日交易数据

债券代码	债券名称	期限	当前	一天前	一周前	一月前
179937. IB	17 贴现国债 37	3M	－1. 43	－1. 42	0. 102	0. 042
020190. SH	17 贴债 34	6M	0. 25	0. 248	0. 217	0. 239
170012. IB	17 附息国债 12	2Y	0. 576	0. 54	0. 512	0. 389
170008. IB	17 附息国债 08	3Y	0. 36	0. 33	0. 32	0. 21
170007. IB	17 附息国债 07	5Y	－0. 53	－0. 52	－0. 35	－0. 34
170010. IB	17 附息国债 10	10Y	0. 001	0. 01	0. 14	0. 14
170005. IB	17 附息国债 05	30Y	－3. 65	－1. 01	－3. 94	－0. 87
170011. IB	17 附息国债 11	50Y	0. 95	0. 95	0. 91	0. 76

注：当前日期为 2017 年 10 月 20 日，一天前为 2017 年 10 月 19 日，一周前为 2017 年 10 月 13 日，一月前为 2017 年 9 月 20 日。

请计算不同期限的远期利率，做出利率期限结构图。

步骤一：需要对利率的一个整体走势和形状做出判断，从而将数据图表化。在 MATLAB 文件编辑器中输入以下命令：

```
bonds = [0.2500    -1.4300   -1.4200    0.1020    0.0420
         0.0500     0.2500    0.248     0.2170    0.2390
         2.0000     0.5760    0.5400    0.512     0.389
         3.0000     0.3600    0.3300    0.3200    0.2100
         5.0000    -0.5300   -0.5200   -0.3500   -0.3400
        10.0000     0.0010    0.0100    0.1400    0.1400
        30.0000    -3.6500   -1.0100   -3.9400   -0.8700
        50.0000     0.9500    0.9500    0.9100    0.7600];
%将原始数据输入到变量 bonds 中；
plot(bonds(:,1),bonds(:,2),'k+--');hold on;
plot(bonds(:,1),bonds(:,3),'k*--');hold on;
plot(bonds(:,1),bonds(:,4),'kx--');hold on;
plot(bonds(:,1),bonds(:,5),'ko--');
%做出相应的利率期限结构图，并用不同的线型表示；
%eof。
```

执行上述脚本文件，按 F5 快捷键，得到结果如图 5－5 所示。

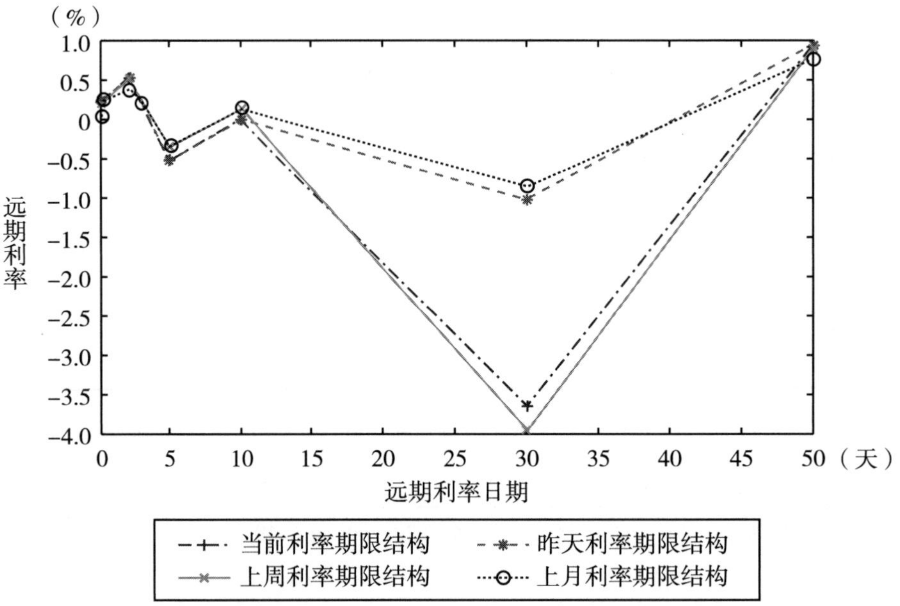

图 5－5　不同日期的远期利率结构

步骤二：利用上述数据，作出 4 个不同日期的 FRA 结构图。

在 MATLAB 文件编辑器中输入如下命令：

```
clear;
bonds = [0.2500   -1.4300   -1.4200    0.1020    0.0420
         0.0500    0.2500    0.248     0.2170    0.2390
         2.0000    0.5760    0.5400    0.512     0.389
         3.0000    0.3600    0.3300    0.3200    0.2100
         5.0000   -0.5300   -0.5200   -0.3500   -0.3400
        10.0000    0.0010    0.0100    0.1400    0.1400
        30.0000   -3.6500   -1.0100   -3.9400   -0.8700
        50.0000    0.9500    0.9500    0.9100    0.7600];
% 上述是债券市场数据;
curvedates = datenum(['01-20-2018';'04-20-2018';'10-20-2019';'10-20-2020';'10-20-2022';'10-20-2027';'10-20-2047']);
% 注意日期输入前方的0不能省略，如'01-20-2018'不可写成'1-20-2018';
fwdone = zero2fwd(bonds(:,2),curvedates,10-20-2017);
```

```
fwdtwo = zero2fwd(bonds( :,3),curvedates,10 - 20 - 2017);
fwdthree = zero2fwd(bonds( :,4),curvedates,10 - 20 - 2017);
fwdfour = zero2fwd(bonds( :,5),curvedates,10 - 20 - 2017);
% 分别求出来对应的远期利率值;
plot(curvedates,fwdone,'k + --');hold on;
plot(curvedates,fwdtwo,'k * --');hold on;
plot(curvedates,fwdthree,'kx --');hold on;
plot(curvedates,fwdfour,'ko --');
dateaxis('x');
% eof。
```

按 F5 执行以上脚本文件，得到国债市场远期利率期限结构如图 5－6 所示。

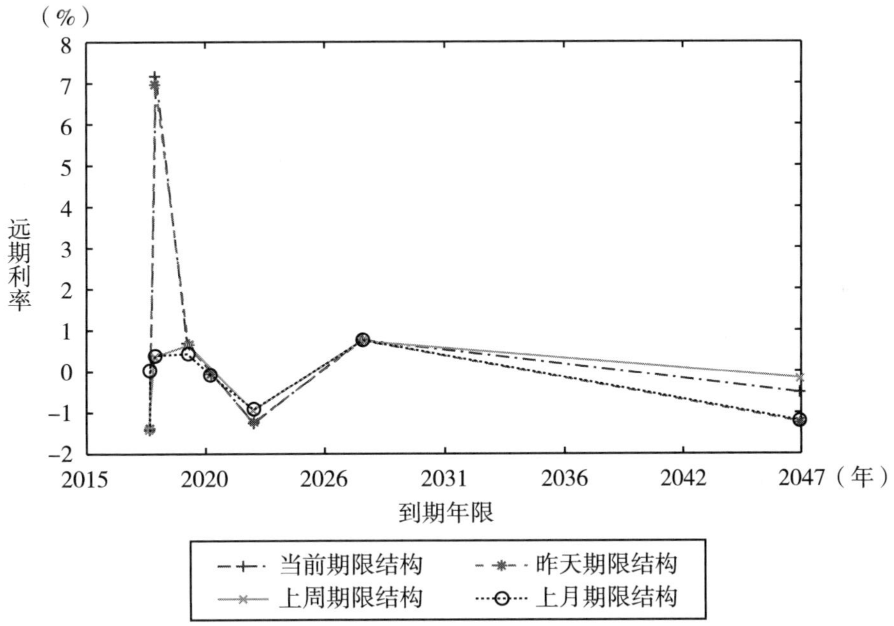

图 5－6　不同日期的远期利率结构

第六节　期限结构曲线插值

如第五节所述，利率期限结构曲线的构建是建立在市场交易数据基础之上的，由于债券发行的不连续性，市场上并不存在所有时间点上的零息票利率集，市场中常见的是 1 个月、3 个月、6 个月、1 年、2 年、3 年、5 年、10 年、20 年和 30 年的利率期限结构。因此如何根据有限的点构建出一条连续的曲线，是本节主要讨论的内容。

【例 5－5】基于利率期限结构的债券定价实例。利用表 5－6 所示零息票利率集，计算下列债券的价值：

债券息票是 10%，付息日是每年的 2 月 27 日和 8 月 27 日，债券到期日是 2018 年 8 月 27 日，结算时间是 2017 年 10 月 20 日，并已知利率期限结构如图 5－6 所示。

由题目知，此债券到期前有两笔现金流，见表 5－7。

表 5－7　　债券到期前的现金流

项目 \ 编号	1	2
时间	2018 年 2 月 27 日	2018 年 8 月 27 日
现金数量（元）	5	105

因此需要知道 2018 年 2 月 27 日和 2018 年 8 月 27 日到期的零息票利率。根据现有的市场信息，能知道未来 3 个月、6 个月和 2 年的零息票利率，及 2018 年 1 月 20 日、2018 年 4 月 20 日和 2019 年 10 月 20 日的即期利率。

显然，可以利用 3 个月和 6 个月的零息票利率，采用线性插值的方法，求出 2018 年 2 月 27 日的零息票利率。同样的方法，构造出 2018 年 8 月 27 日的零息票利率，解法如下：

算出 2018 年 1 月 20 日与 2018 年 2 月 27 日之间的天数为 38 天，2018 年 2 月 27 日和 2018 年 4 月 20 日之间的天数为 52 天，所以，采用线性插值公式：

$$\begin{aligned} r_x &= r_{3M} + (r_{6M} - r_{3M}) \times \frac{T_1}{T_1 + T_2} \\ &= -1.43\% + (0.25\% + 1.43\%) \times \frac{38}{38 + 52} \\ &= -0.72\% \end{aligned}$$

计算得，$r_{2018-2-27} = -0.72\%$。

2018 年 4 月 20 日与 2018 年 10 月 20 日之间的天数为 183 天，记为 $T_3 = 183$，$T_2 = 52$，采用插值公式得到：

$$\begin{aligned} r_{2018-8-27} &= r_{6M} + (r_{1Y} - r_{6M}) \times \frac{T_2}{T_3 + T_2} \\ &= 0.25\% + (3.32\% - 0.25\%) \frac{52}{52 + 183} \\ &= 0.93\% \end{aligned}$$

因此在计算未来现金流的现值时，根据线性插值方法得到对应现金流时点上的即期利率，所以这里按照 actual/actual 的方案得到此债券的价格应为：

$$P=\frac{10}{(1+0.72\%)^{\frac{131}{365}}}+\frac{110}{(1+0.93\%)^{\frac{312}{365}}}=119.11\text{（元）}$$

即债券的价格为 119.11 元，债券结算日期为 2017 年 10 月 20 日，付息日期为 2018 年 2 月 27 日，到期日为 2018 年 8 月 27 日。

第七节　利率模型

一、利率模型分类

利率模型是对未来利率的预测，采用随机过程来描述利率未来变动，分为均衡模型和套利模型两种。

1. 均衡模型

均衡模型属于规范模型，是关于利率“应该怎样”的描述，在均衡模型中，当期的利率期限结构是输出变量。

2. 套利模型

套利模型是实证模型，根据市场情况，告诉市场利率“不应该怎样”，这是与均衡模型的根本不同之处。套利模型，当期利率期限结构是输入变量。

从应用上看，套利模型的应用要远远超过均衡模型。套利模型的前提是存在即合理，如何使得利率波动符合当前的利率期限结构是模型的核心，包括趋势的符合和波动率的符合。

单因素均衡模型的数学形式如下：

$$dr = m(r)dt + s(r)dz \tag{5.3}$$

这里，r 是短期利率。根据 $m(r)$ 和 $s(r)$ 的具体表示形式不同，可分为不同的模型，但是两者都只同利率相关，与时间无关。

当 $m(r)=\mu r$，$s(r)=\sigma r$，此模型被称为 Rendleman and Bartter 模型。

当 $m(r)=a(b-r)$，$s(r)=\sigma$，此模型是著名的 Vasicek 模型。

当 $m(r)=a(b-r)$，$s(r)=\sigma\sqrt{r}$ 此模型为 CIR 模型。

关于均衡模型，在此并不做详细介绍，有兴趣的读者可以参考相关书籍。本书主要介绍无套利模型。

二、Ho－Lee（HL）模型

HL 模型是托马斯·侯（Thomas. Y. Ho）和李尚宾（Sang－bing，Lee）在其 1986 年的著

名论文《斯限结构运动与利率有条件要求权定价》，介绍的一个随机模型。

其模型的形式为：

$$dr = \theta(t)\,dt + \sigma dz \tag{5.4}$$

【技巧与提示】

模型里的 r 代表的含义，是下面构建二叉树的关键。在 HL 模型中 r 的定义式即期利率的随机过程。例如，r 是代表一年期的即期利率，则上述方程描述的是，在未来任何一个时点 t，到 $t+1$ 的零息利率。

在后面的 HL 模型二叉树构建过程中希望读者能够仔细体会，利率期限结构模型的复杂，在于将一条曲线拆解成了多个零息票利率组合。

HL 模型的构建思想是将利率期限结构曲线分解，由于利率期限结构曲线是描述不同期限的零息票债券的不同期限即期利率的一个集合，这样 HL 将不同期限的即期利率作为研究对象，HL 模型描述的是不同期限即期利率的随机过程。

即期利率的漂移量 θ（t）是随着时间改变的，以便于其符合当前利率期限结构曲线，即两年后一年期即期利率的漂移量可能就不同于现在的漂移量，但是 σ 是不变的。

在这里，首先讨论 σ 为常量的情况，然后再将 σ 推广到时间函数。

当前市场观察到的零息票利率集合如表 5－8 所示。

表 5－8　零息票利率集合

到期	零息票利率（%）	利息票债券价格（元）
1	5.78	94.54
2	6.20	88.66

将 HL 模型 $dr = (t)\,dt + \sigma dz$ 改写为离散模式，则这里取 $\Delta t = 1$、$\sigma = 1.5\%$，为方便接下来讨论风险中性概率，如果没有特别指出，则都为 0.5。

由于利率在市场上并不是可以直接买卖的变量，而相对应的可以买卖的金融工具是债券，所以在构建 HL 模型时，将采用价格树和利率数相互比较，以方便读者理解，如图 5－7 所示的价格二叉树。

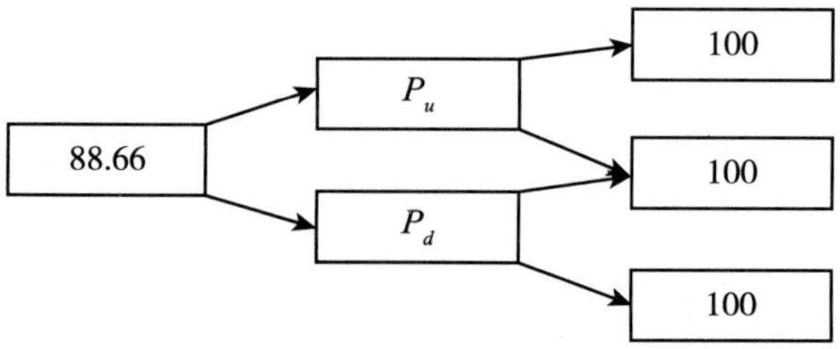

图 5－7　HL 模型价格两期二叉树

这里，读者应当注意，图 5－7 表示的是两年期的零息债券的价格二叉树图，在 $t=2$ 时，债券返回本金 100 元，从 $t=0$ 时开始计时，过了一年以后的价格是多少？即图 5－7 中 P_u 和 P_d。

相应的为计算得到这个价格，就需要知道一年之后的一年期即期利率的值是多少，用这个一年后的一年期即期利率折现得到相应的 P_u 和 P_d。

所以相应的需要构建一个即期利率的二叉树图进行定价，如图 5－8 所示。

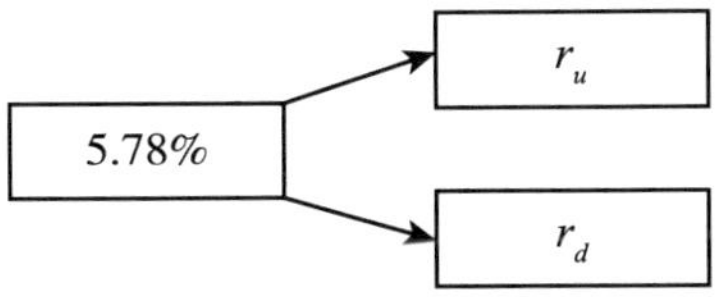

图 5－8　HL 模型利率单期二叉树

设定风险中性概率为 0.5～0.5，则可知利率二叉树图 5－8 中：$r_u=5.78\%+\mu(1)\Delta t+\sigma\sqrt{\Delta t}$，$r_d=5.78\%+\mu(1)\Delta t-\sigma\sqrt{\Delta t}$。

r_u 和 r_d 是一年后的一年期即期利率的可能取值，这个对应的是 $t=2$ 时点上的现金流的折现率。因此，当前两年期零息债券的价格应当是 P_u 和 P_d，按照风险中性概率求得的平均值，以当前无风险利率 5.78% 折现结果。而风险中性概率为 0.5～0.5，因此，如下公式成立：

$$88.66=\frac{\frac{1}{2}P_u+\frac{1}{2}P_d}{1+5.78\%}$$

将当前两年期零息债券在一年后的可能价格 P_u 和 P_d 用一年后一年期即期利率表示（由于当前的两年期零息债券在一年以后，就是一个一年期零息债券，因而其折现应当用一年后的一年期即期利率），根据风险中性定价技术有以下结果：

$$P_u=\frac{\frac{100}{2}+\frac{100}{2}}{1+r_u},\ P_d=\frac{\frac{100}{2}+\frac{100}{2}}{1+r_d}$$

因而有：

$$88.66=\frac{\frac{1}{2}\left(\frac{100}{1+r_u}+\frac{100}{1+r_d}\right)}{1+5.78\%}$$

$$=\frac{\frac{100}{1+5.78\%+\mu(1)\Delta t+\sigma\sqrt{\Delta t}}+\frac{100}{1+5.78\%+\mu(1)\Delta t-\sigma\sqrt{\Delta t}}}{1+5.78\%}$$

$$=\frac{\frac{1}{2}\left(\frac{100}{1+7.28\%+\mu(1)}+\frac{100}{1+4.28\%+\mu(1)}\right)}{1+5.78\%}$$

所以，可以得到$\mu(1)=0.87\%$。

从上面的分析可以看到，为了构建一个和当前利率期限结构符合的二叉树图，μ（1）是用来调整二叉树，以使其符合当前利率期限结构。这里所说的符合是指不存在套利机会。利率期限结构在这里隐含在零息票债券的价格中。$r_u=8.15\%$，因而可以得到 HL 模型对应的价格和利率二叉树图，分别如图 5-9 和图 5-10 所示。

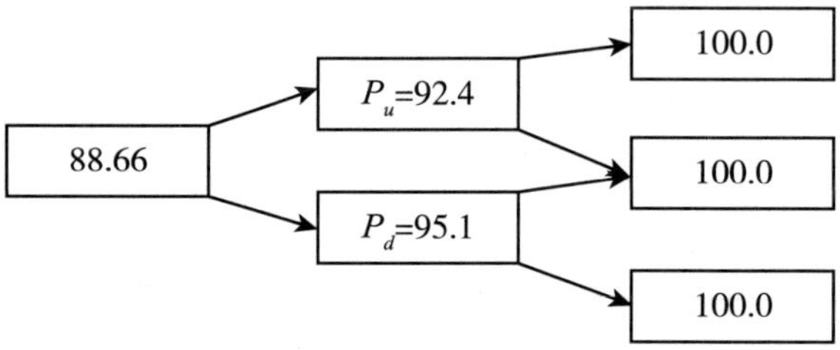

图 5-9　HL 模型价格两期二叉树

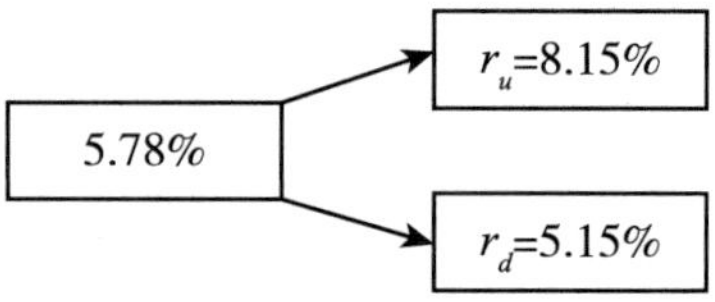

图 5-10　HL 模型利率单期二叉树

现在市场上存在一个三年期零息债券，其价格为 82.78 元。对应的零息票利率为 6.5%，将上述两期的一年期即期利率二叉树推广到两期。

首先需要明确，HL 模型中的$\sigma=1.5\%$是代表任何期限的即期利率的标准差都是$\sigma=1.5\%$，不管是一年期的即期利率，还是两年期的即期利率，抑或是三年期的即期利率。

为此，一个在当前时点$t=0$的角度看来是三年期零息债券，在一年后就只是一个两年期的零息票债券，两年后就是一个一年期零息债券。问题的核心是确定其一年以后的状态价格。画出三年期零息债券，在一年后就只是一个两年期的零息票债券，两年后就是一个一年期零息债券。问题核心是确定其一年以后的状态价格。画出三年期零息债券的价格二叉树图（如图 5-11 所示）和两期的利率二叉树图（如图 5-12 所示）。

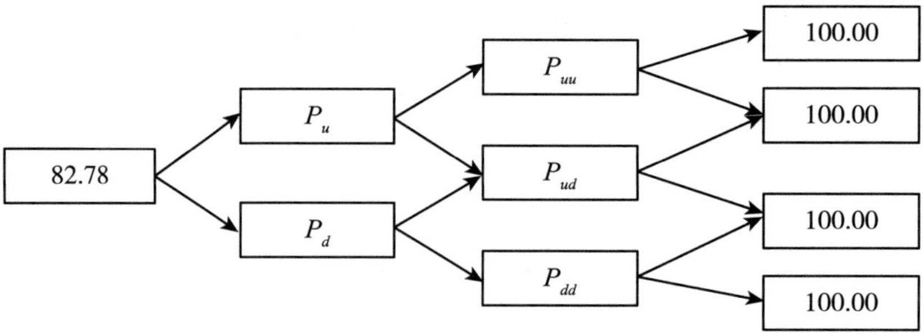

图 5-11　HL 模型价格三期二叉树

其中，$r_{ud}=r_{du}$，这使得利率先上升后下降同先下降后上升得到同样的结果，被称为“二叉树重构”技术（recombine）。在后面的 HJM 模型中会发现，其二叉树并不是重构的。

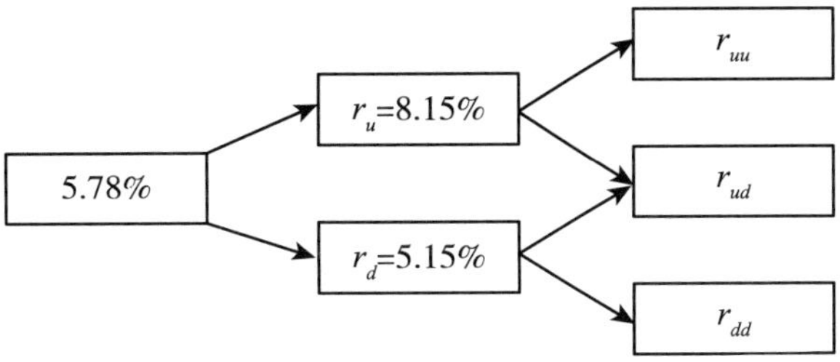

图 5－12 HL 模型利率三期二叉树

在图 5－12，有如下方程式成立：

r_uu = r_u + μ(2) + σ

r_ud = r_du = r_u + μ(2) − σ = r_d + μ(2) + σ

r_(dd =) r_u + μ(2) − σ

将 r_u 和 r_d 代入，显然上式是成立的，因而 8－12 是重构的。

在图 5－12 中，三年期零息债券现在的价格，应该等于 P_u 和 P_d 在风险中性概率下的期望用当前一年期的无风险利率折现，$r_0 = 5.78\%$；而相应的 P_u 和 P_d 应该用 P_{uu}、P_{ud}和 P_{dd}在风险中性概率下的期望 r_u 和 r_d 折现，这里 r_u 和 r_d 的值已经知道；P_{uu}、P_{ud}和 P_{dd}债券到期时的定额 100 元支付分别用 r_{uu}、r_{ud}和 r_{dd}折现。

$$82.78 = \frac{\frac{1}{2}P_u + \frac{1}{2}P_d}{1 + r_0} \times \frac{\frac{1}{2}\left(\frac{\frac{1}{2}P_{uu} + \frac{1}{2}P_{ud}}{1 + r_u}\right) + \frac{1}{2}\left(\frac{\frac{1}{2}P_{ud} + \frac{1}{2}P_{dd}}{1 + r_d}\right)}{1 + r_0}$$

其中，

$$P_{uu} = \frac{100}{1 + r_{uu}} = \frac{100}{1 + r_u + \mu(2) + \sigma}$$

$$P_{uu}\frac{100}{1 + r_{ud}} = \frac{100}{1 + r_u + \mu(2) - \sigma} = \frac{100}{1 + r_d + \mu(2) + \sigma}$$

$$P_{uu} = \frac{100}{1 + r_{dd}} = \frac{100}{1 + r_d + \mu(2) - \sigma}$$

如此一来，代入相关数据之后得到二叉树图，如图 5－13 和图 5－14 所示。

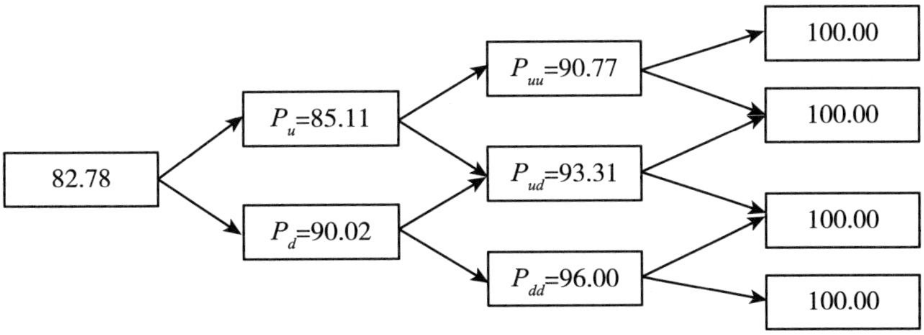

图 5－13 HL 模型价格三期二叉树

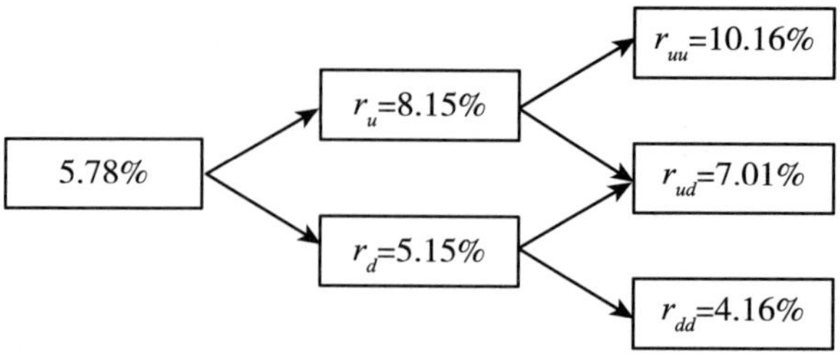

图 5 - 14 HL 模型利率二期二叉树

如果市场上存在更让多期限的数据，则可将上述模型继续推广到多期结果。

三、变方差 HL 模型

在 HL 模型中，只有其漂移率 θ（t）是随时间改变的，其方差 σ 始终保持恒定不变，这显然是不合理的。变方差 HL 模型的适用条件是方差 σ 也是变量，并且假定方差 σ 只同时间相关，同利率水平无关。

为了更好地解释变方差 HL 模型，引入波动率期限结构的概念。波动率期限结构是指不同到期期限的情况下的即时利率的波动率。其是一个随机变量，需要根据当前的波动率去估算。估算的方法是：在当前时点上，根据历史数据能得到不同期限。

在二叉树里，其风险中性概率的均值和方差如下所示：

$$E(r) = \frac{1}{2}r_u + r_d \tag{5.5}$$

$$E(r^2) = \frac{1}{2}r_u^2 + r_d^2 \tag{5.6}$$

因而，得到方差：

$$\text{var}(r) = E(r^2) - (E(r))^2 = \frac{1}{4}(r_u - r_d)^2 \tag{5.7}$$

$$\sigma(r) = \sqrt{\text{var}(r)} = \frac{1}{2}(r_u - r_d) \tag{5.8}$$

我们将 σ（r）称之为基点差，或者正则波动率。

下面结合实例，给出变方差 HL 模型二叉树的构建方法。

【例 5 - 6】

表 5 - 9　　四只债券零息票率、价格及正则波动率

到期日	零息票率（%）	零息票债券价格（元）	正则波动率（%）
1	5.78	94.54	1.5
2	6.20	88.66	1.3
3	6.43	82.95	1.2
4	6.52	77.67	1.1

请结合表5－6数据构建变方差HL模型二叉树。

【解析】

通过无套利的方法，进行对远期的波动率预测。

步骤一：构建第一阶段二叉树图。

二叉树的第一阶段构建，需要两个方程。

（1）波动率方程：

$$\frac{r_u - r_d}{2} = 1.5\%$$

（2）根据风险中性定价方法得到的方程：

$$88.66 = \frac{\frac{1}{2}P_u + \frac{1}{2}P_d}{1 + 5.78\%} = \frac{\frac{1}{2} \times \frac{100}{1 + r_u} + \frac{1}{2} \times \frac{100}{1 + r_d}}{1 + 5.78\%}$$

两年期零息债券价格二叉树图和单期利率二叉树如图5－15所示。

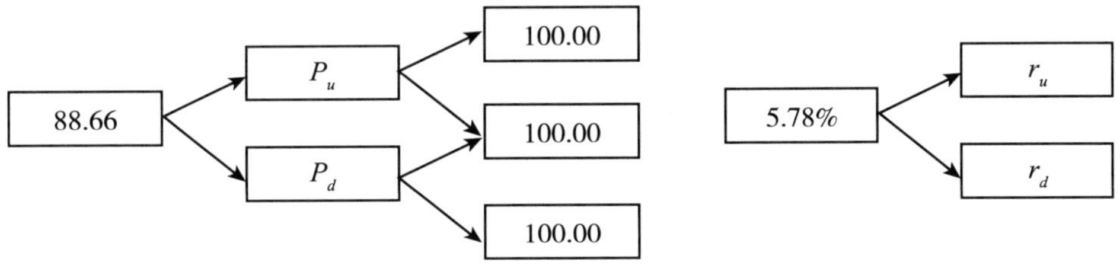

（a）两年期　　（b）单期利率

图5－15　两年期零息债券价格二叉树和单期利率二叉树

根据上述两个方程，$r_u = 0.08148471$；$r_d = 0.05148471$。

步骤二：构建第二阶段二叉树图。

根据正则波动率的定义，正则波动率为1.3%，是指当前已知的两年期的即期利率的波动率。也就是说，一年以后的两年期即期利率是一个随机变量，在风险中性概率下其波动率是1.3%。

设R为两年期的即期利率，则$R_0 = 6.2\%$，而R_1是一年以后的两年期即期利率，是一个随机变量。在二叉树图中，价格只有两种状态，风险中性概率为0.5～0.5，设R_1以0.5的概率取值为R_u^2，以0.5的概率取值为R_d^2。

二叉树的第一阶段构建，需要两个方程。

（1）根据正则波动率的定义有：$1.3\% = \frac{R_u^2 - R_d^2}{2}$。

（2）第二个方程：一年以后，三年期零息债券的价格有两种可能（此时这个三年期零息债券成为一个两年期的零息债券，其折现率应当为$t=1$时刻的两年期即期利率）：

$$P_u^2 = \frac{100}{(1+R_u^2)^2};\ P_d^2 = \frac{100}{(1+R_d^2)^2}$$

而当前 $t=0$ 时点，上三年期零息债券的价格根据风险中性定价方法，应当为：

$$82.95 = \frac{\frac{1}{2}P_u^2 + \frac{1}{2}P_d^2}{1+5.78\%}$$

上述方程组解得，$R_u^2=0.08079181$，$R_d^2=0.05479181$。

进而可知，一年后这个在 $t=0$ 时点上的三年期零息债券的价格有两种情况，分别为：

$$P_u^2 = \frac{100}{(1+R_u^2)^2} = 85.60830784$$

$$P_d^2 = \frac{100}{(1+R_d^2)^2} = 89.88071216$$

根据风险中性定价技术，这个三年期零息债券的价格为：

$$\frac{\frac{1}{2}P_u^2 + \frac{1}{2}P_d^2}{1+5.78\%} = 82.95\text{（元）}$$

这个结果同用当前的三年期零息债券的收益 6.43% 折现的结果相同。

按照无套利原则，在风险中性世界里，即为风险中性概率期望以无风险利率折现，因而有如下方程：

$$P_u^2 = \frac{\frac{1}{2}\times\frac{100}{1+r_{uu}} + \frac{1}{2}\times\frac{100}{1+r_{ud}}}{1+r_u} = \frac{\frac{1}{2}\times\frac{100}{1+r_{uu}} + \frac{1}{2}\times\frac{100}{1+r_{ud}}}{1+8.15\%}$$

$$P_d^2 = \frac{\frac{1}{2}\times\frac{100}{1+r_{du}} + \frac{1}{2}\times\frac{100}{1+r_{dd}}}{1+r_d} = \frac{\frac{1}{2}\times\frac{100}{1+r_{du}} + \frac{1}{2}\times\frac{100}{1+r_{dd}}}{1+5.15\%}$$

在异方差 HL 模型中，假设方差只是与时间有关，而与利率水平无关。即一年以后的一年期即期利率的正则波动率不论利率水平为 r_u 还是 r_d，都是相同的。

因此得到方程：

$$\frac{r_{uu}-r_{ud}}{2} = \frac{r_{du}-r_{dd}}{2}$$

根据二叉树图的重构，即利率的路径，是“先升后降”和“先降后升”应该是相同的，即：$r_{ud}=r_{du}$。

对以上方程求解，得到：

$$r_{uu}=0.09120510$$

$$r_{ud}=r_{du}=0.06921738$$

$$r_{dd}=0.04722966$$

二叉树如图 5－16 所示。

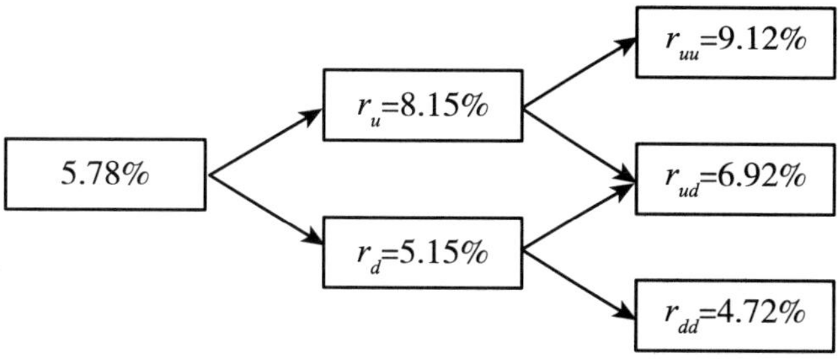

图 5－16　变方差 HL 模型一年期即期利率两期二叉树

单期的两年期即期利率二叉树如图 5－17 所示。

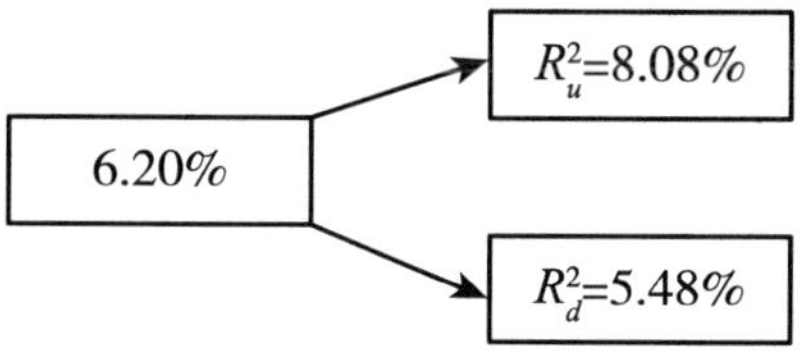

图 5－17　两年期即期利率二叉树

步骤三：构建第三阶段利率二叉树图。

设定符号 R_u^3 和 R_d^3 代表一年以后的三年期即期利率的状态，二叉树中，只有两种状态可取。一年以后即 $t=1$ 时点上的一个三年期即期利率，站在 $t=0$ 的时点上观察，应当涉及一个四年期的零息债券利用风险中性定价技术进行定价，存在以下方程：

$$77.67=\frac{\frac{1}{2}P_u+\frac{1}{2}P_d}{1+r_u}=\frac{\frac{1}{2}\frac{100}{(1+R_u^3)^3}+\frac{1}{2}\frac{100}{(1+R_d^3)^3}}{1+5.78\%}$$

其中，P_u 和 P_d 分别代表当前的四年期零息债券在一年以后的两种可能价格，下脚标 u 和 d 并不是代表利率上升或者下降，而是当经济处于 u 状态时的价格，对应的利率处于 R_u^3。对于脚标 d，存在同样的结果。

同步骤二一样，需要耦合正则波动率条件，存在方程：

$$\frac{R_u^3-R_d^3}{2}=1.1\%$$

解以上方程，得：$R_u^3=0.07892281$，$R_d^3=0.05692281$，$P_u^3=79.62122971$，$P_u^3=84.69742229$。

因此，当前需要构建的是第三阶段的一年期即期利率二叉树图，而目前有的是一年后的三年期即期利率的两种可能，如图 5－18 和图 5－19 所示。

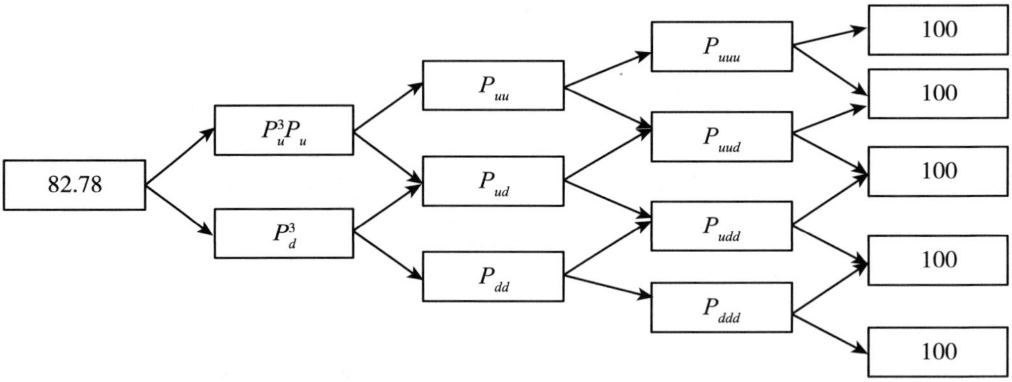

图 5-18 变方差 HL 模型四阶段价格二叉树

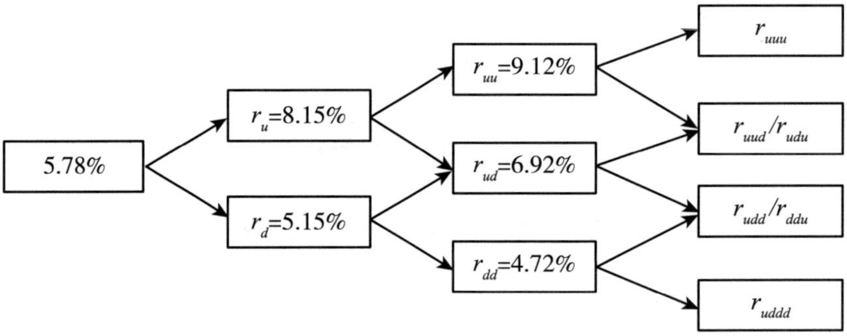

图 5-19 变方差 HL 模型三阶段利率二叉树

根据风险中性定价技术，有以下结果：

$$P_u^3=\frac{\frac{1}{2}P_{uu}+\frac{1}{2}P_{ud}}{1+r_u}=\frac{\frac{1}{2}\left[\frac{1}{2}(P_{uuu}+P_{uud})/(1+r_{uu})\right]+\frac{1}{2}\left[\frac{1}{2}(P_{udu}+P_{udd})/(1+r_{ud})\right]}{1+r_u}$$

$$P_d^3=\frac{\frac{1}{2}P_{ud}+\frac{1}{2}P_{dd}}{1+r_u}=\frac{\frac{1}{2}\left[\frac{1}{2}(P_{udu}+P_{udd})/(1+r_{ud})\right]+\frac{1}{2}\left[\frac{1}{2}(P_{ddu}+P_{ddd})/(1+r_{dd})\right]}{1+r_u}$$

二叉树图的重构，可以得到两个方程：

$$r_{uud}=r_{udu}$$

$$r_{udd}=r_{ddu}$$

同理，按照正则波动率相同有两个独立方程：

$$\frac{r_{uuu}-r_{uud}}{2}=\frac{r_{udu}-r_{udd}}{2}=\frac{r_{ddu}-r_{ddd}}{2}$$

解上述 6 个方程，得到：

$r_{uuu} = 0.11966665$

$r_{uud} = r_{udu} = 0.07628639$

$r_{udd} = r_{ddu} = 0.03290613$

$r_{ddd} = -0.01047413$

变方差模型三阶段利率二叉树，见图 5 - 20。

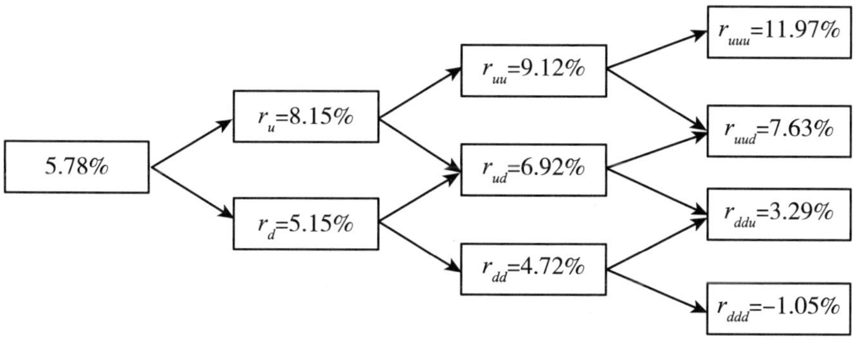

图 5 - 20　变方差 HL 模型三阶段利率二叉树

HL 模型是第一个无套利模型，有别于其他的均衡模型。

在构建无套利利率二叉树模型的过程中，重要的两个方面是：(1) 同当前利率期限结构符合，因而无套利；(2) 同当前波动率期限结构符合。这是两个构建二叉树模型的基础。

一般来说，波动率期限结构最好是从当前市场上交易的金融工具中的隐含波动率计算出来，这样完全符合无套利的基本思想。

四、HJM 模型

1. HJM 模型简介

前面所介绍的无套利模型都是基于单因子的模型，HJM 模型是一个多因子模型，模型中存在多个不确定因素。不同于对短期利率建模然后从中导出远期利率，HJM 模型直接对远期利率建模。

在某些约束条件下，单因子的 HJM 模型等同于前面介绍的单因子无套利模型，从实用角度考虑，前述的单因子无套利模型更具实用意义。而多因子 HJM 模型，其风险中性概率是固定值，造成了其利率树的分支过多。例如，在单因子的情况下，其节点数为 2^n，但是在多因子的情况下，假设因子个数为 x，其节点数为 $(2x)^n$，这需要极大的内存，一般的计算机无法提供，在实践中 HJM 模型并不是一个简易的应用模型。一般情况下采用蒙特卡洛模拟的方式计算，但是计算的复杂程度仍然很高。

HJM 模型的算法比较复杂，本节只介绍 HJM 模型的使用。

2. HJM 模型的实现

在 MATLAB 中，HJM 模型采用二叉树的方式来表示，其风险概率是固定的。HJM 模型在 MATLAB 中最多只支持三个变量。因为在实践中超过三个变量的模型也没有意义，由于利率期限结构只是一个二维平面上的曲线，其变动因子也只有三个，因此，三个变量就足够符合任何形状的曲线了。

在 MATLAB 中用以实现 HJM 模型的函数是 hjmtree。

【语法格式】

HJMTree = hjmtree(VolSpec,RateSpec,TimeSpec)

【输入参数】

VolSpec　　　　　% 波动率期限结构说明，为 struct 型数据；

RateSpec　　　　 % 利率期限结构说明，为 struct 型数据；

TimeSpec　　　　 % 时间说明，为 struct 型数据。

【输出参数】

HJMTree　　　　　% HJM 利率树，为 struct 型数据。

【例 5 - 7】HJM 模型二叉树生成实例。

按照连续计息规范，估值日期为 12 - 22 - 2012，开始日期分别为 12 - 22 - 2012、12 - 22 - 2013、12 - 22 - 2014、12 - 22 - 2015、12 - 22 - 2016，结束日期为 12 - 22 - 2013、12 - 22 - 2014、12 - 22 - 2015、12 - 22 - 2016、12 - 22 - 2017。对应的远期利率分别为 10%、11%、12%、12.5%、13%，对应的波动率分别为 0.2、0.19、0.18、0.17、0.16。根据以上数据计算 HJM 模型下的二叉树。

【解析】

利用 hjmtree 生成二叉树，需要三个参数，分别是对波动率的说明、利率期限结构的说明和时间的说明。

在 M 文件编辑器中输入如下代码：

```
Compounding = 1;                          % 连续计息规范；
ValuationDate = '12-22-2012';             % 估值日期；
StartDate = ['12-22-2012';'12-22-2013';'12-22-2014';'12-22-2015';'12-22-
2016'];
```

```
%开始日期;
EndDates = ['12 - 22 - 2012';12 - 22 - 2013';'12 - 22 - 2014';'12 - 22 - 2015';'12 - 22 - 2016';
'12 - 22 - 2017'];
%结束日期;
Rates = [0. 1; 0. 11; 0. 12; 0. 125; 0. 13];        %估值日期;
Volatility = [0. 2;0. 19;0. 18;0. 17;0. 16];        %波动率说明;
CurveTerm = [1;2;3;4;5];
%利用 hjmvolspec 函数创建按波动率结构说明:
HJMVolSpec = hjmvolspec('Stationary', Volatility, CurveTerm);
%创建利率期限结构说明:
RateSpec = intenvset('Compounding', Compounding, 'ValuationDate', ValuationDate, 'StartDates',
StartDate, 'EndDates', EndDates, 'Rates', Rates);
%创建时间结构说明:
HJMTimeSpec = hjmtimespec(ValuationDate, EndDates, Compounding);
%生成 HJM 模型二叉树:
HJMTree = hjmtree(HJMVolSpec, RateSpec, HJMTimeSpec)
treeviewer(HJMTree)
```

得到的结果如下所示:

```
HJMTree =
FinObj: 'HJMFwdTree'
VolSpec: [1 ×1 struct]
TimeSpec: [1 ×1 struct]
RateSpec: [1 ×1 struct]
tObs: [0 1 2 3 4]
dObs: [735225 735590 735955 736320 736686]
TFwd: {[5 ×1 double]  [4 ×1 double]  [3 ×1 double]  [2 ×1 double]  [4]}
CFlowT: {[5 ×1 double]  [4 ×1 double]  [3 ×1 double]  [2 ×1 double]  [5]}
FwdTree: {[5 ×1 double]  [4 ×1 ×2 double]  [3 ×2 ×2 double]  [2 ×4 ×2 double]
        [1 ×8 ×2 double]}
```

%运行如上得到 HJM 模型二叉树结果，如图 5 - 21 所示。

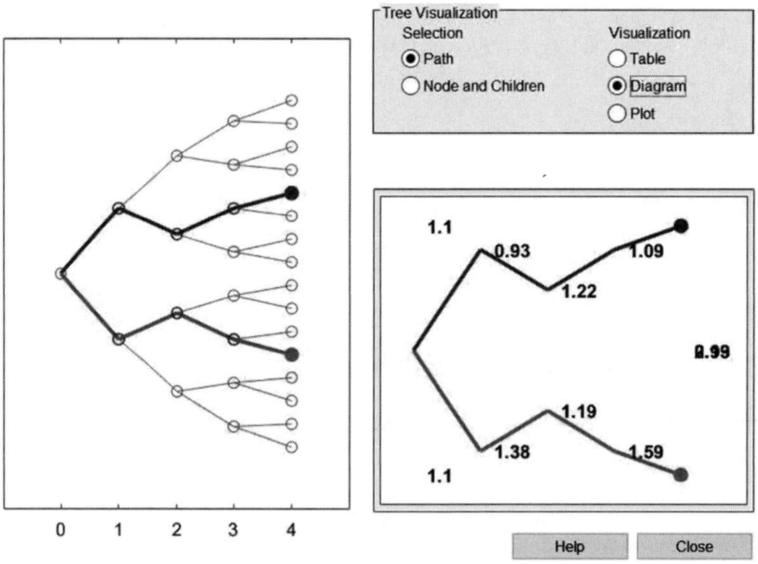

图 5-21　HJM 模型二叉树结果

本章小结

本章的主要内容是利率期限结构和利率模型，以及相关产品的定价。利率期限结构是关于市场上资金需求价格和期限之间的关系，是为不含利率型产品进行定价的基础，依据无套利技术，利用当前的利率期限结构，为新的产品进行定价。

在利率期限结构计算中采用的是 Bootstraping 方法，鉴于利率期限结构的重要性，MATLAB 提供了两个函数，可以根据市场数据直接计算利率期限结构，分别是 zbtyield 函数和 zbtprice 函数。除此之外，在实务中还需要对远期利率进行计算，在 MATLAB 中，计算远期利率的函数是 zero2fwd。

关于利率期限结构在实务经常要对一些流动性，信用风险等进行补偿，同时剔除异常值点，还需要对曲线进行平滑和插值。因此在实务中经常采用的是拟合的方法以及样条插值。

利率模型是对或有现金流进行定价的基础，这里主要介绍了 HL 模型、变方差 HL 模型、HJM 模型。HL 模型和变方差 HL 模型都是基于单因子的模型，HJM 模型是一个多因子模型，并且模型中存在多个不确定因素。在实际业务中，读者可根据实际情况，决定采用何种模型对或由现金流进行定价。

重要术语

利率期限结构　　远期利率　　零息债券　　预期理论　　流动性偏好

市场分割理论　　无套利均衡

复习与思考

1. 试述利率期限结构曲线。

2. 计算下列固定收益利率期限结构，面值都为100。画出利率期限结构示意图。

表1　　固定收益利率数据

		票息	到期日	当前收益
短期国债	3个月	—	17-03-18	1.13
	6个月	—	17-07-18	1.17
中长期国债	2年	1.75	31-12-19	1.58
	5年	3.00	15-11-22	2.67
	10年	4.00	15-11-27	4.01
	30年	5.375	15-02-46	4.92

3. 根据以下利率期限结构数据，以及一天前、一周前和一月前的历史交易数据，计算不同期限的FRA，给出套利策略。

表2　　利率期限结构数据

期限	当前	一天前	一周前	一月前
3M	1.19	1.17	1.19	1.20
6M	1.62	1.57	1.53	1.50
2Y	2.38	2.19	2.10	1.77
3Y	2.29	2.13	2.04	1.64
5Y	3.09	2.95	2.89	2.60
10Y	3.82	3.73	3.73	3.50
30Y	4.54	4.49	4.52	4.30

4. 按照连续计息规范，估值日期为01-01-2013、01-01-2014、01-01-2015、01-01-2016，结束日期为01-01-2014、01-01-2015、01-01-2016、01-01-2017，对应的远期利率分别为3.9096%、3.8417%、3.7907%、3.7855%，对应的波动率分别为0.21、0.14、0.09、0.16。根据以上数据计算HJM模型下的二叉树。

第六章

蒙特卡洛模拟期权定价

【学习目标】

期权定价是所有金融衍生工具定价中最复杂的。本章介绍了蒙特卡洛模拟期权定价的方法。要求读者了解随机数生成方式，了解蒙特卡洛定价就是模拟风险中性测度下的资产的运动过程，掌握运用蒙特卡洛模拟欧式期权定价、障碍期权定价和亚式期权定价的方法，理解蒙特卡洛模拟经验等价鞅测度的方法。

第一节　随机模拟基本原理

1977 年，菲利普·伯耶勒（Phelim Boyle）提出了模拟方法求解金融资产定价问题。其想法是假设资产价格分布是随机波动，如果知道了这个随机过程，就可以通过随机模拟不同的路径，每做完一次模拟，就产生了一个最终资产值，再进行若干次这样的过程，那么所得到的结果就是一个最终的资产价值分布，从这个分布中我们可以得到期望的资产价格。

我们可以发现，无论假设资产价格简单地上下波动，即二项式模型，还是假设其回报率服从正态分布，都可以建立布莱克—斯科尔斯理论。可见，当对资产价格的随机游走进行模拟时，我们对随机增量采用哪种分布并不重要。只要步长足够小，使得在合约有效期内有大量步数，接下来所需的是分布的方差必须是有限的常数，这个常数必须使得年波动率，即资产回报的年标准差是一个正确的值。具体地，这意味着它以（δt）$^{\frac{1}{2}}$为衡量单位。在步长趋近于零的极限情况下，模拟在一个有限时间区间内具有同样的概率属性，这与无穷小步长上的分布属性无关。这是中心极限定理的结论。

不过，最精确的模型是具有正态回报率的对数正态模型。既然为得到一个精确的期权价格只需要模拟足够的路径，我们自然不必过于关心步长的大小。正如前所述，最好的算法是用准确的表达式，这样步长的选择就不会影响随机游走的精确度。在一些情况下由于递推算法是准确的，我们可以采用单一步长。如果用一个步长，我们必须产生正态分布随机变量。我们将在下面讨论这个问题，并介绍 Box - Muller 方法。

如果步长是 δt，那么对更复杂的产品，如路径依赖产品，我们仍然可以对连续过程离散化，误差仍然是 $O(\delta t)$。举一个连续障碍期权的例子，如果我们假设一个有限的步长，会失去障碍在步长之内被引发的可能性。总的来说，由离散化产生的误差为 $O(\delta t)$。

因为我们只模拟有限数量的可能路径，由有限数量 N 产生的误差为 $O(N^{-\frac{1}{2}})$。

这样在估计衍生品价格时所要求的运算量为 $O(N/\delta t)$。这也是对计算价格所用时间的一个度量，而价格的估计误差为：

$$O\left[\max(\delta t, \frac{1}{\sqrt{N}})\right] \tag{6.1}$$

这是由离散化和有限数量的路径模拟所产生的最大误差。为了使这个值最小，同时保持总体运算时间固定且 $O(N/\delta t) = K$，我们必须选择：

$$N = O(K^{\frac{2}{3}}) \text{ 和 } \delta t = O(K^{-\frac{1}{3}}) \tag{6.2}$$

一、随机数生成函数

1. 均匀分布随机数生成函数

MATLAB 中的 unidrnd 函数可以生成 1 到 N 的均匀分布随机数。

【语法格式】

R = unidrnd(N)

R = unidrnd(N,m)

R = unidrnd(N,m,n)

【输入参数】：

N　　　　% 所要生成的随机个数，在 1 ~ N 之间；

m　　　　% 确定输出随机矩阵 R 的行数；

n　　　　% 确定输出随机矩阵 R 的列数。

【输出参数】

R　　　　% 随机数矩阵。

2. 生成服从连续均匀分布的随机数

如果需要生成服从连续分布的随机数，则需要调用 unifrnd 函数，其调用方式如下：

【语法格式 1】

R = unifrnd(A,B)

生成位于 A、B 之间的一个随机数。

【语法格式 2】

R = unifrnd(A,B,m)

生成位于 A、B 之间的一个随机数，m 为 1×2 向量，分别为 R 的行数与列数。

【语法格式 3】

R = unifrnd(A,B,m,n)

生成位于 A、B 之间的一个随机数，m、n 分别为输出矩阵 R 的行数和列数。

如生成一个 0 到 1 之间的随机数，代码如下：

```
unifrnd(0,1)
ans =
    0.8147
```

下面介绍生成 1 到 2 之间的随机矩阵 K（K 为 5 行 6 列矩阵）的方法。

方法一：

```
unifrnd(1,2,[5,6])
ans =
    1.9058    1.2785    1.9706    1.4218    1.0357    1.7431
    1.1270    1.5469    1.9572    1.9157    1.8491    1.3922
    1.9134    1.9575    1.4854    1.7922    1.9340    1.6555
    1.6324    1.9649    1.8003    1.9595    1.6787    1.1712
    1.0975    1.1576    1.1419    1.6557    1.7577    1.7060
```

方法二：

```
unifrnd(1,2,5,6)
ans =
    1.0318    1.6948    1.3816    1.4456    1.6797    1.9597
    1.2769    1.3171    1.7655    1.6463    1.6551    1.3404
    1.0462    1.9502    1.7952    1.7094    1.1626    1.5853
    1.0971    1.0344    1.1869    1.7547    1.1190    1.2238
    1.8235    1.4387    1.4898    1.2760    1.4984    1.7513
```

二、生成正态分布随机数

【语法格式】

R = normrnd(mu,sigma)

R = normrnd(mu , sigma , m)

R = normrnd(mu , sigma , m , n)

【输入参数】

mu　　　　　　% 正态分布的均值；

sigma　　　　　% 正态分布的方差；

m　　　　　　　% 随机矩阵 R 的行数；

n　　　　　　　% 随机矩阵 R 的列数。

如需生成均值为 0、方差为 1 的正态分布随机数，可以执行下面命令：

```
normrnd(0,1)
ans =
    0.0326
```

下面用两种方法生成均值为 0、方差为 1 的正态分布矩阵，矩阵为 5 行 6 列。

方法一：

```
normrnd(0,1,[5,6])
ans =
    0.5525   -0.7423   -0.1924    0.4882    0.1978   -0.2437
    1.1006   -1.0616    0.8886   -0.1774    1.5877    0.2157
    1.5442    2.3505   -0.7648   -0.1961   -0.8045   -1.1658
    0.0859   -0.6156   -1.4023    1.4193    0.6966   -1.1480
   -1.4916    0.7481   -1.4224    0.2916    0.8351    0.1049
```

方法二：

```
normrnd(0,1,5,6)
ans =
    0.7223   -1.9330    0.1001    0.7394    1.3546   -1.9609
    2.5855   -0.4390   -0.5445    1.7119   -1.0722   -0.1977
   -0.6669   -1.7947    0.3035   -0.1941    0.9610   -1.2078
    0.1873    0.8404   -0.6003   -2.1384    0.1240    2.9080
   -0.0825   -0.8880    0.4900   -0.8396    1.4367    0.8252
```

三、特定分布随机数发生器

MATLAB 中有统一格式的随机数发生器，函数名称为 random，可生成许多服从不同分布的随机数。

【语法格式】

y = random('name',A1,A2,A3,m,n)

【输入参数】

name % 表明随机数类型。

具体如表 6－1 所示。

表 6－1 生成特定分布的随机数函数参数

	贝塔	二项分布	卡方	指数分布	F 分布	伽码	对数分布
分布	beta	Binomial	Chisquare	Exponential	F	Gamma	Lognormal
简写	beta	bino	Chi2	exp	f	gam	logn
	均匀分布	泊松分布	T 分布	正态分布	非中心 F 分布		非中心 T 分布
分布	Uniform	Poisson	Chisquare	Normall	Noncentral F		Noncentral T
简写	unif	poiss	Chi2	norm	ncf		nct

下面用 random 函数生成正态分布随机数，正态分布的均值为 0，方差为 1，随机矩阵为 3 行 2 列，代码如下：

```
a = random('Normal',0,1,3,2)
a =
    1.3790   -0.2725
   -1.0582    1.0984
   -0.4686   -0.2779
```

四、蒙特卡洛模拟方差削减技术

蒙特卡洛模拟精度与模拟次数密切相关，模拟次数越高其精度越高，但是次数增加又会增加计算量。实践表明，减少模拟方差可以提高稳定性，减少模拟次数。有很多方法可以减少方差，如对偶变量技术、控制变量技术、分层抽样、矩匹配、条件蒙特卡洛模拟等。但最简单并且应用最为广泛的是对偶变量技术与控制变量技术。

对偶变量技术就是先随机抽样得到一组数据，然后以此为基础构造出另一组对偶变量。下面以正态分布为例介绍对偶变量技术，首先从正态分布变量中随机抽取 N 个样本值，分别为 $Z_i(i=1, 2, 3, \dots, N)$，由此可以得到 N 个模拟值 $C_i(i=1,2,3,\dots,N)$，那么衍生证券蒙特卡洛模拟估计值为：

$$\hat{C} = \frac{1}{N}\sum_i C_i \tag{6.3}$$

以 $Z_i(i=1,2,3,\ldots,N)$ 为基础，构造对偶随机数 $\tilde{Z}_\iota=-Z_i$，其中，$\tilde{Z}_\iota$ 是与 $Z_i(i=1,2,3,\ldots,N)$ 互相对偶的随机数，由正态分布性质可知，$\tilde{Z}_\iota=-Z_i(i=1,2,3,\ldots,N)$，也是服从正态分布，由对偶随机数生成的估计值为：

$$\tilde{C}=\frac{1}{N}\sum_i\tilde{C}_\iota \tag{6.4}$$

对 $\hat{C}$ 和 $\tilde{C}$ 取平均得到新的估计值：

$$C=\frac{1}{2}\hat{C}+\tilde{C}=\frac{1}{N}\sum_i\frac{\hat{C}_\iota+\tilde{C}_\iota}{2} \tag{6.5}$$

如果随机抽样的样本 $Z_i(i=1,2,3,\ldots,N)$ 模拟得到的估计值比较小，那么与之对偶的随机抽样样本 $\tilde{Z}_\iota=-Z_i(i=1,2,3,\ldots,N)$ 得到的估计值可能会偏大，二者的平均值就可能会接近真实值。如果 $\mathrm{cov}(\hat{C}_\iota,\tilde{C}_\iota)\leqslant 0$，那么：

$$\mathrm{var}\left(\frac{\hat{C}_\iota+\tilde{C}_\iota}{2}\right)=\frac{1}{2}\mathrm{var}(\hat{C}_\iota)+\frac{1}{2}\mathrm{cov}(\hat{C}_\iota,\tilde{C}_\iota)\leqslant\frac{1}{2}\mathrm{var}(\hat{C}_\iota) \tag{6.6}$$

从上面的不等式可以看出，利用对偶技术可以增加估计稳定性，提高了估计精确度。

五、随机模拟控制变量技术

控制变量技术就是将与所估计的未知变量密切相关的另一个已知量的真实值和估计值之间的差异作为控制量，以提高估计精度。在定价实践中，将这两种衍生证券用相同的随机抽样样本和时间间隔，实施同样的蒙特卡洛模拟过程，能够得到两个模拟估计值，以第二种衍生证券真实值和估计值之间的差异作为控制量，最后得到第一种衍生证券的蒙特卡洛估计值。

假定 V_1 是需要估计的第一种衍生证券的价值，V_2 是比较容易估计的第二种衍生证券的价值，第一种衍生证券与第二种衍生证券相似，而 $\hat{V}_1$ 和 $\hat{V}_2$ 分别是第一种衍生证券与第二种衍生证券在相同的随机抽样样本的蒙特卡洛估计值，那么利用控制变量技术得到第一种衍生证券的价格估计值为：

$$\hat{V}_1^{C1}=\hat{V}_1+(V_2-\hat{V}_2) \tag{6.7}$$

这里 $V_2-\hat{V}_2$ 就是控制变量，它实际上是第二种衍生证券的蒙特卡洛模拟的估计误差，且上述方程的方差之间的关系为：

$$\mathrm{var}(\hat{V}_1^{C1})=\mathrm{var}(\hat{V}_1)+\mathrm{var}(\hat{V}_2)+2\mathrm{cov}(\hat{V}_1,\hat{V}_2) \tag{6.8}$$

如果 $\mathrm{var}(\hat{V}_2)<2\mathrm{cov}(\hat{V}_1,\hat{V}_2)$，一定有：

$$\mathrm{var}(\hat{V}_1^{C1}) < \mathrm{var}(\hat{V}_1) \tag{6.9}$$

因此，当两种衍生证券的协方差很大时，或者当两种衍生证券的价格高度相关时，上述关系是成立的，两种衍生证券的正相关性越强，估计效率越理想。但是，在实际应用方面，这种控制变量技术的应用十分有限，因此提出了更一般的控制变量技术，其控制变量的形式为：

$$\hat{V}_1^{\beta} = \hat{V}_1 + \beta(V_2 - \hat{V}_2) \tag{6.10}$$

方差为：

$$\mathrm{var}(\hat{V}_1^{\beta}) = \mathrm{var}(\hat{V}_1) + \beta^2\mathrm{var}(\hat{V}_2) - 2\beta\mathrm{cov}(\hat{V}_1, \hat{V}_2) \tag{6.11}$$

β 为控制变量系数，这是关于 β 的二次三项式，下面的目标是能够找到特殊的 β 使得方差 $\mathrm{var}(\hat{V}_1^{\beta})$ 最小，这时只要取 $\beta^* = \dfrac{\mathrm{cov}(\hat{V}_1, \hat{V}_2)}{\mathrm{var}(\hat{V}_2)}$。但是，这种控制变量技术的缺点是 β^* 需要提前知道协方差 $\mathrm{cov}(\hat{V}_1, \hat{V}_2)$ 的信息，而这一般需要靠经验实现。

第二节　蒙特卡洛方法模拟期权定价

一、蒙特卡洛方法及期权简介

1. 风险中性定价

蒙特卡洛模拟方法就是一种基于风险中性原理的期权数值定价方法，因此我们简单介绍一下风险中性定价。

在一个假想的风险中性世界里，所有的市场参与者都是风险中性的，那么所有的资产不管风险大小或者是否有风险，预期收益率都相同，都等于无风险收益率。而且，所有资产的市场均衡价格都应该等于未来收益的预期值加上货币的时间价值，就都是未来预期值用无风险利率折现后的现值。这就是我们为什么把 p 和 $1-p$ 叫作风险中性概率，并且采用无风险利率折现的原因。

因为理性市场的参与者都是被认为是风险厌恶的，要他们接受就一定要给予风险补偿。因此在有风险资产的预期收益率里，都包含风险补偿在内。对风险的厌恶程度愈加强烈，要求的风险补偿就越大。如果对一个问题的分析过程与市场参与者的风险偏好无关，那么其结果也就无所谓风险补偿问题，于是引出了风险中性的假设。

所谓风险中性的假设是：如果对一个问题的分析过程与参与者的风险偏好无关，则可以将问题放到一个假设风险中的世界中进行分析，所得的结果在真实世界里也应当成立。利用风险中性假设可以大大简化问题分析，因为在风险中性的世界里，对所有的资产（不管风险如何）都要求相同收益（无风险收益率），而且所有资产的均衡定价都可以按照风险中性概率计算未来收益的预期值，再以无风险利率折现得到。最后将所有的结果放回真实世界，就获得有实际意义的结果。

利用风险中性假设的分析方法不涉及参与者偏好，因此适合于风险中性假设的分析方法。

假设标的资产价值为一个风险中性随机游走，由此得到期权的公平价值等于其预期偿付的折现值。

设标的资产价值 S 的风险中性随机游走为：

$$\mathrm{d}S = \mu S\mathrm{d}t + \sigma S\mathrm{d}W \tag{6.12}$$

其中，μ 为漂移率，是连续计算收益率的股票在单位时间内收益的预期收益率；σ 为波动率，是连续计算收益率的股票在单位时间内收益的自然对数的标准差。

据此得出：

$$\text{期权价值} = e^{-r(T-t)}E[payoff(S)] \tag{6.13}$$

这里的期望是风险中性条件下的，而不是实际环境中的。

期权定价的蒙特卡洛方法的理论依据是风险中性定价原理：在风险中性测度下，期权价格能够表示为其到期回报的贴现的期望值，即：

$$P = E^Q[\exp(-rT)f(S_1, S_2, \ldots, S_T)] \tag{6.14}$$

其中，E^Q 表示风险中性期望，r 为无风险利率，T 为期权的到期执行时刻，$f(S_1, S_2, \ldots, S_T)$ 是关于标的资产价格路径的预期收益。

由此可知，计算期权价格就是计算一个期望值，蒙特卡洛方法便是用于估计期望值，因此可以得到期权定价的蒙特卡洛方法。一般地，期权定价的蒙特卡洛模拟方法包含以下几步：

（1）在风险中性测度下模拟标的资产的价格路径。首先模拟风险中性的随机游走，从资产的现值 S_0 开始覆盖整个要求的时期，这个时期从现在开始一直延续到期权到期日。将时间区间 $[0,T]$ 分成 n 个子区间$(0=t_0<t_1<t_2<\ldots<t_n=T)$，标的资产价格过程的离散形式是：

$$S^j(t_{i+1}) = S^j(t_i)e^{(r-\frac{1}{2}\sigma^2)(t_{i+1}-t_i)+\sigma\sqrt{t_{i+1}-t_i}z_i},\ z_i \sim N(0,1) \tag{6.15}$$

（2）计算在这条路径下期权的到期回报，并根据无风险利率求得回报的贴现：

$$C^j = \exp(-rT)\max\{0, S_T^j - K\} \tag{6.16}$$

（3）重复前两步，得到大量期权回报贴现值的抽样样本。

（4）计算上述多次获得的到期价值的平均价值，得到期权价格的蒙特卡洛模拟值：

$$C_{MC} = \frac{1}{m}\exp(-rT)\sum_{j=1}^{m}C^j = \frac{\exp(rT)\sum_{j=1}^{m}\max\{0, S_T^j - K\}}{m} \tag{6.17}$$

（5）将这个平均价值折现到当前，获得的现值就是期权价值。

这种算法的首要步骤是产生服从标准正态分布的随机数（也可以用其他合适的估计）。下面来讨论这个问题，但暂时我们假设可以产生足够多这样的随机数序列。接下来，你需要用这些随机数更新每一步长的资产价格。问题是我们需要选择如何去更新 S。

一个显而易见的更新选择是应用：

$$\delta S = rS\delta t + \sigma S\sqrt{\delta t}\varphi \tag{6.18}$$

其中，φ 是标准正态分布的随机数。这种模拟 S 的时间序列的离散化方法被称作欧拉方法（euler method）。只需给出 S 的最新值便能计算出 δS，下一个值遵循同样的过程。这种方法很简单，可以应用到任何随机微分方程。这个离散化方法误差为 $O(\delta t)$。

但对于对数正态随机游走，我们很幸运地找到一个简单准确的递推算法。对 S，我们可以用以下形式表示风险中性随机微分方程：

$$\mathrm{d}(\log S) = \left(r - \frac{1}{2}\sigma^2\right)\mathrm{d}t + \sigma \mathrm{d}X \tag{6.19}$$

通过精确积分求解可以得到：

$$S(t) = S(0)\exp\left[\left(r - \frac{1}{2}\sigma^2\right)t + \sigma\int_0^t \mathrm{d}X\right] \tag{6.20}$$

或者，间隔 δt 步长的价格间关系为：

$$S(t+\delta t) = S(t) + \delta S = S(t)\exp\left[\left(r - \frac{1}{2}\sigma^2\right)\delta t + \sigma\sqrt{\delta t}\varphi\right] \tag{6.21}$$

需要注意的是不必是一个很小的数，因为这种表达是准确的，而不是近似的。由于这种表示方法的准确性和简便性，它成为使用起来最方便的递推算法。由于它的准确性，如果我们的偿付只依赖资产的到期价值，即欧式的并且无路径依赖的，那么我们可以将步长设为 T，用一大步直接模拟资产的到期价值。

2. 蒙特卡洛模拟的优势

我们已经对蒙特卡洛模拟和期权定价的关系多少有了一些了解，现将蒙特卡洛模拟的优势列举如下：

（1）进行蒙特卡洛模拟你所需要的数学知识非常基础。

（2）相关关系可以被很简便地模型化。

（3）有很多种软件可以提供帮助，在大多数情况下，电子表格的函数功能就够用了。

（4）为了得到更高的精度，多做几次模拟即可。

（5）不用费很大劲儿就可得到某一答案。

3. 期权简介

期权是指未来的选择权，它赋予期权持有者（购买者或多头）一种权利而不必承担义务，可以按照事前敲定的价格购买或者出售一定数量和一定品质的资产。因为期权代表了一种权利而不必承担义务，所以在市场上成为具有一定价值的金融工具（有价证券），但是它是由期权所要购买或者出售的资产（称为标的资产或者标的物）衍生出来，所以期权是一个衍生工具（衍生证券）。

期权有以下专用术语：

按预定价格赋予购买权利的期权称为买权（calloption），也称看涨期权；赋予出售权力的称为卖权（putoption），也称看跌期权。预定敲定的价格成为预定价或者执行价（因为执行期权时就按这一预先敲定的价格买或卖）。

期权到期后会失效，这一日期被称为失效日或到期日。美式期权是在到期日和到期日之前都可以执行的期权，欧式期权则是只有在到期日方可执行的期权，我们将用小写字母 c 和 p 表示欧式期权的买权（看涨期权）和卖权（看跌期权）。

（1）看涨期权。看涨期权给予以执行价格买入证券的权利。假如持有执行价格为 100 的股票，股票现在的价格为 110 元，那么你就可以行使期权以 100 元买入股票，并同时以 110 元价格卖出，结算得 10 元/股，但是如果价格低于 100 元，你可以观望，什么也不做。于是看涨期权的价值为：

$$\text{看涨期权的买方收益} = \begin{cases} S_T - X & \text{如果 } S_T > X \\ 0 & \text{如果 } S_T \leqslant X \end{cases}$$

式中，S_T 为到期日股票的价格，X 为执行价格。该公式着重强调了期权收益非负的特点，也就是说只有当 S_T 大于 X 时，期权才会被执行，买方的净利润等于到期时期权价值减去初始购买价格。如果 $S_T < X$，期权就不会被执行，期权到期的价值为零，此时买方的净损失等于期权费。

$$\text{看涨期权的卖方收益} = \begin{cases} -(S_T - X) & \text{如果 } S_T > X \\ 0 & \text{如果 } S_T \leqslant X \end{cases}$$

如果股票价格上升，看涨期权的卖方就会有损失。但他们愿意承担此风险，因此能够获得权利金。

（2）看跌期权。看跌期权赋予卖出资产的权利。既然这样，看跌期权买方只有在价格低于执行价格时，才会执行期权。例如，如果一只股票跌至 90 元，看跌期权的执行价格为 100 元，买方行权结算获得 10 元。买方以 90 元的价格买入股票，同时以 100 元交割给看跌期权的卖方。

到期时看跌期权的价值为：

$$\text{看跌期权买方的收益} = \begin{cases} 0 & \text{如果 } S_T \geqslant X \\ S_T - X & \text{如果 } S_T < X \end{cases}$$

$$
\text{看跌期权卖方的收益} = \begin{cases} 0 & \text{如果 } S_T \geq X \\ -(S_T - X) & \text{如果 } S_T < X \end{cases}
$$

二、蒙特卡洛方法模拟欧式期权定价

利用风险中性的方法计算期权定价：

$$
f = e^{-rt}\hat{E}(f_T) \tag{6.22}
$$

其中，f 是期权价格，f_T 是到期日 T 的现金流，$\hat{E}$ 是风险中性测度。

如果标的资产服从几何布朗运动：

$$
dS = \mu S dt + \sigma S dW \tag{6.23}
$$

则在风险中性测度下，标的资产运动方程为：

$$
S_T = S_0 \exp\left[\left(r - \frac{\sigma^2}{2}\right)T + \sigma\sqrt{T}\varepsilon\right] \tag{6.24}
$$

对于欧式看涨期权，到期日欧式看涨期权现金流如下：

$$
\max\{0, S(0)e^{\left(r-\frac{\sigma^2}{2}\right)T+\sqrt{T}\varepsilon} - K\} \tag{6.25}
$$

其中，K 是执行价，r 是无风险利率，σ 是标准差，ε 是正态分布的随机变量。

对到期日的现金流用无风险利率贴现，就可知道期权价格。

【例 6－1】假设股票价格服从几何布朗运动，股票现在价格为 $S_0 = 50$，欧式期权执行价格为 $K = 52$，无风险利率为 $r = 0.1$，股票波动标准差为 $sigma = 0.4$，期权的到期日为 $T = 5/12$ 个月，试用蒙特卡洛模拟方法计算该期权价格。

下面用 MATLAB 编写一个子程序 blsmc 进行计算。

【解析】

function eucall = blsmc(S_0, K, r, T, sigma, Nu)

下边介绍蒙特卡洛方法计算欧式看涨期权的价格。

【输入参数】

S_0	%股票价格；
K	%执行价；
r	%无风险利率；
T	%期权的到期日；
sigma	%股票波动标准差；
Nu	%模拟的次数。

【输出参数】

```
eucall                 % 欧式看涨期权价格;
varprice               % 模拟期权价格的方差;
CI                     % 95% 概率保证的期权价格区间;
randn('seed',0)        % 定义随机数发生器种子是 0, 这样保证每次模拟的结果相同。
r = 0.1;
sigma = 0.4;
T = 5/12;
nuT = (r - 0.5 * sigma^2) * T;
S0 = 50;
Nu = 1000;
K = 52;
sit = sigma * sqrt(T);
discpayoff = exp( - r * T) * max(0, S0 * exp(nuT + sit * randn(Nu,1)) - K);
% 期权到期时的现金流;
[eucall, varprice, CI] = normfit(discpayoff);
end
```

调用子程序可得到欧式看涨期权价格:

```
blsmc(50,52,0.1,5/12,0.4,1000);
eucall =
    5.4445
varprice =
    9.1361
CI =
    4.8776
    6.0115
```

从上面的结果可以看到，蒙特卡洛模拟得到的期权价格为 5.4445，样本正态拟合的方差 9.1361，在 95% 的置信水平下，模拟的期权价格在 4.8776 至 6.0115 之间波动，模拟波动的区间还是很大的。

我们用了 normfit 函数对模拟的结果进行正态分布拟合，这不是必需的，主要是为了考察结果的稳定性，如果不需要考察结果是否稳定，也可直接对模拟的结果求均值，此时可将最后一句改为 price = mean(discpayoff)。欧式期权的公式解如下:

blsprice(50,52,0.1,5/12,0.4)

ans =

5.1911

公式解5.1911和模拟值5.4445二者之间还是存在较大的差距，增加模拟的次数为10000次时结果如下：

blsmc(50,52,0.1,5/12,0.4,10000)

eucall =

5.1338

varprice =

8.9335

CI =

4.9587

5.3089

模拟结果为5.1338，可以看到期权模拟精度有了显著提高，在95%概率保证下，模拟的期权价格在4.9587至5.3089之间波动，置信区间较10000次时大大缩小，模拟可靠性显著提高。

【例6-2】下面用对偶方法计算欧式看涨期权的价格。

function eucall = blsmc(S_0,K,r,T,sigma,Nu)

蒙特卡洛方法计算欧式看涨期权的价格（对偶法）。

【输入参数】

```
S0        % 股票价格;
K         % 执行价;
r         % 无风险利率;
T         % 期权的到期日;
sigma     % 股票波动标准差;
Nu        % 模拟的次数。
```

【输出参数】

```
eucall              % 欧式看涨期权价格;
varprice            % 模拟期权价格的方差;
CI                  % 95% 概率保证的期权价格区间;
randn('seed',0)     % 定义随机数发生器种子是0,这样保证每次模拟的结果相同。
nuT = (r - 0.5 * sigma^2) * T;
```

```
sit = sigma * sqrt(T);
rand = randn(Nu,1);
discpayoff = exp( - r * T) * max(0,S0 * exp(nuT + sit * randn(Nu,1)) - K);
%期权到期时的现金流;
discpayoffl = exp( - r * T) * max(0,S0 * exp(nuT + sit * randn(Nu,1)) - K);
[eucall,varprice,CI] = normfit([discpayoff; discpayoffl])
```

结果如下：

```
blsmc(50,52,0.1,5/12,0.4,10000)
eucall =
    5.2761
```

模拟的结果为5.2761，离精确值5.1911比较接近，说明对偶技术还是非常有效的。

三、蒙特卡洛方法模拟障碍期权定价

障碍期权（barrier option）是指在其生效过程中受到一定限制的期权，期权的回报依赖于标的资产的价格以及在一段特定时间内是否达到了某个特定的水平（临界值），这个临界值就叫作"障碍"水平，是一种路径有关期权（path dependent options），它的最终收益依赖于标的资产变动的路径。当价格触及某个设定的价格时，期权被激活或取消，其目的是把投资者的收益或损失控制在一定范围之内。

1. 障碍期权的分类

根据标的资产的市价是否触及确定的界限，可以将障碍期权划分为敲出障碍期权和敲入障碍期权。

敲出障碍期权（knock-out options）：当标的资产价格达到一个特定的障碍水平时，该期权作废（即被"敲出"）；如果在规定时间内资产价格并未触及障碍水平，则仍然是一个常规期权。

敲入障碍期权（knock-in options）：正好与敲出期权相反，只有资产价格在规定时间内达到障碍水平，该期权才得以存在（即"敲入"），其回报与相应的常规期权相同；反之该期权作废。

根据障碍水平与标的资产初始价格的相对位置，障碍期权可以分为上升期权和下降期权。如果障碍水平高于初始价格，则我们把它叫作向上期权。如果障碍水平低于初始价格，则我们把它叫作向下期权。

将以上分类进行组合，我们可以得到诸如向下敲出看涨期权，向下敲出看跌期权，向上敲出看涨期权，向上敲出看跌期权，向下敲入看涨期权，向下敲入看跌期权，向上敲入看涨期权和向上敲入看跌期权。

2. 障碍期权的定价

以向下敲出看跌期权为例，该期权首先是看跌期权，股票价格是 S_0，执行价格是 K，买入看跌期权就首先保证以执行价 K 卖掉股票，向下敲出障碍期权相当于在看跌期权的基础上附加提前终止执行的条款，内容是当股票价格触及障碍值 S_b 时看跌期权就提前终止执行。因为该期权对于卖方有利，所以其价格应低于看跌期权的价格。

当障碍值 S_b 确定时，障碍期权存在公式解，其形式如下：

$$\begin{aligned} P = & Ke^{-rT}\{N(d_4) - N(d_2) - a[N(d_7) - N(d_5)]\} \\ & - S_0\{N(d_3) - N(d_1) - b[N(d_8) - N(d_6)]\} \end{aligned} \tag{6.26}$$

其中，S_0 是股票价格；S_b是障碍值；K 是看跌期权执行价；r 是无风险利率；σ 是波动率的标准差。其他参数如下：

$$a = \left(\frac{S_b}{S_0}\right)^{-1+2r/\sigma^2}$$

$$b = \left(\frac{S_b}{S_0}\right)^{1+2r/\sigma^2}$$

$$d_1 = \frac{\ln(S_0/K) + (r+\sigma^2/2)T}{\sigma\sqrt{T}},\quad d_2 = \frac{\ln(S_0/K) + (r-\sigma^2/2)T}{\sigma\sqrt{T}}$$

$$d_3 = \frac{\ln(S_0/S_b) + (r+\sigma^2/2)T}{\sigma\sqrt{T}},\quad d_4 = \frac{\ln(S_0/S_b) + (r-\sigma^2/2)T}{\sigma\sqrt{T}}$$

$$d_5 = \frac{\ln(S_0/S_b) - (r-\sigma^2/2)T}{\sigma\sqrt{T}},\quad d_6 = \frac{\ln(S_0/S_b) - (r+\sigma^2/2)T}{\sigma\sqrt{T}}$$

$$d_7 = \frac{\ln(S_0K/S_b^2) - (r-\sigma^2/2)T}{\sigma\sqrt{T}},\quad d_8 = \frac{\ln(S_0K/S_b^2) - (r+\sigma^2/2)T}{\sigma\sqrt{T}}$$

利用上述公式编写下跌敲出障碍期权价格程序：

```
function P = DownOutPut(S0,K,r,T,sigma,Sb)
S0       % 股票价格;
K        % 执行价;
r        % 无风险利率;
T        % 期权的到期日;
sigma    % 股票波动标准差;
Sb       % 障碍值。
a = (Sb/S0)^(-1+2*r/sigma^2)
```

```
b = (Sb/S0)^(1 + 2 * r/sigma^2)
d1 = (log(S0/K) + (r + sigma^2/2 * T))/(sigma * sqrt(T))
d2 = (log(S0/K) + (r - sigma^2/2 * T))/(sigma * sqrt(T))
d3 = (log(S0/Sb) + (r + sigma^2/2 * T))/(sigma * sqrt(T))
d4 = (log(S0/Sb) + (r - sigma^2/2 * T))/(sigma * sqrt(T))
d5 = (log(S0/Sb) - (r - sigma^2/2 * T))/(sigma * sqrt(T))
d6 = (log(S0/Sb) - (r + sigma^2/2 * T))/(sigma * sqrt(T))
d7 = (log(S0 * K/Sb^2) - (r - sigma^2/2 * T))/(sigma * sqrt(T))
d8 = (log(S0 * K/Sb^2) - (r + sigma^2/2 * T))/(sigma * sqrt(T))
P = K * exp( - r * T) * (normcdf(d4) - normcdf(d2) - a * (normcdf(d7) - normcdf(d5)))...
    - S0 * (normcdf(d3) - normcdf(d1) - b * (normcdf(d8) - normcdf(d6)))
```

【例 6-3】考虑一个欧式看跌期权，假设股票价格服从几何布朗运动，股票当前价格为 50 元，欧式期权执行价格为 50 元，无风险利率为 0.1，股票波动标准差为 0.4，期权的到期日为 5 个月，障碍值为 40，试计算普通看跌期权和障碍看跌期权的价格。

【解】在 MATLAB 中输入如下命令：

```
[Call,Put] = blsprice(50, 50, 0.1, 5/12,0.4)
  Call =
       6.1165
  Put =
       4.0760
```

看跌期权价格为 4.076。对于上述看跌期权，进一步地，我们考虑障碍值 S_b 为 40 时向下敲出期权的价格，继续在 MATLAB 中输入：

```
P = DownOutPut(50,50,0.1,5/12,0.4,40)
P =
   0.3282
```

由于该向下敲出看跌期权提供的条件过于优厚，买方承担了大量风险，作为回报，其价格较看跌期权要便宜很多。

下面用蒙特卡洛方法模拟向下敲出看跌期权价格，在模拟中，模拟次数为 NRep1，每次模拟时间分为 NSteps 步离散，障碍值为变量 S_b，其现金流如下：

当 $S_t < S_b$ 时，CashFlow = 0。

我们可以先模拟路径，让大于 S_b 路径的现金流为 0，程序如下：

运用函数 DOPutMC(S_0, K, r, T, sigma, S_b, NSteps, Nrep1)。

function [P,aux,CI] = DOPutMC(S_0,K,r,T,sigma,S_b,NSteps,NRepl)

利用蒙特卡洛方法对欧式向下敲出期权定价：

【输入参数】

S_0 % 股票价格；

K % 期权执行价格；

r % 无风险利率；

T % 期权存续期；

sigma % 股价波动的标准差；

S_b % 障碍值；

NSteps % 时间离散数目；

Nrep1 % 路径数目。

【输出参数】

P % 向下敲出看跌期权价格；

CI % 蒙特卡洛模拟的方差；

NCrossed % 95% 置信度的价格区间。

【例 6 – 4】用蒙特卡洛方法模拟风险中性下股价路径。

```
dt = T/NSteps
nudt = (r – 0.5 * sigma^2) * dt
sidt = sigma * sqrt(dt)
randn('seed',0)
rand = randn(NRepl,NSteps)
rand1 = Nudt + sidt * rand
rand2 = cumsum(rand1,2)
Path = S0 * exp(rand2)
```

利用路径进行定价：

```
payoff = zeros(NRepl,1)
for  i = 1:NRepl
     ax = path(i,:)
     if min(ax) < Sb
          payoff(i) = 0
     else
          payoff(i) = max(0,K – ax(NSteps))
```

```
    end
end
[P,aux,CI] = normfit(exp(-r * T) * payoff)
```

运行程序：

```
S0 = 50;K = 50;r = 0.1;T = 5/12;sigma = 0.4;Sb = 40;NSteps = 600;NRepl = 10000;
[P,aux,CI] = DOPutMC(S0,K,r,T,sigma,Sb,NSteps,NRepl)
P = 0.5921
aux = 1.6687
CI =
    0.5594
    0.6248
```

该期权模拟的价格为 0. 5921，和前面的公式解 0. 3282 尚存在差距，增加模拟次数，代码如下：

```
S0 = 50;K = 50;r = 0.1;T = 5/12;sigma = 0.4;Sb = 40;NSteps = 600;NRepl = 20000
[P,aux,CI] = DOPutMC(50,50,0.1,5/12,0.4,40,600,20000)
P =
    0.5597
aux =
    1.6022
CI =
    0.5375
    0.5819
```

该期权模拟的价格为 0. 5921，和公式解比较接近。

如果将存续期改为 2/12 年，考察其价格变化，代码如下：

```
[P,aux,CI] = DOPutMC(50,50,0.1,2/12,0.4,40,60,50000)
P =
    1.3527
aux =
    2.3664
CI =
    1.3319
    1.3734
```

从运行结果可知，期权价格为 1.3527，模拟期权方差为 2.3664，期权 95% 置信区间为 [1.3319，1.3734]，期权价格较上面的结果增加了很多。

四、蒙特卡洛方法模拟亚式期权定价

1. 亚式期权定价

亚式期权（asian option）又称为平均价格期权，是股票期权的衍生，是在总结真实期权、虚拟期权和优先认股权等期权实施的经验教训基础上提出的。亚式期权是一种路径依赖型期权，它的收益取决于标的资产在部分有效期内的平均价格。举个简单的例子，一个亚式看涨期权的损益等于过去两个月股票平均价格减去执行价格。

（1）亚式期权的价格计算。关于平均价格，可采取几何平均，也可采取算术平均，相应的亚式期权可分为两种，几何平均亚式期权和算术平均亚式期权，其中以算术型亚式期权为常见类型。具体平均价格的计算如下所示：

离散型算数平均价格：

$$A = \frac{1}{n}\sum_{i=1}^{n} S(t_i) \tag{6.27}$$

其中，$t_i(i=1,2,\dots,n)$是离散时间样本点。

离散型几何平均价格：

$$A = [\prod\nolimits_{i=1}^{n} S(t_i)]^{\frac{1}{n}} = e^{\frac{1}{n}\sum_{i=0}^{n}\ln S(t_i)} \tag{6.28}$$

连续型算术平均价格：

$$A = e^{-rT}E(\frac{1}{T}\int_0^T S_t \mathrm{d}t - K)^+ \tag{6.29}$$

连续型几何平均价格：

$$A = e^{\frac{1}{t}\int_0^t \ln S(t)\mathrm{d}t} \tag{6.30}$$

亚式看涨期权到期现金流为：

$$\max\left\{\frac{1}{N}\sum_{i=1}^{N} S(t_i) - K,0\right\},\ t_i = i\delta t,\ \delta t = \frac{T}{N} \tag{6.31}$$

其中，K 是执行价格，$S(t_i)$是 t_i 时刻的股价。

（2）蒙特卡洛与亚式期权的价格。亚式期权的到期收益为：

$$A_T = \left(\xi(\int_0^T S_t \mathrm{d}l_t - K_1 S_T - K_2)\right)^+ \tag{6.32}$$

其中，l_t 是平均因子，通常假定它具有有限方差，当$l_t = T/t$ 时，该亚式期权为算术平均亚式期权。$\xi = \pm 1$、$\xi = 1$ 时为看涨期权，$\xi = -1$ 时为看跌期权。$K_2 > 0$、$K_1 = 0$ 为具有固定执行价格的亚式期权，而 $K_1>0$、$K_2=0$ 为具有浮动执行价格的亚式期权。由风险中性定价方法可知，亚式期权的价格应当为：

$$V_0 = e^{-rt}E^Q[\max\{A_T - K, 0\}] \tag{6.33}$$

其中，Q 为市场中风险中性测度，r 为无风险利率。

2. 亚式期权定价函数

利用蒙特卡洛法对亚式期权定价，该期权的定价程序为：AsianMC. m。

【输入参数】

S_0	%股票价格；
K	%亚式看涨期权执行价格；
r	%无风险利率；
T	%期权存续期；
sigma	%股价波动的标准差；
NSteps	%时间离散数目；
NRepl	%模拟路径数目。

【输出参数】

P	%亚式期权的价格；
CI	%蒙特卡洛模拟的方差；
NCrossed	%95%置信度的价格区间。

自定义函数为：[P,CI] = AsianMC(S0,K,r,T,sigma,NSteps,NRepl)。

【例6－5】股票价格为50元，亚式看涨期权的执行价格为50元，存续期5个月，期权到期现金流是每月均价和执行价格之差，股票波动率的标准差为0.4，无风险利率为0.1，用蒙特卡洛法计算该亚式期权价格。

【解】在MATLAB中输入如下过程：

```
function [P,CI] = AsianMC(S0,K,r,T,sigma,NSteps,NRepl)
dt = T/NSteps;
nudt = (r-0.5*sigma^2)*dt;
sidt = sigma*sqrt(dt);
randn('seed',0);
rand = randn(NRepl,NSteps);
rand1 = Nudt + sidt*rand;
rand2 = cumsum(rand1,2);          %沿列方向逐列增加；
path = S0*exp(rand2);
```

利用路径进行定价：

```
payoff = zeros(NRepl,1);
% 设定现金流初值为 0;
for i = 1:NRepl
payoff(i) = max(0,mean(path(i,:)) - K);
end
[P,aux,CI] = normfit(exp( - r * T) * payoff)
```

运行后得到：

```
AsianMC(50,50,0.1,5/12,0.4,5,50000)
P =
    3.9622
aux =
    5.9669
CI =
    3.9099
    4.0145
ans =
    3.9622
```

根据计算结果可以看出，在95%的置信水平下，期权价格波动的区间为[3.9099,4.0145]。可以看出，控制变量使得估计的置信区间变小了。

五、蒙特卡洛模拟经验等价鞅测度

等价鞅理论是金融衍生品定价的重要方法，衍生品价格就是在等价鞅测度下对衍生品现金流用无风险利率贴现，可以用下面方程表示：

$$S_0 = e^{-rT}E^Q[S_T \mid F_0] \tag{6.34}$$

其中，S_0 表示股票价格；r 表示无风险利率；F_0 表示 0 时刻信息；$E^Q[\cdot \mid F_0]$表示鞅测度下算子。

杜安和思莫纳特（Duan and Simonate，1998）提出了乘数调整法，该方法可以保证等价鞅性质，当标的资产服从几何布朗运动时，等价鞅下的资产运动满足如下条件：

$$S_T = S_0\exp[(r - \frac{\sigma^2}{2})T + \sigma\sqrt{T}\varepsilon] \tag{6.35}$$

其中，$\varepsilon \sim N(0,1)$，这样模拟的第 i 条路径为：

$$S_{i,T} = S_0\exp[(r - \frac{\sigma^2}{2})T + \sigma\sqrt{T}\varepsilon_{i,T}] \tag{6.36}$$

这时我们可以构造一个等价鞅测度：

$$S_{i,j}{}^{*}(i) = S_0\exp(rT)\frac{S_{i,T}}{\sum S_{i,T}/M} \tag{6.37}$$

其中，$S^{*}(\cdot)$测算实际上在第 i 条路径的权重上乘以 $S_0\exp(rT)$，当样本容量趋于无穷大时，有：

$$e^{(-rT)}\frac{1}{M}\sum_{i=1}^{M}S_{i,T}{}^{*} = S_0 \tag{6.38}$$

$S_{i,T}{}^{*}(i)$是风险中性测度下的新样本。

【例 6－6】假设股票价格服从几何布朗运动，股票现在价格为 $S_0=50$，欧式期权执行价格为 $K=52$，无风险利率为 $r=0.1$，股票波动标准差为 sigma＝0.4，期权的到期日为 $T=5/12$ 个月，模拟次数 1000 次。试用蒙特卡洛经验等价鞅方法计算欧式看涨期权价格。

【解析】

所用函数为：function eucall＝blsmc(S0,K,r,T,sigma,Nu)，其中，S0＝50，K＝52，r＝0.1，T＝5/12，sigma＝0.4，Nu＝1000。

蒙特卡洛经验等价鞅方法计算欧式看涨期权价格。

【输入参数】

```
S0          % 股票价格；
K           % 执行价格；
r           % 无风险利率；
sigma       % 股票波动的标准差；
Nu          % 模拟次数。
```

【输出参数】

```
eucall      % 欧式看涨期权价格；
varprice    % 模拟现金流的方差；
CI          % 95% 概率保证的期权价格区间。
```

定义随机数发生器种子是 0，这样可以保证每次模拟的结果相同。

```
randn('seed',0);
nuT = (r - 0.5 * sigma^2) * T;
sit = sigma * sqrt(T);
```

期权到期时的现金流：

```
discpayoff = exp( - r * T) * max(0,S0 * exp(nuT + sit * randn(Nu,1) - K));
disp('蒙特卡洛模拟结果')
```

```
[eucall,varprice,CI] = normfit(discpayoff)
SM = S0* exp(nuT + sit * randn(Nu,1));
SM = S0* exp(r * T) * SM/mean(SM);
S1 = max(0,SM - K);
disp('风险中性下欧式看涨期权结果')
[Emscall,varprice,CI] = normfit(S1)
disp('欧式看涨期权解析解')
blsprice(50,52,0.1,5/12,0.4)
```

蒙特卡洛模拟结果：

```
  eucall = 5.4445
  varprice = 9.1361
  CI =
      4.8776
      6.0115
```

风险中性下欧式看涨期权结果：

```
  Emscall = 5.4320
  varprice = 9.8321
  CI =
      4.8219
      6.0422
```

欧式看涨期权解析解：

```
ans =
     5.1911
```

从结果可以看出，经验等价鞅定价误差较单用蒙特卡洛模拟稍有改进。

本章小结

1. 均匀分布随机数生成函数、正态分布随机数生成函数、特定分布随机数发生器为使用蒙特卡洛方法模拟期权定价奠定了基础。

2. 风险中性假设是现代金融理论中极为重要的理论假设。在一个假想的风险中性世界里，所有资产的收益率都是无风险收益率，货币的时间价值问题变得很简单（全部可用无风险利率折现），因此可以大大简化问题的分析过程，且所得的结论在真实的世界里依然成立。

3. 在 MATLAB 中，为蒙特卡洛模拟欧式期权定价提供了 blsmc 函数。利用这个函数，可以模拟欧式期权的价格、期权价格波动的方差以及在95%的置信水平下期权价格的波动区间；如果认为模拟的价格区间波动范围太大，可以用 normfit 函数对模拟的结果进行正态分布拟合，提高模拟的可靠性。

4. 障碍期权的最终收益依赖于标的资产变动的路径，当价格触及某个设定的价格时，期权被激活或取消，其目的是把投资者的收益或损失控制在一定范围之内。和欧式期权相比，障碍期权多了一个障碍值。在 MATLAB 中，为蒙特卡洛模拟障碍期权定价提供了 DownOutPut 函数和 DOPutMC 函数。同样可以模拟障碍期权的价格、期权价格波动的方差以及在95%的置信水平下期权价格的波动区间；如果模拟的价格波动范围太大，可以增加模拟次数。

5. 亚式期权是一种路径依赖型期权，它的收益取决于标的资产在部分有效期内的平均价格。在 MATLAB 中，为蒙特卡洛模拟亚式期权定价提供了 AsianMC 函数，可以模拟亚式期权的价格、期权价格波动的方差以及在95%的置信水平下期权价格的波动区间。

重要术语

特定分布随机数发生器　蒙特卡洛模拟　风险中性定价　欧式期权　障碍期权　障碍值　亚式期权

复习与思考

1. 请用特定分布随机数发生器生成均值为0，方差为1，4行3列的随机矩阵。

2. 假设股票价格服从几何布朗运动，股票现在价格为48元，欧式看涨期权的执行价格为50元，股票波动标准差为0.5，无风险利率为8%，期权的到期日为6个月。试用蒙特卡洛模拟方法模拟该期权价格、该期权价格波动的方差以及在95%的置信水平下期权价格的波动区间，并利用 normfit 函数对模拟的结果进行正态分布拟合。

3. 假设股票价格服从几何布朗运动，股票当前价格为45元，欧式看跌期权执行价格为50元，无风险利率为10%，股票波动标准差为0.3，期权的到期日为4个月，障碍值为40，试计算普通看跌期权和障碍看跌期权的价格。

4. 假设股票价格服从几何布朗运动，股票当前价格为45元，亚式看涨期权的执行价格为50元，存续期为6个月，期权到期现金流是每月均价和执行价格之差，股票波动率的标准差为0.4，无风险利率为8%，试用蒙特卡洛法计算该亚式期权价格。

5. 宝钢权证是我国第一家权证，观察宝钢权证哪一段时间价格和BS模型相同，并分析原因，并用蒙特卡洛方法进行模拟，观察其预测的效果，并用行为金融理论解释。

6. 试分析蒙特卡洛方法求解欧式看跌期权的具体过程。

7. 我国证券市场正在尝试建投资者保护资金，用以对冲投资者损失，实际是对于投资损失提供补偿的一种保险产品。试分析如果建立一家保险公司，接受每个投资者的投保，补偿一定程度，用蒙特卡洛方法衡量将来5个、10个、20个、60个交易日的损失分布，并对将来的损失计提适度准备金，分析可行性，进一步可考虑该种产品与权证产品有何不同。

8. 权证产品并不完全是根据风险定价，我国的权证产品是股权分置改革的产物，第一个股票权证是宝钢看涨权证（代码580000）。2005年8月22日上市流通，2006年8月23日到期，该权证行权价为4.2元，上市公司为了回避行权打压股价。此外，权证也可成为收购手段。通过行权增持公司股份，这些都为权证定价增加了新的内容，试考虑在用蒙特卡洛方法对衍生产品定价时如何考虑这些因素。

第七章

信用风险管理量化模型

【学习目标】

金融风险是金融领域中最重要的研究方向之一。本章主要介绍信用风险管理量化模型及信用风险管理工具信用违约互换的定价。要求读者了解信用违约互换的类型与特点，掌握信用风险计量方法和信用违约互换的定价方法。

第一节　信用风险类型与特点

一、信用风险的定义与类型

信用风险（credit risk）是指债务人或者交易对手未能履行合约规定的义务或因信用质量发生变化导致金融工具的价值发生变化，给债权人或金融工具持有人带来损失的风险。

从组成结构上看，信用风险由两部分组成，一部分是违约风险，是指交易一方不愿或者无力支付约定款项而致使交易另一方遭受损失的可能性。在违约的情况下，根据合同签订时的保护性条款安排，一般来说，一部分债权会得到受偿，这一比率称为回收率。另一部分是信用价差风险，它是指由于信用评级的变化引起信用价差的变化而导致的损失，由信用价差变动风险和信用风险波动风险组成。

从发生层次上看，信用风险可分为三个层次：一是交易层次，与单笔的金融交易相联系；二是交易对手或发行人层次，产生于与一个交易对手或发生人的全部交易过程；三是资产组合层次，与市场主体和全部交易对手以及发行人的全部交易相联系。

信用风险的损益与期权中空头类似，与大多数市场风险不同，信用风险的性质使其分布产生严重的左偏，大额损失的概率要高于正态分布。最好的情况是交易对手所支付的金额没有任何损失，最坏的情况是所有应回收的金额都将成为损失。

二、信用风险的特征

1. 信用风险存在收益与风险的不对称性特征

与市场风险相比，信用风险一个重要的特点就在于其概率分布。通常市场风险的概率分布可以被假定为正态分布。然而，信用风险的分布却与此不同。通常信用风险的出发点是因受信方违背某种承诺而出现的，这种承诺通常是事先安排好的确定的价格，因此对授信人（投资人）来说，收益就是这个事先确定了的价格，不可能像市场价格一样在收益的正方向上随机波动；但在收益的负方向上没有限制，投资者的损失取决于受信方的违约状况，因此信用风险给投资者带来的收益分布是不对称的。

这种收益和损失不对称的风险特征使得信用风险的概率分布向左倾斜，并在左侧出现肥尾现象，如图 7－1 所示。

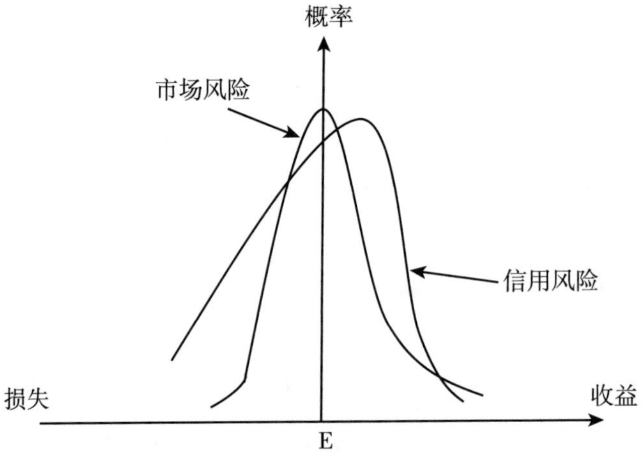

图 7－1　信用风险的不对称特性

这一特征使得难以对信用风险进行正态分布的假设，必须重新构造信用风险度量指标，这为信用风险的统计分析带来了比市场风险更大的困难。

2. 信用风险具有明显的非系统性风险的特征

信用风险的非系统性风险特征明显，而市场风险则表现出较强的系统性特征。尽管借款人的还款能力也会受到诸如经济危机等系统性因素的影响，但多数情况下还是取决于与借款人明确相联系的非系统性因素的影响，如贷款投资方向、借款人经营管理能力、借款人财务状况甚至借款人还款意愿等。因此，多样化投资分散非系统性风险的方法已经成为信用风险管理的主要手段。

3. 信用风险具有显著的非线性特征

在宏观经济因素如国家利率政策、财政政策、对外贸易、国际市场因素等，以及市场结构本身的合理程度、市场需求状况的综合作用下，只要一个企业对其供应商的应收账款违约，就可能导致信用链中的每个企业都不能偿还其他企业的债务，所以信用风险的产生具有非线性的蔓延特征。

银行作为整个信用链中的中心环节，会受到信用风险蔓延的最大影响，积累大量不良资产，公众对银行失去信心，甚至导致挤兑，产生金融系统的恶性循环，进而导致经济危机。也就是说，一旦信用风险发生，它的影响不仅存在于两个交易对手之间，还会产生“滚雪球”似的放大效应，在更广泛的层面上产生影响，则信用风险具有非线性特征。

4. 衡量信用风险的难度较大

信用风险的量化分析相对来说比较困难，其主要原因是观察数据少，且不易获得。首先，贷款等信用产品的流动性差，缺乏二级交易市场。而对于市场风险而言，各种金融产品发达的二级市场为观察市场风险的变化提供了大量的数据，从而使运用各种数理统计模型来衡量市场风险成为可能。其次，二级市场的交易损益的衡量一般可以采取盯市的原则，市场风险的变化因而能得到及时反映，但信用产品一般不采取盯市法，而通常在贷款违约发生前采用账面价值，因而其价格数据难以反映信用风险的变化。最后，贷款的持有期限一般都较长，即便到期出现违约，其频率也远比市场风险的观察数据少。

三、信用风险计量方法

1. 专家判断法

专家判断法即专家系统，是商业银行在长期经营信贷业务、承担信用风险过程中逐步发展并完善起来的传统信用分析方法。它是依赖高级信贷人员和信贷专家自身的专业知识、技能和丰富经验，运用各种专业性分析工具，在分析评价各种关键要素的基础上，依据主观判断来综合评定信用风险的分析系统。

一般而言，专家系统在分析信用风险时主要考虑与借款人有关的因素及与市场有关的因素两个方面。

（1）与借款人有关的因素。第一，声誉。借款人的声誉是在其与商业银行的历史借贷关系中反映出来的。第二，杠杆。借款人的杠杆或资本结构，即资产负债比率对借款人违约概率影响较大。杠杆比率较高的借款人相比杠杆比率较低的借款人，其未来面临还本付息的压力要大得多，其违约概率也就会高很多。第三，收益波动性。如果未来面临同样的本息还款要求，在期望收益相等的条件下，收益波动性高的企业更容易违约，信用风险较大。

（2）与市场有关的因素，主要包括经济周期、宏观经济政策和利率水平。

2. 信用评分模型

信用评分模型是一种传统的信用风险量化模型，利用可观察到的借款人特征变量计算出一个数值（得分）来代表债务人的信用风险，并将借款人归类于不同的风险等级。

信用评分模型的关键在于特征变量的选择和各自权重的确定。目前，应用最广泛的信用评分模型有四种：线性概率模型、Logit 模型、Probit 模型和线性辨别模型。

信用评分模型存在的问题：

（1）信用评分模型是建立在对历史数据（而非当前市场数据）模拟的基础上，由于历史数据更新比较慢，因此回归方程中各特征变量的权重在一定时间内保持不变，从而无法及时反映企业信用状况的变化。

（2）信用评分模型对借款人历史数据的要求较高，商业银行需要相当长的时间才能建立起一个包括大多数企业历史数据的数据库。

3. 违约概率模型

违约概率模型属于现代信用风险计量方法，主要应用于信用风险内部评级法。

一般来说，商业银行的内部评级体系应当具有彼此相互独立、特点鲜明的两个维度：第一维度（客户评级）必须针对客户的违约风险；第二维度（债项评级）必须反映交易本身特定的风险要素。

与传统的专家判断法和信用评分模型相比，违约概率模型能够直接估计客户的违约概率。

四、传统的信用风险管理方法

1. 贷款审查标准化

依据一定的程序和指标考察借款人或债券的信用状况以避免可能发生的信用风险。

2. 贷款对象分散化

贷款分散化的基本原理是信用风险的相互抵消。在不同行业间贷款可以减少一定的信用风险。控制信用风险的能力往往会因为投资分散化机会较少而受到限制。商业银行规模较小，发放贷款的地区和行业往往是有限的。

3. 贷款出售

银行通过贷款出售市场将其贷款转售给其他银行或投资机构。通常，银行在给企业并购提供短期贷款后，往往会将其贷款出售给其他投资者。

4. 资产证券化

资产证券化是将有信用风险的债券或贷款的金融资产组成一个资产池并将其出售给其他金融机构或投资者。从投资者的角度来看，因为通过投资多个贷款或债券的组合可以使信用风险降低，所以这种资产组合而产生的证券是有吸引力的。

传统的管理方法只能在一定程度上降低信用风险的水平，很难使投资者完全摆脱信用风险。而且，这种传统的管理方式需要投入大量的人力和物力，这种投入还会随着授信对象的增加而迅速上升。随着信用风险越来越多地进入证券交易和投资银行领域，传统信用风险管理的这一局限性变得愈益突出。在市场力量的推动下，以信用衍生产品为代表的新一代的信用风险对冲管理手段开始走到风险管理发展的最前沿，并开始推动整个风险管理体系不断向前发展。本章以信用衍生品中的信用违约互换（credit default swap，CDS）为例，介绍运用 CDS 管理信用风险的方法。

第二节　单个实体的信用违约互换

一、信用违约互换相关概念介绍

1. 信用违约互换的定义

信用违约互换又称信贷违约掉期，是进行场外交易的最主要的信用风险缓释工具之一，也是目前全球交易最为广泛的场外信用衍生品。信用违约互换是一种能够将参照资产（reference obligation）的信用风险从信用保护的买方（protection buyer）转移给信用保护卖方（protection seller）的金融合约。在信用违约互换交易中，违约互换购买者定期向违约互换出售者支付一定费用（称为信用违约互换点差），而当参照实体（reference entity）一旦出现信用类事件（主要指债券主体无法偿付），违约互换购买者将有权利将债券以面值递送给违约互换出售者，从而有效规避信用风险。违约互换的出售者向购买者所遭受的损失进行的这种赔付是一种或有偿付，即当合约到期时，如果参照实体没有发生任何信用事件，则信用保护的卖方无须向买方进行任何资金支付，合约终止。

信用违约互换结构如图 7－2 所示。

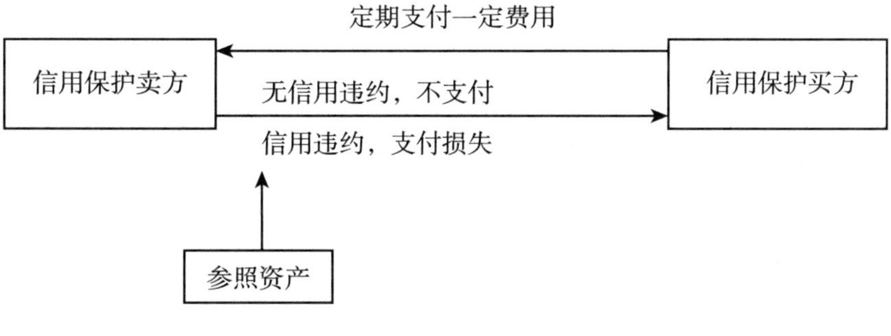

图 7－2　信用违约互换结构

通常信用违约互换交易发生在两个参与主体之间，购买信用违约互换称作购买保护或多头保护，违约互换的购买者被称作“信用保护的买方”，出售信用违约互换称作出售保护或空头保护，违约互换的出售者被称作“信用保护的卖方”。信用保护的买方一般为银行，卖方通常为投资银行或主承销商。

参考实体违约才会触发违约互换，违约和违约事件的概念略有不同，违约事件情况是由有关金融交易的法律文件中所规定的事件。根据国际互换和衍生工具协会（International Swaps and Derivatives Association，ISDA）有关的信用违约互换的标准文件（2003）的定义，违约事件包括：

（1）破产，无力偿还破产导致触发信用违约互换。

（2）拒付以及暂停或延期支付，例如，拒绝或拖延支付利息和本金的行为都将触发信用违约互换。

（3）重组，重组是因参考实体信用恶化或财政状况不佳导致参考实体与债券持有人之间原有协议改变的情况。

（4）无法偿还，例如，在一定宽限期后未能偿还一个或几个合约，同样可以触发信用违约互换。

（5）债务加速到期。指由于除无法偿还外其他原因导致某一或很多债务提前到期而触发信用违约互换。

在实践当中，破产、拒付和重组是最常见的违约事件。

在信用违约互换的交易过程中，交割是违约事件发生后一项重要的操作。信用违约互换的交割有两种方式：实物交割和现金交割。实物交割是指违约互换的买方将违约资产以面值卖给违约互换的卖方，现金交割是指资产不需要转移，违约互换的卖方需要向买方支付基础资产面值与违约后资产的市值之间的差价。由于实物交割对可交割的债务有一定的要求，以及实物交割操作过程的复杂性，现金交割逐渐成为市场主流。

2. 信用违约互换交易类型

随着信用违约互换的发展，信用违约互换的类型已经不再单一，目前主要有三种类型：单一经济实体的信用违约互换、一篮子信用违约互换和信用违约互换指数。

（1）单一经济实体的信用违约互换。单一经济实体的信用违约互换是信用衍生品的最早形式，也是比较常见的一种。单一实体意味着参考资产只有一种，由买方向卖方定期支付预先商定好的保费或者票息，直至合约到期，卖方承诺在参考资产发生违约事件时向买方提供索赔，一旦违约事件发生，合约即中止。

（2）一篮子信用违约互换。信用保护出售者可以出售多个资产的保护，在首次违约篮子互换中，互换的出售者在合约期内通过补偿资产篮子中第一个资产的损失来承担资产篮子的违约风险。即在合约期内通过出售已确定的一篮子资产的保护获得保费收入，而承担着这一篮子资产的违约风险，直到其中有一个资产出现违约，合约中止，保护出售方支付违约资产的损失；若合约期内没有任何一种资产发生违约，则信用保护卖方赚了一笔保费。

（3）信用违约互换指数。信用违约互换指数反映了由多个单一实体信用风险合成的资产组合中各个参考资产的信用违约互换风险加权值总和随时间波动的情况。和一篮子信用违约互换相比，其标准化程度更高，包含的参考资产数量多，覆盖面也较广。目前，信用违约互换指数主要包括欧洲指数、北美指数等。

3. 信用违约互换的交易属性和动机

信用违约互换实质上类似于保险合约，但它比保险合约具有更强的流动性。信用违约互换与保险也存在一定的差别，保险要求投保人对于保险标的有经济利益，而信用违约互换不要求有利益关系，即使并未持有某个公司的债券也可以购买该公司的信用违约互换。这就极大增强了信用违约互换的流动性，使信用违约互换发展成为除了信用风险管理之外的一个投机的工具。因此，在交易过程中，要注意抑制信用违约互换过度投机。同时，信用违约互换的数量不受标的资产数量的限制，信用违约互换市场名义本金数量远远超过其参考实体债券的总量，这也体现了信用违约互换的特有的交易属性。

（1）交易用途。从信用违约互换的交易用途来看，商业银行是信用违约互换的最大买方，随着信用违约互换市场的发展壮大，其他金融机构纷纷参与进来，如保险公司、对冲基金、投资银行等，并逐渐发展成为信用违约互换市场的重要参与者。商业银行参与信用违约互换主要是为了转移自身的信用风险，而对冲基金、投资银行等参与信用违约互换交易的主要动机是投机和套利。

（2）交易产生条件。信用违约互换交易产生的现实条件是交易双方资金成本存在差异，这种差异可以看作不同金融主体承担和化解风险能力的差异。信用违约互换交易就是根据这种差异在不同金融主体间实现信用风险最优配置的过程，或者说是信用风险最优分散化的过程。信用违约互换交易的实现也可以用国际贸易理论中的“比较优势”来解释。信用违约互换交易可以看作是一种贸易，对于同样要“生产”出一种产品，即参考资产的信用损失的保护，由于双方的保护成本不同，银行自身承担风险的成本较大，因此选择让信用违约互换的卖方来进行“生产”，银行来购买这种产品。这种交易的结果在使得信用违约互换卖方获得期望收益的条件下，也增加了银行的收益。

（3）信用违约互换对交易主体的作用。银行同业之间进行信用违约互换的交易可以促进双方互相调整各自的风险头寸，重组贷款结构，降低信用风险。购买信用违约互换的银行可以向对手方转移信用风险，在降低风险的同时，拓展了新的业务。通过信用违约互换，可以实现跨地区、跨行业的贷款组合，避免信用风险过于集中。出售信用违约互换的银行在获得保费的同时，也能通过信用违约互换选择自己偏好的风险暴露，优化自身的风险组合。信用违约互换的交易可以使银行突破信贷限额的限制。低信用等级、规模较小的银行难以获得直接投资高质量资产的机会，小银行通过出售信用保护给大银行而间接地进入高质量级贷款市场，平衡其高收益率贷款组合，大银行借此也转移了信用风险。

机构投资者参与信用违约互换的交易，拓宽了其投资渠道。我国的非银行金融机构，如保险公司、投资基金、证券公司等拥有大量的资金，但缺乏足够的投资机会和渠道，大量资金集中于股市和债市，风险较集中。机构投资者可以与银行开展信用违约互换交易，作为信用保护的卖方，以低融资成本获得一笔贷款的收益，而不必直接持有信贷资产。这样在降低银行的信用风险的同时，也可以突破自身业务的限制，间接参与信贷市场，优化自身的资产结构，在控制好风险的情况下，增加自身的收益。

另外，在国外比较活跃的信用违约互换市场，交易量大，信用违约互换合约成为标准化的产品，交易价格时刻都在变动，对冲基金、投资银行等机构投资者参与信用违约互换交易的动机还包括投机和套利，可以通过对错误定价的信用违约互换产品的买卖来获取差价利润。由于信用违约互换合约将信用风险与产品本身分离开来，通过信用违约互换的买卖交易，可以获得自身偏好的风险暴露或回避不想要的风险。

4. 信用违约互换的产品细节和吸引力

（1）产品细节：一般是季度支付；违约事件发生时，买入方还要付最后一次累积付款；可以选择债券交割和现金交割，现金交割更常见；可用拍卖的方法来决定回报。

（2）吸引力：使得信用风险可如市场风险一样交易；可把信用风险转移到第三方；可用来对冲信用风险。

二、信用违约互换的定价机制

1. 信用违约互换定价模型必须满足的条件

刻画参考实体的违约风险；模拟基于面值的违约收复率；模拟违约时间；适应信用违约利差的期限结构；尽量简洁，减少假设数量。

2. 信用违约互换定价的原理

假定盈亏平衡点的 CDS 率为每美元 s：

（1）设存活概率为 p，则违约概率为 $1-p$，则在第 n 年时存活概率为：$p_n=p^n$，违约概率为：$p_{n-1}\times(1-p)=p^{n-1}(1-p)=p^{n-1}-p^n$。

（2）支付金额的现值为：

$$存活概率\times s\times 贴现因子(e^{-rn})$$

（3）期望回报的现值为：

$$违约概率\times(1-恢复率)\times 贴现因子$$

（4）违约事件发生时累计支付的现值：

违约概率 × 时间（支付间隔）× s × 贴现因子

（5）根据∑期望回报的现值 = ∑违约事件发生时累计支付的现值 + ∑支付金额现值，可以求得 s 的值。

三、基于 MATLAB 对信用违约互换进行估值

1. 构建违约概率曲线

违约概率是指借款人在未来一定时期内发生违约的可能性。在信用违约互换中，违约概率曲线是指随着时间的变化，信用保护卖方发生违约的可能性的大小。在给新的信用违约互换合约进行定价时，首先要使用现有信用违约互换合约的市场报价或信用违约互换指数报价来估计违约曲线期限结构。

在 MATLAB 中，为违约概率曲线的构建提供了 cdsbootstrap 函数，函数格式为：

[ProbData, HazData] = cdsbootstrap(ZeroData, MarketData, Settle)

【输入参数】

ZeroData = [ZeroDates ZeroRates]　　　% 日期和零利率的 m × 2 组合；

MarketData = [MarketDates MarketSpreads]　% 市场日期和市场价差的 p × 2 组合；

Settle　　% 结算日期，是一个序列号或字符向量，必须早于或等于到期日。

【输出参数】

ProbData　　% 日期和违约概率的 p × 2 组合；

HazData　　% 日期和风险的 p × 2 组合。

【例 7-1】甲方与乙方签订一项 CDS 合约，约定合同的结算日期为 2011 年 7 月 17 日，请基于表 7-1 和表 7-2 信息用 cdsbootstrap 方法构建违约概率曲线。

表 7-1　不同时间间隔下的 CDS 市场价差情况

时间间隔（年）	1	1	1	2	2
MarketDates	2012. 9. 20	2013. 9. 20	2014. 9. 20	2016. 9. 20	2018. 9. 20
MarketSpreads	140	175	210	265	310

表 7-2　不同时间间隔下的零利率情况

时间间隔（年）	0. 5	1	1	1	1	1
ZeroDates	2012. 1. 17	2012. 7. 17	2013. 7. 17	2014. 7. 17	2015. 7. 17	2016. 7. 17
ZeroRates（%）	1. 35	1. 43	1. 9	2. 47	2. 936	3. 311

【解析】

在 MATLAB 中输入如下程序：

```
Settle = '17 – Jul – 2011';        % valuation date for the CDS;
MarketDates = datenum( {'20 –Sep – 2012','20 – Sep – 2013','20 –Sep –2014','20 – Sep – 2016', ...
        '20 – Sep – 2018'} );
MarketSpreads = [140 175 210 265 310]';
MarketData = [MarketDates MarketSpreads];
ZeroDates = datenum( {'17 – Jan – 2012','17 – Jul – 2012','17 – Jul – 2013','17 – Jul – 2014', ...
        '17 – Jul – 2015','17 – Jul – 2016'} );
ZeroRates = [1.35 1.43 1.9 2.47 2.936 3.311]'/100;
ZeroData = [ZeroDates ZeroRates];
[ProbData,HazData] = cdsbootstrap(ZeroData,MarketData,Settle);
ProbTimes = yearfrac(Settle,ProbData(:,1));
figure
plot([0; ProbTimes],[0; ProbData(:,2)])
grid on
axis([0 ProbTimes(end,1) 0 ProbData(end,2)])
xlabel('Time (years)')
ylabel('Cumulative Default Probability')
title('Bootstrapped Default Probability Curve')
```

构建的违约概率曲线如图 7 – 3 所示。

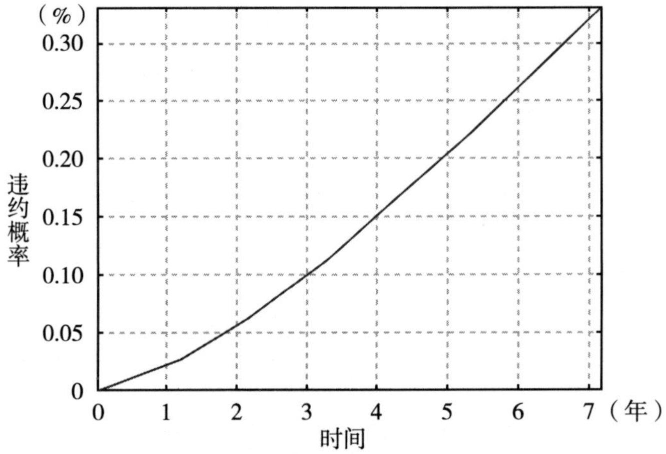

图 7 – 3　违约概率曲线

2. 寻求新信用违约互换合约的盈亏平衡点

对于信用违约互换合约，盈亏平衡点是指信用保护买方支付的保费（不包括预付款），正好可以受到与给定参考实体相关的信用事件的保护。价差以基点（bp）表示，保费支付的货币金额取决于与信用违约互换合同相关的名义金额。

在使用 cdsbootstrap 函数获得违约概率曲线后，我们将得到当前市场状况一致的报价。在 MATLAB 中，为信用违约互换价差的构建提供了 cdsspread 函数，函数格式为：

```
Spread1 = cdsspread(ZeroData,ProbData,Settle,Maturity1)
```

【输入参数】

```
ZeroData = [ZeroDates ZeroRates]   % 日期和零利率的 m×2 组合；
ProbData                           % 日期和违约概率的 p×2 组合；
Settle                             % 结算日期，是一个序列号或字符量，必须早于或
                                     等于到期日；
Maturity1                          % 定义的新的到期日期。
```

【输出参数】

```
Spread1                            % 信用违约互换价差。
```

【例 7-2】甲方与乙方签订一项信用违约互换合约，约定合同的结算日期为 2011 年 7 月 17 日，定义的新的到期日期是结算日期 3 年后的第一个季末为起点，在 2 年内以季度为间隔逐渐递增，请基于表 7-1 和表 7-2 信息用 cdsspread 方法计算信用违约互换价差。

【解析】：

在 MATLAB 中，输入如下程序：

```
Settle = '17-Jul-2011';     % valuation date for the CDS
MarketDates = datenum({'20-Sep-12','20-Sep-13','20-Sep-14','20-Sep-16',...
              '20-Sep-18'});
MarketSpreads = [140 175 210 265 310]';
MarketData = [MarketDates MarketSpreads];
ZeroDates = datenum({'17-Jan-12','17-Jul-12','17-Jul-13','17-Jul-14',...
            '17-Jul-15','17-Jul-16'});
ZeroRates = [1.35 1.43 1.9 2.47 2.936 3.311]'/100;
ZeroData = [ZeroDates ZeroRates];
[ProbData,HazData] = cdsbootstrap(ZeroData,MarketData,Settle);
Maturity1 = datestr(daysadd('17-Jul-11',360*(3.25:0.25:5),1));
Spread1 = cdsspread(ZeroData,ProbData,Settle,Maturity1);
```

```
figure
scatter(yearfrac(Settle,Maturity1),Spread1,'*')
hold on
scatter(yearfrac(Settle,MarketData(3:4,1)),MarketData(3:4,2))
hold off
grid on
xlabel('Time (years)')
ylabel('Spread (bp)')
title('CDS Spreads')
legend('New Quotes','Market','location','SouthEast')
```

信用违约互换价差的结果如图 7－4 所示。

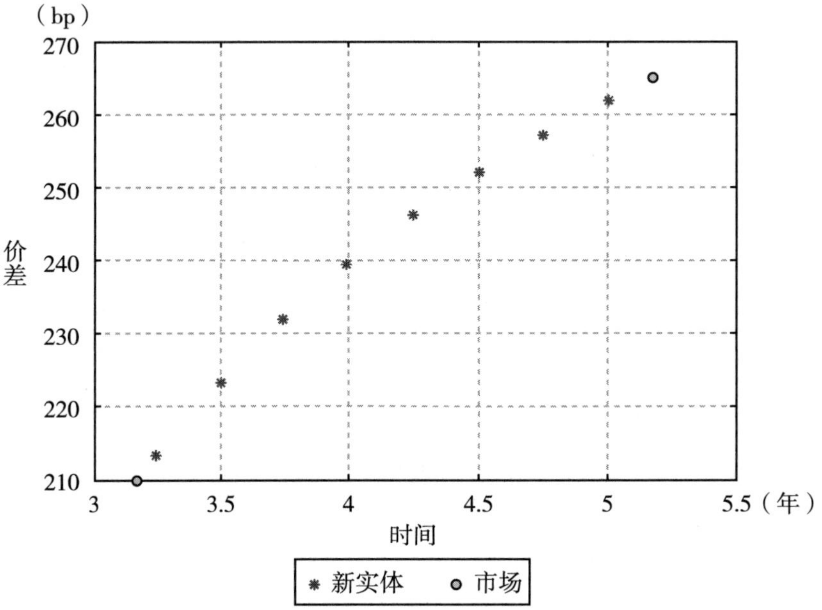

图 7－4 CDS 价差

3. 对现有的信用违约互换合约进行估值

现有信用违约互换合约的当前价值或按市价计算的价值是合同持有人收到的金额（如果为正数）或者为了解除本合同而支付的金额（如果为负数）。

一个信用违约互换合同的价格或市值计价的价值（MtM）可以用以下公式计算：

$$\text{CDS price} = 名义本金 \times (当前价差 - 合同价差) \times \text{RPV01}$$

其中，根据目前的市场状况，当前价差是类似合约的当前盈亏平衡价差；RPV01（the risky present value of a basis point）是考虑到违约概率的保险费的现值。这个公式的假设是一个多头方，如果是空头方则右边公式乘以 -1。

保险费计算为利差和一个基点的风险现值（RPV01）的乘积，其中当发生违约时没有应计保费，RPV01 计算为：

$$RPV01 = \sum_{j=1}^{N} Z(t_j)\Delta(t_{j-1}, t_j, B)Q(t_j) \tag{7.1}$$

当发生违约时有应计保费，RPV01 计算为：

$$RPV01 \approx \frac{1}{2}\sum_{j=1}^{N} Z(t_j)\Delta(t_{j-1}, t_j, B)[Q(t_{j-1}) + Q(t_j)] \tag{7.2}$$

当 $t_0 = 0$ 时为估值日期，$t_j = 1, \dots, T$，其中 T 表示合同到期日，保险费在合同有效期内支付。$Z(t)$ 表示在 t 时刻收到的付款的贴现因子；$\Delta(t_{j-1}, t_j, B)$ 表示 t_{j-1} 和 t_j 之间的天数对应的基点；$Q(t_j)$ 表示参考实体在某估值期间的无套利生存概率。

CDS 合约的违约赔付（the protection leg）是指在信用事件发生后，对担保的面值支付的或有付款。由以下公式给出：

$$\begin{aligned} \text{protection leg} &= \int_0^T Z(\tau)(1-R)\,\mathrm{d}PD(\tau) \\ &\approx (1-R)\sum_{i=1}^{M} Z(\tau_i)[PD(\tau_i) - PD(\tau_{i-1})] \\ &= (1-R)\sum_{i=1}^{M} Z(\tau_i)[Q(\tau_{i-1}) - Q(\tau_i)] \end{aligned} \tag{7.3}$$

如果现有信用违约互换合约的价差为 S_c，而可比合约的当前盈亏价差为 S_0，则该合约的当前价格，或按市值计价的价值为：

$$MtM = Notional(S_0 - S_c)RPV01 \tag{7.4}$$

在 MATLAB 中，为信用违约互换合约的估值提供了 cdsprice 函数，需要注意的是，cdsprice 函数在默认情况下将合约视为多头头寸。合约头寸是多头还是空头的决定因素是保护立场，即多头意味着买入保护，空头意味着保护已卖出。

【调用函数】

计算单个信用违约互换工具的价格或按市值计价的价值：

[Price, AccPrem, PaymentDates, PaymentTimes, PaymentCF] = cdsprice (ZeroData, ProbData, Settle, Maturity, ContractSpread)

计算一个或多个实体（Name）、Value 参数的 CDS 工具的价格或市值：

[Price, AccPrem, PaymentDates, PaymentTimes, PaymentCF] = cdsprice(ZeroData, ProbData, Settle, Maturity, ContractSpread, Name, Value)

【输入参数】

ZeroData　　　　% 日期和零利率的 m×2 组合；

ProbData　　　　% 日期和违约概率的 p×2 组合；

Settle　　　　　% 结算日期，是一个序列号或字符向量，必须早于或等于到期日；

Maturity　　　　% 到期日；

ContractSpread　% 合约价差的 N×1 向量，用基点表示。

【输出参数】

Price　　　　　% CDS 净价；

AccPrem　　　　% 应计保费；

PaymentDates　　% 支付日期；

PaymentTimes　　% 计息日期；

PaymentCF　　　% 现金流支付矩阵。

cdsprice 的函数格式为：

[Price, AccPrem, PaymentDates, PaymentTimes, PaymentCF] = cdsprice(ZeroData, …, ProbData, Settle, Maturity2, Spread2)

【输入参数】

ZeroData = [ZeroDates ZeroRates],　% 日期和零利率的 m×2 组合；

ProbData　% 日期和违约概率的 p×2 组合；

Settle　　% 结算日期，是一个序列号或字符向量，必须早于或等于到期日；

Maturity2　% 定义的新的到期日期；

Spread2　% 定义的新的合约价差。

【输出参数】

Price　　　　　% CDS 净价；

AccPrem　　　　% 应计保费；

PaymentDates　　% 支付日期；

PaymentTimes　　% 计息日期；

PaymentCF　　　% 现金流支付矩阵。

【例 7-3】甲方与乙方签订一项信用违约互换合约，约定合同的结算日期为 2011 年 7 月 17 日，定义的新的到期日期是结算日期 3 年后的第一个季末为起点，在 2 年内以季度为间隔逐渐递增，另一个新的到期日期为 2014 年 9 月 20 日，此时合约的市场价差为 196。请基于表 7-1 和表 7-2 信息用 cdsprice 方法计算信用违约互换价格。

【解析】

在 MATLAB 中输入如下程序：

```
Settle = '17-Jul-2011';    % valuation date for the CDS
```

```
MarketDates = datenum({'20 - Sep - 12','20 - Sep - 13','20 - Sep - 14','20 - Sep - 16', ...
        '20 - Sep - 18'});
MarketSpreads = [140 175 210 265 310]';
MarketData = [MarketDates MarketSpreads];
ZeroDates = datenum({'17 - Jan - 12','17 - Jul - 12','17 - Jul - 13','17 - Jul - 14', ...
        '17 - Jul - 15','17 - Jul - 16'});
ZeroRates = [1.35 1.43 1.9 2.47 2.936 3.311]'/100;
ZeroData = [ZeroDates ZeroRates];
[ProbData,HazData] = cdsbootstrap(ZeroData,MarketData,Settle);
Maturity2 = '20 - Sep - 2014';
Spread2 = 196;
[Price,AccPrem,PaymentDates,PaymentTimes,PaymentCF] = cdsprice(ZeroData, ... ProbData,
Settle,Maturity2,Spread2);
fprintf('Dirty Price: %8.2f\n',Price);
fprintf('Accrued Premium: %8.2f\n',AccPrem);
fprintf('Clean Price: %8.2f\n',Price - AccPrem);
fprintf('\nPayment Schedule:\n\n');
fprintf('Date \t\t Time Frac \t Amount\n');
for k = 1:length(PaymentDates)
    fprintf('%s \t %5.4f \t %8.2f\n',datestr(PaymentDates(k)), ...
        PaymentTimes(k),PaymentCF(k));
end
```

由此产生的付款时间表是：

```
Dirty Price: 41628.50
Accrued Premium: 15244.44
Clean Price: 26384.05
Payment Schedule:
Date            Time Frac   Amount
20 - Sep - 2009   0.1806    35388.89
20 - Dec - 2009   0.2528    49544.44
20 - Mar - 2010   0.2500    49000.00
```

```
20 - Jun - 2010    0.2556    50088.89
20 - Sep - 2010    0.2556    50088.89
20 - Dec - 2010    0.2528    49544.44
20 - Mar - 2011    0.2500    49000.00
20 - Jun - 2011    0.2556    50088.89
20 - Sep - 2011    0.2556    50088.89
20 - Dec - 2011    0.2528    49544.44
20 - Mar - 2012    0.2528    49544.44
20 - Jun - 2012    0.2556    50088.89
20 - Sep - 2012    0.2556    50088.89
```

【例 7 - 4】甲方与乙方签订一项信用违约互换合约，约定到期日为 2017 年 9 月 20 日，2016 年 7 月 17 日观测到的数据如表 7 - 3 所示。

表 7 - 3　　不同时间间隔下的零利率情况

时间间隔（年）	0.5	1	2	3	4	5
Zero Rate	1.35	1.43	1.9	2.47	2.936	3.311

合约价差为 135 基点，违约概率为 0.0247。求该信用违约互换合约的价值。

【解析】

在 MATLAB 中输入如下程序：

```
Settle = '17 - Jul - 2016';     % valuation date for the CDS
Zero_Time = [0.5 1 2 3 4 5]';
Zero_Rate = [1.35 1.43 1.9 2.47 2.936 3.311]'/100;
Zero_Dates = daysadd(Settle,360 * Zero_Time,1);
ZeroData = [Zero_Dates Zero_Rate];
ProbData = [daysadd(datenum(Settle),360,1), 0.0247];
Maturity = '20 - Sep - 2017';
ContractSpread = 135;
[Price,AccPrem] = cdsprice(ZeroData,ProbData,Settle,Maturity,ContractSpread)
Price =
   1.5461e+04
AccPrem =
   10500
```

即此信用违约互换合约的价值是 15461 元，应计保费是 10500 元。

第三节　一篮子信用违约互换

一、一篮子信用违约互换的定义与类型

一篮子违约互换与单一实体违约互换相似，只不过参考实体是一篮子实体而不是单一实体。一篮子信用违约互换的本质是一份针对多个公司发生违约事件的保险合约。一篮子信用违约互换根据各参考实体发生违约时赔付的时间不同，可以分为不同类型：主要有首次违约互换，第 n 个实体违约互换，n 个实体中 m 个实体违约的信用违约互换和全部违约互换。首次违约互换，是指当其中一个实体出现违约时，合约终止的信用违约互换；第 n 个实体违约互换是指其中 n 个实体发生违约时，合约终止的信用违约互换；n 个实体中 m 个实体违约的信用违约互换是指当特定的 m 个实体发生违约时，合约终止的信用违约互换；全部信用违约互换是指当全部实体都违约时，合约终止的信用违约互换。本节以首次信用违约互换为例，介绍一篮子信用违约互换的定价。

在首次违约篮子互换中，信用保护出售者可以出售多个资产的保护，互换的出售者在合约期内通过补偿资产篮子中第一个资产的损失来承担资产篮子的违约风险。即在合约期内通过出售已确定的一篮子资产的保护获得保费收入，而承担着这一篮子资产的违约风险，直到其中有一个资产出现违约，合约中止，保护出售方支付违约资产的损失；若合约期内没有任何一种资产发生违约，则信用保护卖方赚了一笔保费。

二、基于 MATLAB 对一篮子信用违约互换进行估值

对于首次违约互换，定价的前提是同质损失假设，即我们假设一个信用事件之后的损失金额对于篮子中的所有信用工具的影响都是相同的。在这个假设前提下，篮子中任何一个信用工具的违约都对其他信用工具造成相同的损失，因此定价模型会变得简单。定价的方法分为两个步骤：（1）计算篮子中的生存概率（不违约概率）；（2）使用生存（不违约）概率曲线和标准的单个实体的信用违约互换来发现首次信用违约互换利差，并对现有的首次信用违约互换进行定价。

1. 构建违约概率曲线

一篮子信用违约互换的违约概率曲线和单个实体的信用违约互换违约概率曲线类似，只是参考实体的个数不同。同样也是利用现有信用违约互换合约的市场报价或信用违约互换指数报价来估计的。

在 MATLAB 中，对每个实体的个别违约概率曲线也是使用 cdsbootstrap 函数。函数格式，输入参数和输出参数请参见单个实体的信用违约互换。

在实际中，时间是不连续的。首次违约概率曲线只能在网格上计算。我们每三个月计算一次。为了使 cdsbootstrap 函数在我们想要的特定网格点上返回违约概率值，需要使用可选参数“ProbDates”。我们需要将原始的标准 CDS 市场日期添加到网格中，否则这些日期的违约概率信息将使用网格中最接近的两个日期进行插值，导致市场日期的价格将与原始市场数据不一致。

【例 7 – 5】甲乙双方签订一个一篮子信用违约互换合约，约定合同的结算日期为 2011 年 7 月 17 日，该一篮子信用违约互换中有 4 个实体，约定当其中一个实体出现违约时，合约终止。请基于表 7 – 4 和表 7 – 5 信息用 cdsbootstrap 方法构建各参考实体的违约概率曲线。

表 7 – 4　　不同时间间隔下的一篮子 CDS 市场价差情况

时间间隔（年）	1	1	1	2	2
MarketDates	2012. 9. 20	2013. 9. 20	2014. 9. 20	2016. 9. 20	2018. 9. 20
MarketSpreads1	160	195	230	285	330
MarketSpreads2	130	165	205	260	305
MarketSpreads3	150	180	210	260	300
MarketSpreads4	165	200	225	275	295

表 7 – 5　　不同时间间隔下的零利率情况

时间间隔（年）	0. 5	1	1	1	1	1
ZeroDates	2012. 1. 17	2012. 7. 17	2013. 7. 17	2014. 7. 17	2015. 7. 17	2016. 7. 17
ZeroRates（%）	1. 35	1. 43	1. 9	2. 47	2. 936	3. 311

【解析】

在 MATLAB 中输入如下程序：

```
% Interest rate curve
ZeroDates = datenum({'17 - Jan - 12','17 - Jul - 12','17 - Jul - 13','17 - Jul - 14', ...
        '17 - Jul - 15','17 - Jul - 16'});
ZeroRates = [1.35 1.43 1.9 2.47 2.936 3.311]'/100;
ZeroData = [ZeroDates ZeroRates];
```

```
% CDS spreads
% Each row in MarketSpreads corresponds to a different issuer; each
% column to a different maturity date (corresponding to MarketDates)
MarketDates = datenum({'20-Sep-12','20-Sep-13','20-Sep-14','20-Sep-16', ...
            '20-Sep-18'});
MarketSpreads = [
    160 195 230 285 330;
    130 165 205 260 305;
    150 180 210 260 300;
    165 200 225 275 295];
% Number of issuers equals number of rows in MarketSpreads
nIssuers = size(MarketSpreads,1);

% Settlement date
Settle = datenum('17-Jul-2011');
ProbDates = union(MarketDates,daysadd(Settle,360*(0.25:0.25:8),1));
nProbDates = length(ProbDates);
DefProb = zeros(nIssuers,nProbDates);

for ii = 1:nIssuers
    MarketData = [MarketDates MarketSpreads(ii,:)'];
    ProbData = cdsbootstrap(ZeroData,MarketData,Settle, ...
            'ProbDates',ProbDates);
    DefProb(ii,:) = ProbData(:,2)';
end
figure
plot(ProbDates',DefProb)
datetick
title('Individual Default Probability Curves')
ylabel('Cumulative Probability')
xlabel('Date')
```

构建的各参考实体的单独的违约概率曲线如图 7-5 所示。

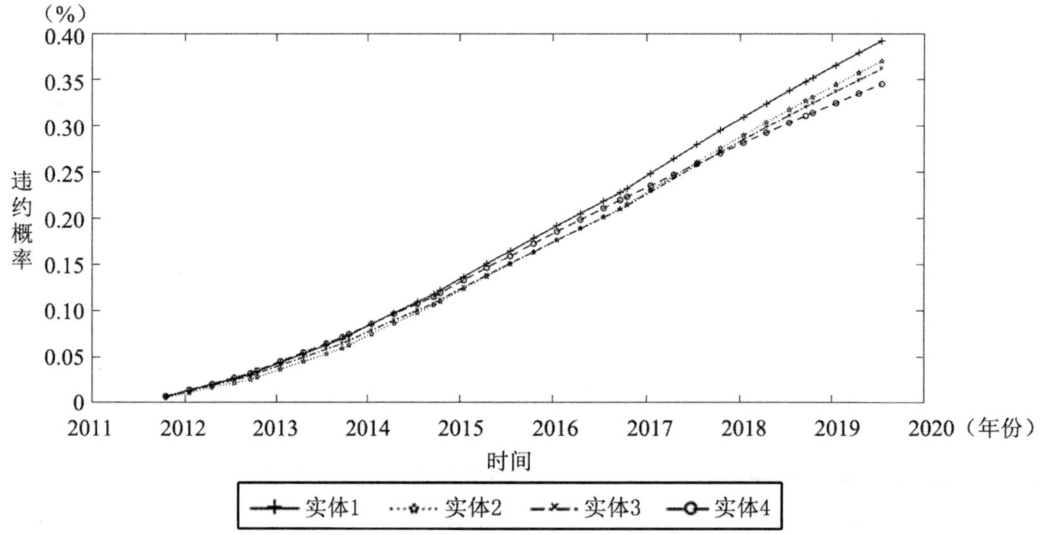

图7－5　单个实体违约概率曲线

2. 确定潜在变量的阈值

潜在变量在不同的信用风险环境中有不同的解释。在某些情况下，潜在变量是资产价值变化的替代变量，而该变量的域是上限，每个上限对应一个信用等级。阈值是由信用迁移矩阵决定的。潜在变量与违约时间相关联，当违约可能发生时，阈值决定了离散时间网格中可能出现违约的网格。

形式上，如果某个发行方的违约时间为 τ，我们知道它的违约概率函数 $P(t)$，一个潜在变量 A 和相应的阈值 $C(t)$ 满足：

$$P_{\tau}(\tau \leqslant t) = P_{(t)} = P_{\tau}(A \leqslant C(t)) \tag{7.5}$$

$$P_{\tau}(s \leqslant \tau \leqslant t) = P_{(t)} - P_{(s)} = P_{\tau}(C(s) \leqslant A \leqslant C(t)) \tag{7.6}$$

这些关系使得潜在变量方法对于模拟和分析推导都很方便。$P(t)$ 和 $C(t)$ 都是时间的函数。变量 A 的分布选择决定阈值 $C(t)$。在标准的潜在变量模型中，变量 A 的选择遵循标准正态分布：$C(t) = \phi^{-1}(P(t))$。其中 ϕ 是累积标准正态分布。

使用前面的公式来确定违约时间阈值，或简单的违约阈值，对应于之前计算的篮子中信用工具的违约概率。

DefThresh = norminv(DefProb)

3. 获得篮子违约互换的生存曲线

我们使用单因素潜变量模型来推导出篮子违约互换生存概率函数的表达式。给定每个发行者 i 的参数 β_i，给定独立的标准正态变量 Z 和 ϵ_i，假设与发行者 i 相关的潜在变量 A_i 满足：

$$A_i = \beta_i * Z + \sqrt{1 - \beta_i^2} * \epsilon_i \tag{7.7}$$

这引出了发行者 i 和 j 之间的 $\beta_i\beta_j$ 关系。所有潜在变量 A_i 共享共同因子 Z 作为不确定性的因素，但是每个潜在变量也有一个特殊的不确定性因素。系数 β_i 越大，潜在变量就越接近公共因子 Z。利用潜变量模型，推导出篮子违约互换生存概率的解析公式。发行者 i 经过时间 t_j 存活的概率，换句话说，它的违约时间 τ_i 在时间 t_j 之后，即：

$$P_\tau(\tau_i > t_j) = 1 - P_\tau(A_i \leqslant C(t)) \tag{7.8}$$

其中，$C_i(t_j)$ 为发行者 i 在离散网格中第 j 天的违约阈值。

以单因素 Z 的值为条件，所有发行者在经过时间 t_j 之后仍存活的概率为：

$$P_\tau(No\ default\ by\ time\ t_j) = P_\tau(\tau_i > t_j for\ all\ i \mid Z) = \int_z \prod_i [1 - P_\tau(A_i \leqslant C(t)) \mid Z]\phi(Z)d(Z) \tag{7.9}$$

因为所有的 ε_i 是独立的，所以结果是合理的。因此，当以 Z 为条件时，A_i 也是独立的。在时间 t_j 之前没有违约的无条件概率是之前条件概率对所有 Z 值的积分：

$$P_\tau(No\ default\ by\ time\ t_j) = P_\tau(\tau_i > t_j for\ all\ i \mid Z) = \int_z \prod_i [1 - P_\tau(A_i \leqslant C(t)) \mid Z]\phi(Z)d(Z) \tag{7.10}$$

其中，ϕ（Z）表示标准正态分布。

通过对网格中每一点 t_j 的一维积分进行估值，我们得到了整个篮子生存概率离散的点，也就是篮子违约互换的生存概率曲线。

潜在变量模型也可以用来模拟违约时间，这是许多信用工具定价方法的重要一步。例如，莱夫勒和波施（Loeffler and Posch）通过模拟估计了篮子的生存概率。在每个模拟场景中，为每个发行方确定违约时间。通过一些记录，可以从模拟中估计网格的每个点上出现第一个违约值的概率。模拟非常灵活，适用于许多信用工具。然而，当分析方法可用的时候，分析方法更好，因为它们比模拟快得多，也更准确。

为了计算例子中首次违约互换的生存概率，将所有的 β 设置为目标相关性的平方根，然后对时间网格中的所有日期进行循环，以计算一维积分，该积分给出了篮子的生存概率。条件生存概率通过标量 Z 的函数实现：condProb = @ (Z) prod(normcdf((– DefThresh(: ,jj) + beta * Z). /sqrt(1 – beta. ^2))) 。

但是，我们使用的积分函数要求被积函数能够计算向量，虽然以条件概率的标量版本进行循环是可行的，但是使用 bsxfun 对条件概率进行向量化要有效得多。

在 MATLAB 中输入如下程序：

```
DefThresh = norminv( DefProb) ;
beta = sqrt(0. 25) * ones( nIssuers,1) ;
FTDSurvProb = zeros( size( ProbDates) ) ;
```

```
for jj = 1:nProbDates
    % vectorized conditional probability as a function of Z
    vecCondProb = @(Z)prod(normcdf(bsxfun(@rdivide,...
                -repmat(DefThresh(:,jj),1,length(Z)) + bsxfun(@times,beta,Z),...
                sqrt(1 - beta.^2))));
    % truncate domain of normal distribution to [-5,5] interval
    FTDSurvProb(jj) = integral(@(Z)vecCondProb(Z).*normpdf(Z),-5,5);
end
FTDDefProb = 1 - FTDSurvProb;
figure
plot(ProbDates',DefProb)
datetick
hold on
plot(ProbDates,FTDDefProb,'LineWidth',3)
datetick
hold off
title('FTD and Individual Default Probability Curves')
ylabel('Cumulative Probability')
xlabel('Date')
```

运行程序，得到首次违约互换和单独的违约概率曲线，如图 7 -6 所示。

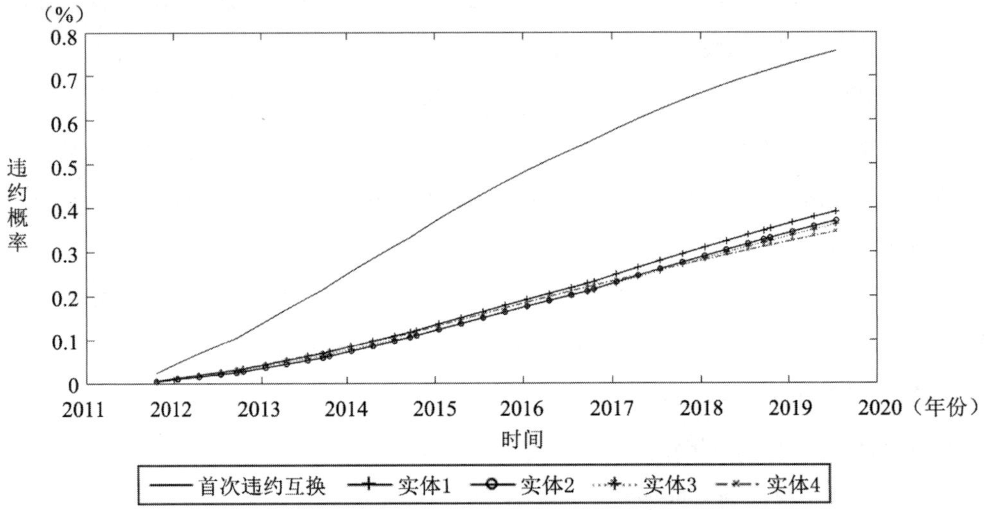

图 7 -6　首次违约互换和单个参考实体违约概率曲线

4. 查找首次违约互换价差，并对现有的首次违约互换定价

在篮子中的所有工具都具有相同的恢复率或同质损失的假设前提下，使用 cdsspread 函数得到首次违约互换的价差，但是需要刚刚计算的首次违约互换概率数据。

在 MATLAB 中输入如下程序：

```
ProbDataFTD = [ProbDates, FTDDefProb];
FTDSpread = cdsspread(ZeroData,ProbDataFTD,Settle,Maturity);
figure
plot(MarketDates,MarketSpreads')
datetick
hold on
plot(MarketDates,FTDSpread,'LineWidth',3)
hold off
title('FTD and Individual CDS Spreads')
ylabel('FTD Spread (bp)')
xlabel('Maturity Date')
```

比较首次违约互换价差和单独价差，结果如图 7－7 所示。

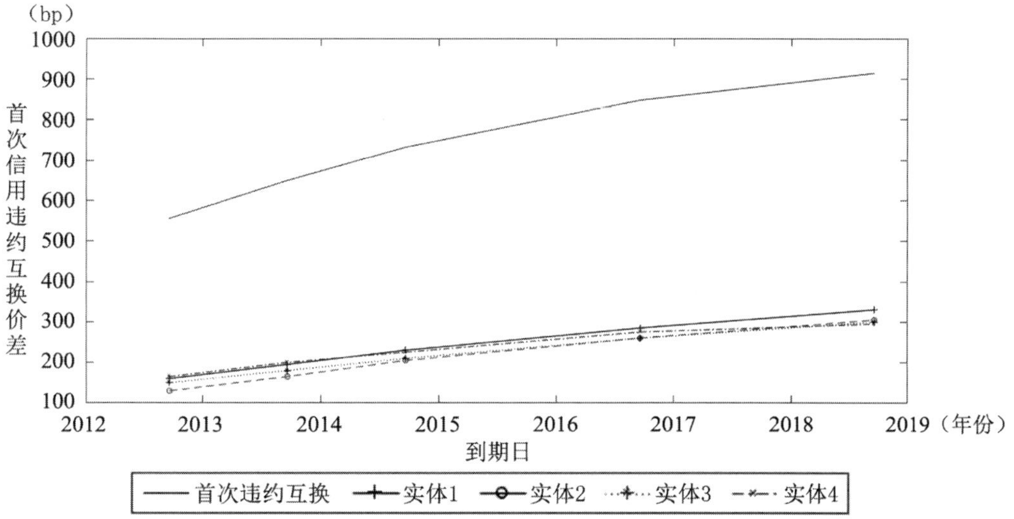

图 7－7 首次违约互换和单个参考实体的价差

现有的首次违约互换在使用相同的首次违约互换概率的前提下，使用 cdsprice 函数进行定价。

在 MATLAB 中输入如下程序：

```
Maturity0 = MarketDates(1);        % Assume maturity on nearest market date
```

```
Spread0 = 540;                    % Spread of existing FTD contract
                                  % Assume default values of recovery and notional
FTDPrice = cdsprice(ZeroData,ProbDataFTD,Settle,Maturity0,Spread0);
fprintf('Price of existing FTD contract: %g\n',FTDPrice)
Price of existing FTD contract: 17644.7
```

可以得到，首次违约互换合约的价格为 17644.7。

5. 分析相关系数的敏感性

为了说明首次违约互换价差对模型参数的敏感性，我们计算了一系列相关系数的市场价差。

在 MATLAB 中输入如下程序：

```
corr = [0 0.01 0.10 0.25 0.5 0.75 0.90 0.99 1];
FTDSpreadByCorr = zeros(length(Maturity),length(corr));
FTDSpreadByCorr(:,1) = sum(MarketSpreads)';
FTDSpreadByCorr(:,end) = max(MarketSpreads)';

for ii = 2:length(corr) - 1
    beta = sqrt(corr(ii)) * ones(nIssuers,1);
    FTDSurvProb = zeros(length(ProbDates));
    for jj = 1:nProbDates
        % vectorized conditional probability as a function of Z
        condProb = @(Z)prod(normcdf(bsxfun(@rdivide,...
            -repmat(DefThresh(:,jj),1,length(Z)) + bsxfun(@times,beta,Z),...
            sqrt(1 - beta.^2))));
        % truncate domain of normal distribution to [-5,5] interval
        FTDSurvProb(jj) = integral(@(Z)condProb(Z).*normpdf(Z),-5,5);
    end
    FTDDefProb = 1 - FTDSurvProb;
    ProbDataFTD = [ProbDates, FTDDefProb];
    FTDSpreadByCorr(:,ii) = cdsspread(ZeroData,ProbDataFTD,Settle,Maturity);
end
figure
legends = cell(1,length(corr));
plot(MarketDates,FTDSpreadByCorr(:,1),'k:')
```

```
legends{1} = 'Sum of Spreads';
datetick
hold on
for ii = 2:length(corr) - 1
    plot(MarketDates,FTDSpreadByCorr(:,ii),'LineWidth',3 * corr(ii))
    legends{ii} = ['Corr ' num2str(corr(ii) * 100) '%'];
end
plot(MarketDates,FTDSpreadByCorr(:,end),'k -.')
legends{end} = 'Max of Spreads';

hold off
title('FTD Spreads for Different Correlations')
ylabel('FTD Spread (bp)')
xlabel('Maturity Date')
legend(legends,'Location','NW')
```

运行程序，得到不同相关系数水平的首次违约互换价差图，如图 7 - 8 所示。

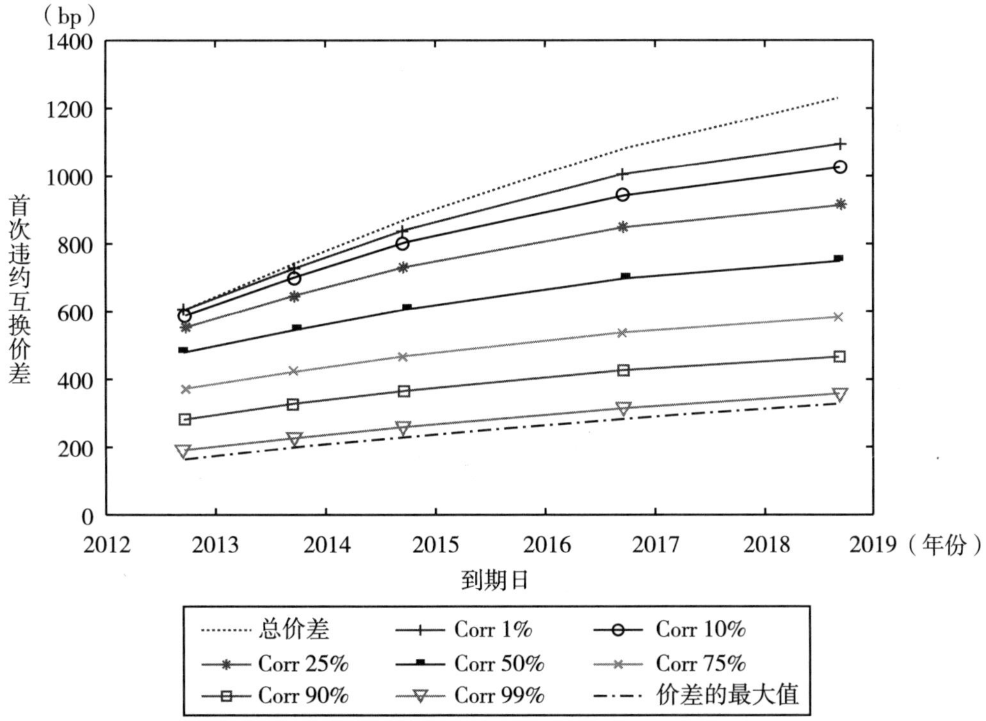

图 7 - 8 不同相关系数水平的首次违约互换价差

从图 7－8 中可以看出，首次违约互换价差位于单个价差的总和与最大值之间。当相关系数增加到 1 时，首次信用违约价差向篮子中单个价差的最大值递减（所有信用违约一起）。当相关系数降至零时，首次违约互换价差接近单个价差的总和。

对于期限较短和相关性较小的情况，篮子中的违约互换实际上是独立的（首次违约互换价差非常接近单个价差的总和）。对于期限较长的债券，相关性效应变得更为显著。以下是首次违约互换价差对相关性、依赖性的另一种可视化。

在 MATLAB 中，输入如下程序：

```
figure
surf( corr, MarketDates, FTDSpreadByCorr)
datetick('y')
ax = gca;
ax. YDir = 'reverse';
view( -40,10)
title('FTD Spreads for Different Correlations and Maturities')
xlabel('Correlation')
ylabel('Maturity Date')
zlabel('FTD Spread (bp)')
```

运行得到不同相关系数和到期日期下的首次违约互换价差，如图 7－9 所示。

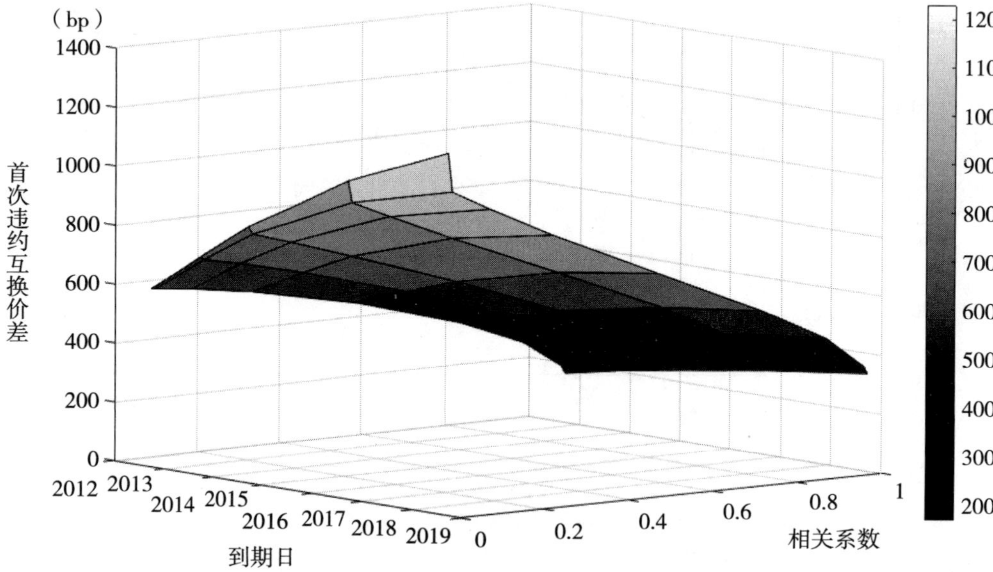

图 7－9　首次违约互换价差首次违约互换价差

第四节　结构信用模型：默顿方法

结构化模型由默顿（Merton，1974）首次提出，它建立在经典期权理论的基础上，将企业的股票看作是基于企业资产价值的一种欧式看涨期权。该模型认为，在企业外部负债到期时，如果企业资产的市场价值不足以偿还负债，即企业资产的市场价值小于到期负债的价值时，则企业就会违约（即不执行期权）。这种模型又被称为BSM结构化模型。此后，布莱克和考克斯（1976）针对BSM结构化模型中的违约只能发生在负债到期日的局限性进行了改进，提出了首次违约模型，从而完善了结构化模型的体系。

一、默顿模型

默顿提出了有关公司结构的第一个期权定价方法，它完全取决于公司资产价值的两类主要持有人：股东和债券持有人之间的分享准则，即取决于公司的实际资本结构，因而称为"结构型"方法，其基本思想是用期权定价估计固定收入工具的违约风险价差。该模型建立在无套利的定价基础上，信用风险来自潜在的违约。当资产价值降到某个阈值以下时，即资产价值低于负债余额的面值（F）时，便会发生潜在的违约。换句话说，卖权价值代表消除资金提供者所承受信用风险的成本。

假设违约只有在到期日为T后才发生，违约发生时间为取值于T或∞的随机变量，公司价值的动态变化服从风险中性概率分布的几何布朗运动，其中r为无风险利率，σ为公司资产价值的波动率。

$$dV_t = \mu V_t dt + \sigma V_t dW_t \tag{7.11}$$

如果到期日公司的资产价值V_t小于债务的面值F，就发生违约，负债到期日的价值可用下式表示：

$$D_T(V,T) = \min(V_T,F) = F - \max(F - V_T,0) \tag{7.12}$$

根据式（7.12）作图，如图7－10所示。

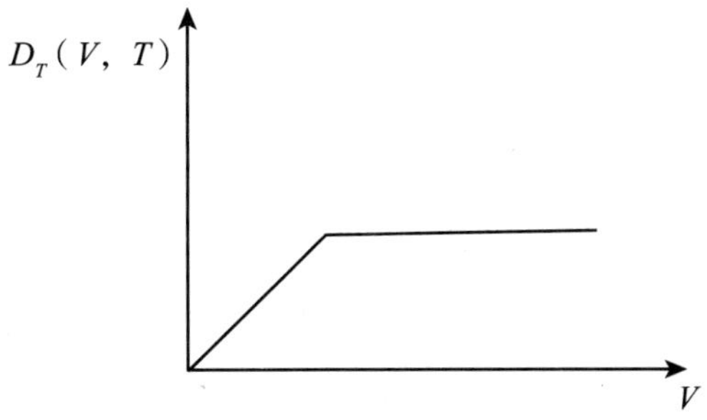

图7－10　公司资产价值函数的到期日负债价值

当唯一的融资来源是股东权益时，公司零息债券的信用风险价值等于公司资产价值的卖权，执行价格为负债的面值 F，到期日为发行债券的到期日 T。

另一种说法认为债权人以无风险利率放出贷款 F，并以执行价格 F 售出公司资产的卖权。同理，公司股票持有人的权益价值可由下式表示：

$$E_T(V) = \max(0, V_T - F) \tag{7.13}$$

根据式（7.13）作图，如图 7－11 所示。

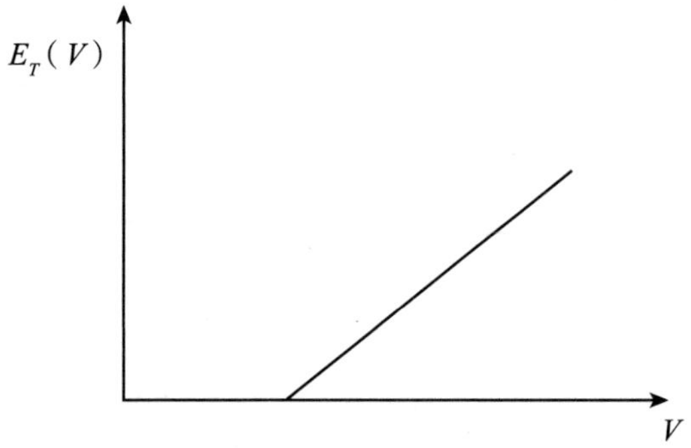

图 7－11　公司资产价值函数的到期日股东权益价值

对于股东权益价值，在 σ 为常数的条件下，典型的布莱克—斯科尔斯模型的结果为：

$$E_T(V, T, \sigma, r, F) = V_t N(d_1) - Fe^{-r(T-t)} N(d_2) \tag{7.14}$$

其中，$d_1 = \dfrac{\ln(V_t/F) + (r + \sigma^2/2)(T - t)}{\sigma\sqrt{T - t}}$，$d_2 = d_1 - \sigma\sqrt{T - t}$

$$N(y) = \frac{1}{\sqrt{2\pi}} \int_{-\infty}^{y} e \frac{-u^2}{2} d\mu$$

根据 MM 定理，公司资产价值等于债券价值加上股东权益价值，则公司资产价值为：

$$\begin{aligned} V_T &= Fe^{rT} - E_t(P) \qquad (7.15) \\ &= Fe^{-rT} - [-V_0 N(-d_1) + Fe^{-rT} N(-d_2)] \\ &= V_0 N(-d_1) + Fe^{-rT} N(d_2) \end{aligned}$$

二、布莱克和考克斯模型

经典的 BSM 结构化模型假定企业只能在债券到期日才发生违约，而布莱克和考克斯（1976）放松了这一假定，认为企业可以在到期日前的任何时候违约，是对默顿模型的改进。违约时间被定义为企业资产价值首次低于某个违约阈值的时候。这样，对于一个给定的违约阈值过程（D_t，$t \geqslant 0$），违约时间 τ 被定义为：

$$\tau = \inf(t > 0, V_t \leqslant D_t) \tag{7.16}$$

在 $D_t = D$ 为常数的情况下，违约概率为：

$$
\begin{aligned}
P(\tau \leqslant T) &= P(\min_{s<T} V_s \leqslant D) \qquad (7.17)\\
&= P(\min_{s<T}\{V_0 e^{ms+\sigma W_s}\} \leqslant D)\\
&= P\left(M_t \leqslant \ln \frac{D}{V_0}\right)
\end{aligned}
$$

根据 M_t 表示最小运营对数资产过程（$M_t = \min_{s<T}$（$ms + \sigma Ws$）），可以证明 M_t 服从逆高斯分布，根据下式可以计算违约概率：

$$
\begin{aligned}
P(\tau \leqslant T) &= P(\min_{s<T} V_s \leqslant D) \qquad (7.18)\\
&= 1 - \Phi\left(\frac{mT - \ln(D/V_0)}{\sigma\sqrt{T}}\right) + e^{\frac{2m\ln(D/V_0)}{\sigma^2}}\Phi\left(\frac{mT + \ln(D/V_0)}{\sigma\sqrt{T}}\right)
\end{aligned}
$$

以上两种结构化模型具有一个共同的性质，就是违约事件的可预知性。由这个性质得到的必然结果就是短期债券的信用利差为零，而这与实际观察的短期债券利差为正的现象不一致。

三、默顿模型的优点和缺点

默顿模型假定信用风险的发生与否完全由公司资产价值所决定，当公司资产价值下降到某一触发点时便发生违约。默顿模型不依赖于外界信用评级机构，其输入变量是在市场中很容易观察到的股票价格及其波动率。由于上市公司股票价格时常更新，所以利用此模型可以及时提供与公司现实情况相联系的信用风险指标。

在默顿模型中，假设市场是有效的，交易成本及税收为零，无红利分配，公司唯一的债务为零息票债券。但是人们往往忽略了默顿模型中隐含的市场有效性假设，因而所得结果不够准确。研究发现，只有剔除市场因素所引起的股票价格波动后，利用默顿模型才能在非有效市场中较为准确地度量负债上市企业的信用风险。

本章小结

1. 信用风险计量方法主要有专家判断法、信用评分模型和违约概率模型。

2. 信用违约互换是管理信用风险的重要工具，可以促进双方互相调整各自的风险头寸，重组贷款结构，降低信用风险。目前主要有三种类型：单一经济实体的信用违约互换、一篮子信用违约互换和信用违约互换指数。

3. 构建违约概率曲线是信用违约互换定价的基础。在 MATLAB 中，为构建违约概率曲线提供了 cdsbootstrap 函数。

4. 在 MATLAB 中，为信用违约互换的定价提供了 cdsprice 函数。这个函数在使用时，要注意新的到期日期的定义。

5. 在一篮子信用违约互换中，首次信用违约互换价差会因为各参考实体相关系数水平的不同而不同，在单个实体价差的最大值和各参考实体价差的总和之间波动。当相关系数降至0时，首次信用违约互换价差接近各参考实体价差的总和；当相关系数增加至1时，首次信用违约互换价差接近篮子中单个实体价差的最大值。

重要术语

信用风险　收益与风险不对称　资产证券化　信用违约互换　违约概率曲线
信用违约互换价差

复习与思考

1. 甲方与乙方签订一项CDS合约，约定合同的结算日期为2010年7月17日，请基于表1和表2信息试用cdsbootstrap方法构建违约概率曲线。

表1　　不同时间间隔下的CDS市场价差情况

时间间隔（年）	1	1	1	2	2
MarketDates	2011. 9. 20	2012. 9. 20	2013. 9. 20	2015. 9. 20	2017. 9. 20
MarketSpreads	150	165	200	270	320

表2　　不同时间间隔下的零利率情况

时间间隔（年）	0. 5	1	1	1	1	1
ZeroDates	2011. 1. 17	2011. 7. 17	2012. 7. 17	2013. 7. 17	2014. 7. 17	2015. 7. 17
ZeroRates（%）	1. 3	1. 45	1. 8	2. 38	2. 945	3. 231

2. 甲方与乙方签订一项CDS合约，约定合同的结算日期为2010年7月17日，定义的新的到期日是结算日期3年后的第一个季末为起点，在2年内以季度为间隔逐渐递增，请基于表1和表2信息试用cdsspread方法计算CDS价差。

3. 甲方与乙方签订一项CDS合约，约定合同的结算日期为2010年7月17日，定义的新的到期日期是结算日期3年后的第一个季末为起点，在2年内以季度为间隔逐渐递增，另一个新的到期日期为2013年9月20日，此时合约的市场价差为200。请基于表1和表2信息用cdsprice方法计算CDS价格。

第八章

量化风险投资模型

——多因子策略模型原理与实现

【学习目标】

量化风险投资是金融风险投资的一个重要方式，本章主要对量化投资进行简单介绍，要求读者对于量化投资的定义、发展历程及内容进行简单的了解，掌握量化投资中多因子选股的构建及其在 MATLAB 中具体实现，通过本章的学习，希望读者能够自己在股票市场选出最优股，达到风险规避的目的。

第一节　量化风险投资介绍

一、量化风险投资的定义

量化风险投资是利用计算机技术并采用一些数学方面的模型来实现既定投资目标的过程。量化风险投资主要的优势在于纪律性、系统性、及时性、准确性和分散性。目前在国内量化风险投资已经有几十年的发展历程，且最近几年得到了迅速发展，并且在将来也是投资方向发展的一个趋势。

量化风险投资的内容包括量化选股、量化择时、股指期货套利、商品期货套利、统计套利、期权套利、算法交易、ETF/LOF 套利、高频交易等，而学习好量化风险投资需要一定的基础知识，其中包括人工智能，以及数据的挖掘、分析理论和随机过程。

在进行传统的投资过程中，主要的投资方法有基本面分析法和技术分析法，而量化风险投资的不同之处是量化风险投资是基于一定的数据和相应的模型构造来寻找最优的投资策略，进而帮助投资者作出进一步的选择。

二、量化风险投资的发展历程

量化风险投资与数理金融有一定的相似性，很多理论和方法都是来源于数理金融，以下通过数理金融来回顾整个量化风险投资的发展历程：

（1）20 世纪 50 ~ 60 年代。马柯维茨（Makowitz）建立均值—方差模型来衡量市场的风险和收益率，之后夏普（Sharp，1964）、林特纳（Litner，1965）、莫林（Mossin，1966）推导出了资产定价模型（CAPM）。而 60 年代另外一个比较重要的影响理论是萨缪尔森（Samuelson，1965）和法玛（Fama，1965）提出的有效市场假说，其主要包括理性投资者、有效市场和随机游走这三个方面。

（2）20 世纪 70 ~ 80 年代。70 年代，随着金融理论的发展，在 1973 年布莱克 - 斯科尔斯（Black and Schole）确立了期权定价的模型，在此之后罗斯（Ross，1976）建立了套利定价理论（arbitrage pricing theory，APT）而多因子选股可以看成 APT 在实物投资过程中的典型代表。

（3）20 世纪 80 ~ 90 年代。80 年代是金融学发展的一个黄金时期，在这一时期出现了票据发行、互换交易、期权交易和远期利率协议，这些是对金融市场极大的发展，同时这一时期行为金融学也作为一个独立的学科分离了出来。

20 世纪 90 年代金融学家开始更加注意风险的管理，在诸多风险管理模型中，最著名的风险管理是 VaR（Value at Risk）模型，其中以 JP. 摩根的风险矩阵（risk,matrix）为主要的代表。

（4）20 世纪 90 年代末至今。90 年代末，非线性科学的研究方法和理论在金融理论及实践方面的应用极大丰富了金融科学量化手段与方法论的研究，其中最著名的是桑塔费（Santa Fe）于 1991 年创立的预测公司利用非线性技术进行投资的预测，其理论基础主要来源于多因·法默和诺曼·佩卡（Doyne Farmer and Norman Packard），他们详细的李雅普诺夫指数是对混合分类的重要体现，并且他们还运用了一些不同方法，如遗传算法、决策树、神经网络和其他的非线性回归方法。

总之，非线性的研究方法为科学金融数量化进一步研究提供了有利的研究工具。

三、量化风险投资与传统投资之间的比较①

量化风险投资与传统投资相比较而言，量化风险投资自身的优势和传统投资天然的缺陷，

① 丁鹏：《量化投资策略与技术》，电子工业大学出版社 2012 年版，第 5 ~ 9 页。

注定选取量化的方法进行风险投资成为必然。以下主要是通过列明传统投资方式存在的不足和量化风险投资方式所体现出来的一些优势。

1. 量化风险投资较传统投资的不足之处

在进行传统投资过程中，传统的投资策略可以分为主动型策略和被动型的策略，而主动型策略进一步划分为传统投资策略和量化风险投资策略。在市场中，所有投资者都想试图战胜市场以期获得超过市场基准的超额收益。但是在实际的操作与运用过程中往往不可能获得超额收益。这也验证了有效市场理论的观点——市场是难以被超越的。这并不是说不能获得一定的超额收益，可以换一个角度来思考这个问题，可能是传统投资策略自身内在的缺陷才导致投资决策者往往很难在市场中寻找较好的投资机会，从而获得一定的超额收益，其不足之处表现为以下几个方面：

（1）传统的投资策略可能受到人们思维可以处理信息的限制。例如，市场中存在 500 只股票样本，对于一个传统的投资者来讲可能只能跟踪 100 只股票，这样就排除了从其他股票获利的可能性。

（2）传统投资者可能容易受到认知偏差的影响，任何人都可能受到自己已有习惯、思想的影响，从而导致决策的误差。例如，大多数人在市场中要是通过自己的某种方式而获得一定的收益时，往往在接下来的几次投资时还会按照相同的方式进行投资，但市场上的一些影响因素已经发生了变化，最后可能并不会获得较好的收益，甚至还会错过一些最佳的投资时机。

（3）传统的投资策略更强调收益率而非风险的控制，更加强调个股的收益状况而非通过投资组合的方式，显然如果只是盲目地追求较高的收益而不加考虑相应的风险，在市场中往往很难获得收益。

2. 量化风险投资较传统投资的优势

（1）纪律性。按照投资模型给出的投资建议，而不是根据投资者自身情绪的变化而随意改变，纪律性的好处是可以克服人的贪性、恐惧及侥幸心理，还可以随时进行跟踪与修正。

（2）系统性。量化风险投资的系统性特征主要包括多层次的量化模拟、多角度的观察及大量数据的观察。多层次的模型主要包括大类资产的配置模型、精选个股的模型等，多角度的观察主要包括对宏观周期、市场结构、估值、盈利等多个角度进行分析。

量化系统性还有一个主要的优点是可以处理大量的数据。人脑在进行数据处理时有一定限制，比如说当市场中有少量的股票，对于人们来讲完全可以通过大脑的信息来进行处理，实现最优的投资方案，但当市场上有大量的股票是人脑无法进行处理的话，此时强大的量化风险投资的信息处理能力便能体现出优势了，能帮助投资者捕捉到更多的投资机会。

（3）及时性。及时准确地跟踪市场的变化，不断寻找新的投资机会。

（4）准确性。准确客观地评价交易的机会，通过全面、系统的分析能够对可能的投资机会进行估值，最终决定投资的类型。

（5）分散性。在风险控制的条件下，充分实现分散化投资的目标。一方面，计算机可以从不断重复的历史数据中进行分析，找出一定的历史规律，并通过使用这些规律特征选择最优的投资策略，实现未来的期望收益。另一方面，还可以进行一定股票组合达到规避风险的作用，避免了将鸡蛋放在一个篮子里的风险。

四、量化风险投资的内容

量化风险投资的主要方法有量化选股、量化择时、商品期货套利、统计套利、算法交易和另类套利，其相对应的技术主要有人工智能、数据挖掘、小波分析、支持向量机、分形理论、随机过程，接下来将具体介绍量化风险投资所运用到的方法和技术。

1. 量化选股

量化选股主要是通过采用数量的方法来确定股票是否值得买入，其主要方法有公司估值法、趋势法和资金法三大类。

公司估值法，通过对上市公司价值的估计得出公司的理论价格和市场价格的差异，进而判断股票价格是否被高估或者低估，从而决定买入或者卖出，近而指导投资者的投资行为。

趋势法根据市场的表现，如强势、弱势等不同形态做出相应的投资行为。

资金法本质就是随着市场资金主要的流入与流出方向来进行判断，当资金大量流入时其相应的价格会上升，当资金流出时其价格会下降。该方法就是一种跟风策略，随主流资金方向买入或者卖出，以期获得超额收益。

2. 量化择时

量化择时主要讲述股市的预测与市场有效性之间的关系，当市场是处于完全有效的基础时，根据股票以前的数据就能更加准确地预测未来股价的波动。以中国股市为例，对于我国股市是否是有效市场存在争议，所以关于股市的预测也有不同的说法。

3. 股值期货套利

股指期货套利主要是利用期货市场存在的不合理的价格，同时进行期货市场和现货市场的交易，或者利用相同或者相似的股指期货在不同时期的表现进行套利的过程。

4. 商品期货套利

商品期货套利是指如果一种商品同时在两个不同市场上有交易，可以在该商品价格被低估的市场上选择买入，而在价格被高估的市场上选择卖出。当商品价格向着其内在的合理价格调整后，则选择相反的操作，从而在两个市场都获取收益的一种交易。

5. 统计套利

统计套利是一种风险套利的方法，主要有两种：一是利用股票的收益率序列建模，在投

资组合 $\beta=0$ 的情况下实现 Alpha 的收益；二是利用股票价格序列的协整关系建模。前者是基于日收益率对均衡关系的偏离，而后者是基于累计收益率对均衡关系的偏离，相对于前者而言，后者的交易进行建仓与平仓更加具有可信度。

6. 期权套利

期权套利交易是指通过买进或者卖出一份看涨或看跌期权的合约，以期在日后进行对冲平仓获利的交易，进行期权套利的类型主要包括水平套利、垂直套利、转换套利、反向套利、跨市套利、蝶式套利等。

7. 交易算法

交易算法又称自动交易或者机器交易，是指通过使用计算机程序来发出交易的指令。在交易中，程序可以决定的范围包括交易时间的选择、交易价格，甚至可以包括最后的成交量，根据各个算法的主动程度不同可以把不同算法分为主动型算法交易、被动型算法交易和综合型算法交易这三大类。

五、量化风险投资的主要技术

1. 人工智能

人工智能是一门将计算机科学和哲学、心理学等学科混合起来的学科，几乎涵盖了自然科学和社会科学，而人工智能与思维科学是实践与理论的关系，人工智能只是思维科学的应用层面。

数学被认为是多种学科的基础，因此人工智能学科必须借助于数学工具，通过数学的一些表达式使一些抽象性的东西变得具体化。在学习的金融投资学科也是综合了各种知识与技术，对智能的要求也比较高，所以人工智能的技术可以应用到量化风险投资中去。

2. 数据挖掘

数据的挖掘是指从大量的、不完全的、有噪声的、随机的数据中提取隐含其中的、人们事先并不知道但又是潜在有用的信息和知识的过程。在进行数据挖掘时主要运用到的一些技术如关联分析、分类、预测、聚类分析等。

关联分析是指两个或者两个变量之间存在一定的规律性，如购物篮分析，该过程通过发现顾客放入其购物篮中的不同商品之间的关系，分析顾客的购买习惯。

分类就是找出一个类别概念的描述，代表整类数据的特征，一般通过规则或者决策树的方法来进行描述。

预测是利用历史数据找出变化的规律，建立模型，并由此对未来的数据进行预测。

聚类就是利用数据的相似性判断数据的聚合程度，使得同一类别中的数据尽可能相似，不同类别的数据尽可能不同。

3. 小波分析

小波分析方法是一种窗口大小固定但形状可改变，时间窗和频率窗都可以改变的时频局部分析法。也就是在低频部分具有较高的频率分辨率和较低的时间分辨率，在高频部分具有较高的时间分辨率和较低的频率分布律，通过局部股票价格的波动，对于未来股票的波动趋势可以有一个简单的预测。

4. 支持向量机

支持向量机（support vector machine，SVM）方法是通过非线性的映射，把样本空间映射到高维乃至无穷维的空间中，使得在原来的样本空间中非线性可分的问题转化为特征空间线性可分的问题。

5. 分形理论

分形理论是现代数学的一个重要分支，自相似原则和迭代生成原则是分形理论的重要原则，表示分形在集合的分支下具有不变性。同时分形理论是非线性科学的前言和重要的分支，又是一门新型的学科，使人们可以认识到整体与局部、有限与无限的关系，其揭示了世界是一个相互联系的整体。

由于分形理论的这些特征使得分形理论在量化风险投资中得到一定的应用，主要是金融时间数列的分解与重构。

6. 随机过程

随机过程（stochastic process）是一连串随机事件动态关系的定量描述。随机过程论与数学、物理分支如微分方程、复变函数论、力学等有密切的联系，也是自然科学、工程科学及社会科学各领域研究随机现象的重要工具。

随机过程论已得到广泛应用，如天气预报、统计物理、天体物理、运筹决策、经济数学、安全科学、人口理论、可靠性及计算机科学等很多领域都要经常用到随机过程理论来建立数学模型。

研究随机过程的方法多种多样，主要可以分为两大类：一类是概率方法，其中用到轨道性质、停时和随机微分方程等；另一类是分析的方法，其中用到测度论、微分方程、半群理论、函数堆和希尔伯特空间等，实际研究中常常将这两种方法并用。另外组合方法和代数方法在某些特殊随机过程的研究中也有一定作用，其中马尔科夫过程很适合金融时间序列的预测，是量化风险投资的典型应用。

六、量化风险投资的基本流程

接下来将展示量化风险投资的基本流程（如图 8 - 1 所示）及量化风险投资的一个引

例——寻找最佳股票，使得读者们对量化风险投资有一个基本的认识（如图8-2至图8-5所示）。

1. 量化风险投资的基本流程

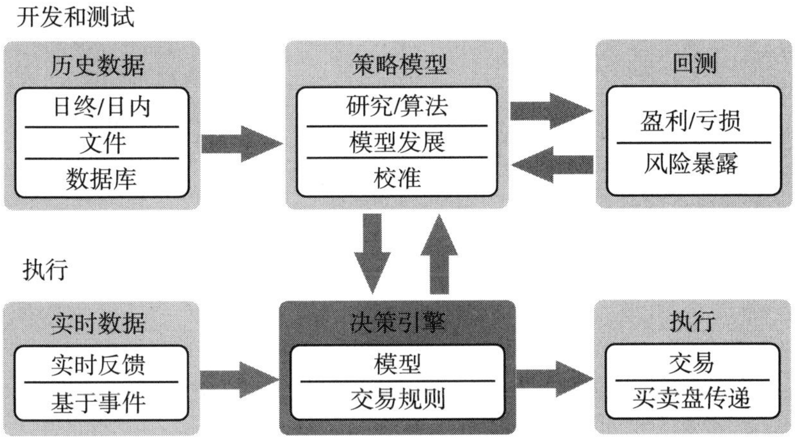

图8-1 量化风险投资基本流程

2. 量化风险投资——寻找最佳股票

目标：通过寻找股票的价值和风险来寻找最佳股票。

方法：交互式的探索数据并确定评估股票的方法；用同样的方法批量处理其他股票文件。

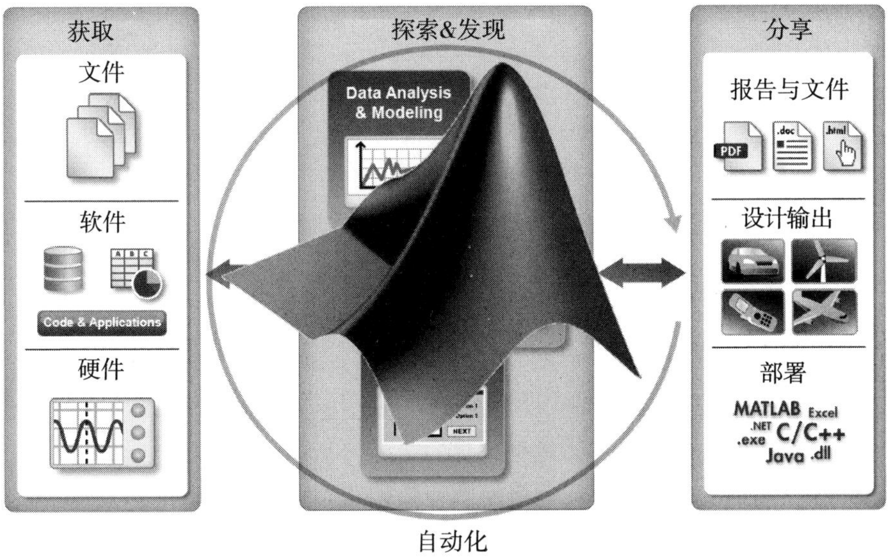

图8-2 科学计算流程

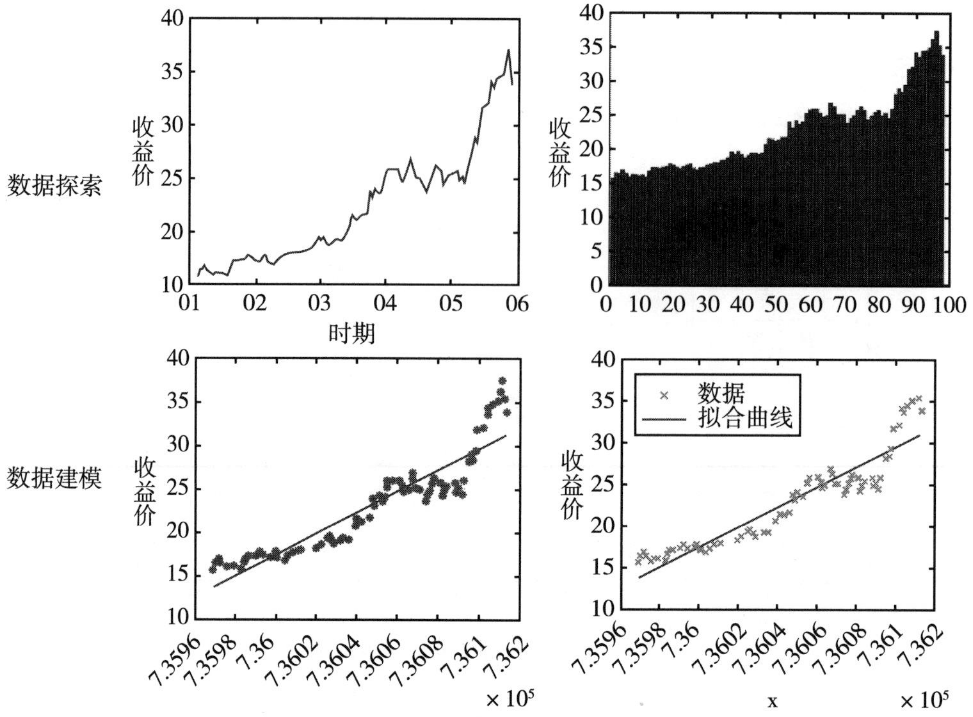

图 8－3 股票价值与风险评估

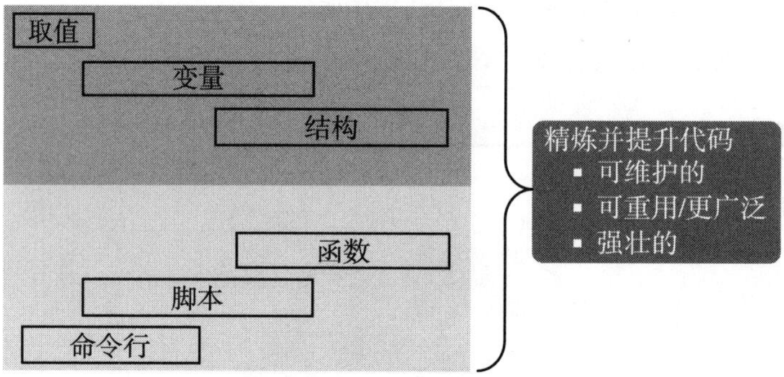

图 8－4 程序的开发方式

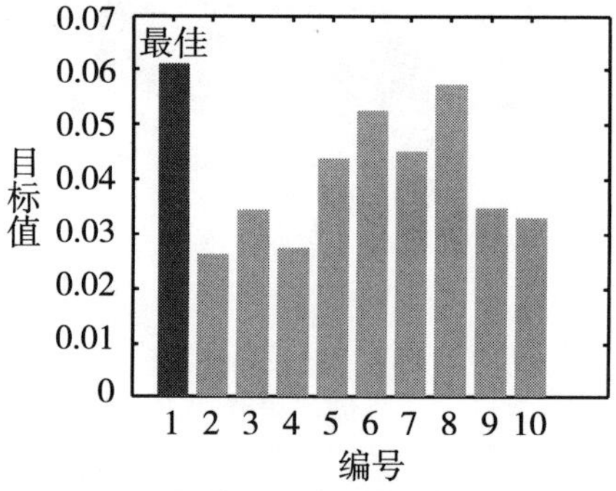

图 8－5 各股票的综合评价值及最佳股票

第二节　多因子选股模型的介绍

多因子选股是量化选股的一种重要选股方式，其基本思想就是选取与股票收益率相关的影响因子，根据影响因子在模型中影响的相关性程度的大小，从而决定模型建立的好坏，一般会结合基本面选股和技术面选股的思路。其中，基本面通常所要考虑的因素有宏观经济方面、行业发展变化和市场变化等一些因素；而技术面通常会考虑股票价格走势图，其中 P/E 和 P/B 等指标也可能成为影响股票收率的因子。

作为一名理性的投资者通常会根据因子作出以下判断：因子表现良好的股票通常会选择买入，而因子表现不佳的股票会选择卖出。但在实际业务的操作过程中，投资者往往会忽略一些重要的影响股票的因子，导致很难对股价作出准确的股价。

在股票市场中，投资者众多，有价值投资者和投机者，也有短线投资者和长线投资者。如果有很多投资者都在关注同一个因子，都会把这个因子的表现纳入选股的参考标准中去，那么这个因子在一定程度上是有效的。例如，股票市场价值投资者认为低 P/E 的股票后期价格走势较好，他们就会大量买入低 P/E 的股票，那么这个股票的价格一定会上涨，P/E 这个因子就会显得格外有效，因此有效因子是多因子模型构造中关键性的因素。

多因子相较于单因子拥有单因子模型所不具备的优点。假设市场中存在两只股票，但当投资者在进行因子分析的过程中发现选取 P/B 作为选股因子时，第一只股票因子值大于第二只股票，选取 P/E 作为选股因子时，第二只股票的因子值大于第一只股票，所以第一只股票的基本面表现第一只股票优于第二只股票。但是从技术面指标进行分析的时候发现，第一只股票的表现没有第二只股票表现好，那么究竟是应该买第一只股票还是第二只股票呢？这时候多因子选股模型的优势就体现出来了。多因子选股模型可以综合各个因子的信息得到最优的选股结果，选股面更广，选股结果更加科学。而单因子选股就很片面，选股面很窄，无法满足投资组合的长期持续性。

一、多因子选股模型的理论基础

多因子选股是量化选股模型中最常见的一种，建立在三个理论基础上，分别是资本资产定价模型（capital asset pricing model，CAPM）、套利定价理论（arbitrage pricing theory，APT）以及 Fama-French 三因子定价模型。CAPM 可以说是所有证券投资理论的基础，CAPM 模型认为证券组合的非系统风险是可以分散的，组合的预期收益主要取决于系统风险。APT 也是多因子定价模型的理论基础，在 CAPM 基础上提出了股票的预期收益率是受多个因素共同影响的，后来在这个基础上发展出了多因子定价模型。Fama-French 三因子定价模型是对 CAPM 和 APT 做了进一步发展，把 CAPM 模型中不能解释的一些现象进行了详细解释，同时对 APT 模型中的部分不确定因素做了进一步明确。

1. 资本资产定价模型

马柯维茨均值—方差模型奠定了资产组合理论的基础，但是该模型存在一定的限制性，在计算组合内每种资产的均值和方差等问题时操作难度很大，在这一背景下，威廉·莫森（William Sharpe）于 1963 年提出单一指数模型，这个模型假设股票收益只受股票指数收益的影响，解决了计算量大的问题。在此基础上，夏普（1964）、林特纳（1965）、莫森（1996）研究出资产的均衡结构，提出了资本资产定价模型。其要解决的问题是投资者在采用 Markowitz 理论进行投资决策时，如何分配证券的风险和收益从而找出资产的预期回报与风险之间的关系，资本资产定价模型刻画了均衡状态下资产的期望收益率和相对市场风险之间的关系，为投资实践提供了理论基础。

资本资产定价模型有以下一些假设：

（1）投资者通过单一投资期内的期望收益率和标准差来评价投资组合。

（2）投资者是非饱和的，当面临相同风险水平的两只股票时，投资者通常会选择较高收益的那一只。

（3）投资者是风险厌恶的，当面临的投资收益相同时，投资者往往会选择风险水平较低的那一种。

（4）每种资产都是无限可分的，投资者可以买卖单位资产或者组合的其中的一部分。

（5）投资者可以按相同的无风险利率借入和贷出。

（6）税收和交易费用可以忽略不计。

（7）投资期限都是相同的。

（8）对于市场的投资者来讲，信息具有公开性，并不存在不对称信息。

（9）市场无风险利率相同。

（10）投资者对各种资产的收益率、标准差和协方差具有相同的预期性。

基于以上假设条件 CAPM 的表达式为：

$$E(R_i) = R_f + \beta_i(E(R_m) - R_f)$$

其中，$E(R_i)$是证券 i 的期望收益率，R_f 是无风险收益率，$E(R_m)$是投资组合的收益率，$E(R_m) - R_f$ 是超额收益率。资本资产定价模型认为资产的预期回报是由无风险收益和风险补偿两部分所构成，收益率的高低与投资者的风险偏好并无关系，证券市场的风险分系统风险与非系统风险，其中 β 表示系统风险的大小，也对应资产收益的大小。

2. 套利定价理论

在 20 世纪 70 年代，金融产品不断创新，衍生品的定价已经成为学术研究的热点。布莱克、詹森和斯科尔斯（Black，Jensen and Scholes）于 1972 年建立了期权定价模型，解释了股票当前的价格受未来价格的预测走势所影响，而股票中相关变量的变化不受未来价格的预测走势影响，模型还对期权价格影响的因素作出进一步的解释。斯蒂芬·罗斯（Stephen Ross）于 1976 年提出的套利定价理论以多因素模型为基础导出了套利定价公式，弥补了资本资产定价模型中资产的市场组合数据难以获取以及对资产回报率解释力度偏弱的一些缺点。

套利定价理论的基本思想是利用建立的套利定价模型，给出了一定风险的情况下资产满足无套利条件的回报率，投资者可以获得在此回报率下无风险利率决定的回报，但不能取得超额利润。当证券组合的期望回报率不符合市场的定价时，就会产生套利的机会，投资者一旦发现套利机会就会设法获得利益，随着投资者不断地买进资产和卖出资产，由套利产生的差价就会消失，资产价格趋于均衡价格。

套利定价理论有如下的一些假设：

（1）市场是完全竞争的、无摩擦的，市场是不存在交易成本和交易费用的。

（2）市场允许卖空并且不加以限制。

（3）市场上存在足够多的证券供投资者进行套利。

（4）投资者收益的预期具有一定的一致性，对于市场上的某个证券 i 收益受到 k 种因素的影响：

$$R_i = E(R_i) + \beta_{i1}F_1 + \beta_{i2}F_2 + \dots + \beta_{ik}F_k + \varepsilon_i$$

其中，R_i 是证券 i 的收益率，β_{ik} 表示资产 i 收益率对 k 个风险因子的敏感性，$E(R_i)$ 是在所有因子都为零时证券 i 的预期回报，F_k 表示第 k 个风险因子的市值，ε_i 表示随机误差项，即非系统风险。

下面根据套利理论来构造套利的组合，通过构造套利组合可以发现套利机会，那么套利组合构造时需要满足以下条件：

（1）W_i 表示证券 i 在组合中权重，则需要满足：$\sum_1^n W_i = 0$。

（2）$\sum_1^n \beta_i W_i = 0$，一个套利组合对任何因素都没有敏感性，即套利组合的因素风险为 0。

（3）$\sum_1^n W_i E(R_i) > 0$，投资者套利的目的是为了获得无风险收益，因此套利组合需要有正的收益。

套利定价理论与资本资产定价模型都是关于证券价格的均衡模型，但套利定价理论是在较少的相对假设的前提下所得到的，套利定价模型是资本资产定价模型的发展。

3. Fama-French 的三因子模型

在 CAPM 和 APT 提出之后，一些学者提出一些疑问，市场中的风险溢价因子是否能够充分地解释个别风险资产的收益率，因此学者们不断探索寻找其他影响资产定价的因子，其中贡献较大学者如邦兹（Banz，1981）认为，公司股票的市值是影响股票收益率的一个因子，投资小市值公司的收益优于投资高市值公司，其差称为规模效应（size effect）。

巴苏（Basu，1983）也发现较低的 P/E 的股票具有较高的 Alpha 值，其收益相对较好。班达里（Bhandari，1988）在以上两位学者的基础上发现杠杆比率高的收益率相对较好。也有一些其他学者发现股票的收益率与账面市值比（book to market equity ratio，B/M）相关，较高的 B/M 的股票相对来说具有较高的收益，较高 B/M 减去较低的 B/M 的差称为价值效应（value effect）。

法马和弗伦奇（Fama and French）在 1973 年对美国股票市场影响股票收益率的一些因子进行了分析，法马和弗伦奇通过从众多影响股票收益率的因素当中选取了三个比较重要的影响因子，即市场风险溢价因子、市值因子和账面比因子，仿照 CAPM 模型这三个因子建立线性模型来解释股票的收益率，其具体表达式如下：

$$E(R_i) = R_f + \beta_i[E(R_m) - R_f] + S_i \times SMB + H_i \times HML$$

其中，SMB（small minus big）是指公司的规模因素，每一周期的小市值股票组合的平均收益率减去大市值股票组合的平均收益率得到的就是 SMB；HML（high minus low）是公司价值因素，高账面市值比的股票组合收益率减去低账面市值比的股票组合的收益率就是 HML。

资产 i 的收益率用 R_i 表示，$E(R_i)$代表个股或资产组合的期望收益率，R_f 为无风险利率，S_i 为资产组合的规模敏感程度，H_i 为资产组合的价值敏感度，$E(R_m)$为市场组合的期望收益率。

法马和弗伦奇的三因子模型能够较好地解释市场中影响股票收益率的因子，对于市场中股票的选取具有重要参考意义，但三因子模型自身还是存在一定的缺陷。①

多因子选股是量化选股模型的一种，其理论基础包括资本资产定价理论、套利定价理论以及 Fama-French 三因子定价模型。其中，资本资产定价理论解释了资产的预期回报与风险之间的关系；套利定价理论认为风险资产的回报除了受市场风险的影响外，还会受到其他许多因素的影响，Fama-French 三因子定价模型可以看作是 APT 的三因素特例。

---

① 若是读者感兴趣不妨找来法马和弗伦奇在《金融经济学刊》（*Journal of Financial Economics*）中发表的《五因素资产定价模型》（A Five-Factor Asset Pricing Model）的原文来读一下进一步了解如何对于影响股票收益率的因子进行改进。

二、多因子选股模型的分类

量化风险投资市场上，多因子选股模型的种类有很多，都是投资者与研究者基于不同因子开发出来的。这些多因子模型有很多不同点，归纳来讲主要集中于两点：一是影响因子的选择。这些因子指标既有包含基本面的又有包含技术面的，那么在选择的时候如何做取舍就成了难题。有些投资者偏爱技术分析，认为技术面因子更具有说服力，可以更多地影响股票的价格走势，所以在构建模型的时候会大量加入技术指标。而另外的投资者则认为基本面的指标更能反映公司的状况，可以更多地影响股票的价格走势和未来收益，如 PE、PB、每股收益增长率等，所以他们在构建模型时就会更多地加入此类指标。二是如何运用筛选出的因子构建表现良好的股票组合。例如在打分法的计算过程中，不同投资者对于每个因子权重的赋予方法也不同，有的采用等权重法，有的根据因子影响强度的大小赋以相应的权重，不同的方法得出的模型会有不同的实证效果。当前，多因子选股模型构造主要有三种方法：打分法、排序法及回归法。

1. 打分法

打分法就是对影响股票价格走势和预期收益的因子指标按照因子值大小进行排序打分，因子取值较高的打分高，反之打分低，然后对每个因子赋权，依据各自的权重对因子得分进行加权求和，最后根据因子的综合评分筛选股票，选出得分靠前的部分股票构建投资组合，然后进行历史回测检验其选股有效性。股票打分法与其他两种方法比起来具有稳健的优势，不会受极端值的影响。在对因子进行赋权时，赋权的方法可以分为静态加权打分法和动态加权打分法。股票打分的方法主要有综合评估法、回归得分法和逐步回归得分法几种。

2. 排序法

排序法就是将因子按照取值进行排序，选择出排名靠前的某一数量的股票构建投资组合，该模型认为因子的大小与股票的未来收益之间存在一定的相关关系。不管是正相关还是负相关，只要存在相关关系，就可以利用因子的取值进行选股。基于排序法的多因子模型在构建之前，要先对因子按照重要程度进行排序，重要的因子排在前面，可以赋予较高的权重，重要性较低的因子排在后面，赋予较低的权重。根据不同重要性的因子会选出不同的股票组合，最后按照权重筛选出一个最终的符合投资者要求的股票组合。

3. 回归法

回归法就是把股票过去的回报率作为被解释变量，把候选因子的取值作为解释变量，通过线性回归分析得到回归方程，然后利用方程筛选出收益表现较好的股票构建投资组合。回归法在实证检验的过程中，利用得到的模型代入实际的因子取值得到一组预测的收益率，然后选取收益率排名靠前的股票构建投资组合，最后通过实证检验，分析组合的实际收益是否能够真正获利。回归法可以根据因子敏感性及时调整，但是容易受极端值的影响，在某种市场行情下如果股票因子敏感度的变化比较大，那么因子对股票未来收益利率的预测很可能没有说服力。

基于因子回归法的多因子模型采用的是多元线性回归的方法，通过线性回归，可以得到因子取值未来收益之间的线性相关关系。基于回归法的多因子模型在挖掘有效因子组合的过程中往往表现得比较高效，利用回归法会得到一个方程，方程的各个系数对应的就是各个因子的权重，这种选股方法可以帮助优化选股权重，避免了人为设置的情况发生，相较于前两种分类方法而言，回归分析方法拥有自己独特的优势。

（1）基于回归法的多因子模型在建立过程中信息的对比更加简洁，因为在对多因子进行回归的时候可以通过锁定某个变量来观测其他变量的影响是否显著，这样就可以发现锁定因子之外的其他显著因子，当然也可以通过对比筛选一些相似的指标。

（2）多因子选股模型可以综合各个因子的信息得到最优的选股结果，选股面更广，选股结果更加科学。

（3）用线性回归的方法可以避免打分法和排序法带来的给某个因子权重过大的弊端。

（4）通过回归的方法构建的组合也能容纳更多的因子，这样可以充分利用更多的市场信息，提高超额收益的幅度和稳定性。

基于回归法优点，在第四节中对于数据的选取和导入时将主要采用多元回归与逐步回归的方法。

三、多因子策略模型构建流程

多因子策略模型构建过程主要包括风险源的分析，因子的确定、因子有效性检验、有效因子但多余的删除、模型的建立及模型的评价和持续改进等步骤。

1. 风险源的分析

在进行因子选取之前，需要对市场上的一些风险状况进行分析，主要有宏观因素、行业因素及所选取股票的公司风险。宏观因素包括国内生产总值、工业增加值、经济周期变动、通货变动等；行业因素包括行业类型、行业生命周期和行业政策等；公司风险主要是公司的财务指标、经营能力及竞争力等指标。

2. 因子的确定

在股票选取的过程中，对于相关影响因子的考虑是影响股票组合的一个关键性因素，而因子的指标可能是基本面指标或者技术面指标，其中常见的基本面指标主要有市净率（PB）、市盈率（PE）、每股收益（EPS）等，技术面指标包括动量、换手率、波动率等，因子的确定是建立构造模型的一个关键性因素。

3. 因子有效性的检验

一般对于所选取因子有效性的检验主要是通过排序的方法。具体来讲，对所选取的一个因子，在模型形成的第一个月的月初开始计算每一只股票中受该因子影响的强弱，从弱到强的顺序对样本的股票进行一定的排序，并且按一定的指标分成 m 个组合，一直到本月的月末，到下个月初按同样的方法构建 m 个组合一直到月末，每个月都是如此，一直到该模型结束的日期。

在进行构建组合结束后，计算 m 个组合的年化收益率、相对基准业绩的超额收益，通过计算出的年化收益率和超额收益这些指标大小的比较，做出相应的判断。通常来讲，年化收益率和超额收益较高的其所在组合所受因子的影响较为明显，且是一种有效的因子。

4. 有效因子但多余的删除

不同的因子可能由于自身内在因素的驱动使其大致相同，导致其所选出来的组合在个股和收益等方面具有较高的一致性，尽管这些因子是有效的，但仍需将其中的一些因子作为多余的因子进行删除，而只是保留那些收益较好、区分度较大的因子。下面给出如何对多余有效因子进行删除的步骤。

假设有 L 个有效因子，样本期为 n 月：

（1）对不同因子的 m 个组合进行评估，可以通过打分或者其他的一些评估标准，其中与该组合在整个模型形成期的收益相关且收益值较大的给予较高的评估级别。具体方法是：令组合 1 和 m 的超额收益分别表示为 R_1 和 R_m，如果 $R_1 < R_m$ 则将组合 i 的评估级别用数值 i 来进行表述；反之，如 $R_1 > R_m$，组合 i 的评估级别用数值 $m-i+1$ 来进行表述，组合评估级别通过数值来进行表述之后，再将其分摊到每个月的个股当中。

（2）按月计算出个股不同因子数值的相关性。

（3）计算出每个月因子数值之后，再计算整个样本期内相关性矩阵的平均值。

（4）设定一个与评估数值相关的标准对象，对于相关性矩阵的平均值大于该标准对象的因子，保留其中与其他因子相关性较小、有效性更强的因子，而其他因子则作为多余的因子删除掉。

5. 模型的建立

模型通过选取去除一些多余因子之后的因子，在运行期的每个月月初对市场中正常交易的个股计算每个因子评估的数值，并按照一定权重计算所有因子的平均评估数值，根据计算出来的评估数值进行一定排序，选择排名靠前的一些股票。例如，选取评估数值前 30% 的，或者选取高于某一个评估数值的股票。

6. 模型的评价及持续改进

在进行量化选股的过程中，假设的前提是市场是非有效的，当市场上的投资者都是用该模型进行选股时，此时的一些因子可能就变得不是那么相关，而且还可能会出现一些新的因子，需要加入该模型中。此外，以前所选取的一些因子在以前的市场是有效的，但随着市场的变化，这些因子可能会变得无效，甚至可能成为有效选股的一个障碍。

在进行评估的过程中，权重的选取也是需要考虑的，选取的方法不同可能就会导致结果的不同。例如，等权重的方法，或者按照各个因子评估的数值占各个因子评估总值的比重来作为权重，其最终结果往往也会有一定差异，还有对于不同投资者风险厌恶度也不同。因此，在进行多因子选股模型使用的过程中，需要对因子的选取及模型自身形式不断地进行改进以适应同样不断变化的市场。

第三节 数据源选取与数据导入

通过探讨市场上 2398 只股票和影响每只股票相对收益的 10 项影响因子来说明如何在 MATLAB 中实现数据的选取与数据的导入。

数据源常用到指标层和目标数据，其基本内容如图 8－6 所示。

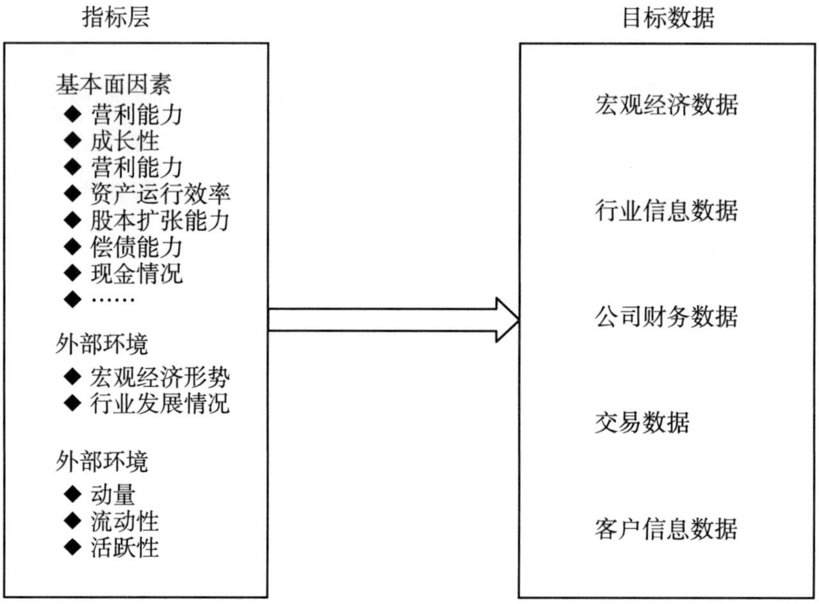

图 8－6 数据源的内容

常用到的函数有 dataset 函数、predict 函数。

一、导入数据

```
clc              % 清除命令窗口里的内容；
clear all        % 清除整个内存变量；
close all        % 关闭所有内存变量。
```

【例 8 - 1】在 MATLAB 中读取以 SampleA1. xlsx 进行命名的 Excel 表格（由于篇幅有限只是截取其中一部分的数据）

表 8 - 1　　市场上 2398 只股票和影响每只股票相对收益的 10 项影响因子

dv1	dv2	dv3	dv4	dv5	dv6	dv7	dv8	dv9	dv10	eva
-3. 35731	-2. 77443	0. 665557	0. 4	-0. 58537	-0. 32722	-0. 0011	0. 055328	0. 055328	-1. 639685382	1
-2. 17391	-6. 639	0. 998004	0. 5	-0. 71429	-0. 29067	-0. 00143	0. 224138	0. 224138	-0. 754042081	1
-3. 60902	-1. 83767	2. 325581	0. 7	-0. 7037	-0. 08232	-0. 00115	0. 625	0. 625	-1. 058462587	1
-3. 74065	-0. 51546	0. 998004	0. 5	-0. 90476	-0. 07039	-0. 00095	0. 31	0. 31	-0. 844603733	1
-2. 87405	-4. 32973	0. 249688	0. 2	-0. 75	-0. 30104	-0. 00352	0. 809628	0. 809628	-1. 116025379	1
-3. 3366	-1. 20361	0. 998004	0. 5	-0. 70909	-0. 27289	-0. 01792	0. 369748	0. 369748	-0. 667340748	1
-4. 4335	-19. 1667	0. 249688	0. 2	-0. 84848	-0. 28859	-0. 0017	0. 22973	0. 22973	-1. 006971028	1
-5. 13699	1. 465201	0. 998004	0. 5	-0. 94737	0. 135371	-0. 00083	0. 028571	0. 044177	-1. 050746879	1
-7. 71144	-14. 6145	0. 42796	0. 3	-0. 50667	-0. 17238	-0. 00345	0. 665377	0. 661538	-1. 10987735	1
-3. 52046	-9. 70614	0. 665557	0. 4	-0. 68889	-0. 31406	-0. 00153	0. 662338	0. 563091	-0. 748790932	1
-2. 19207	-8. 67446	0. 665557	0. 4	-0. 5625	-0. 42145	-0. 00138	0. 104626	0. 104626	-1. 640970449	1
-2. 04082	-10. 559	0. 665557	0. 4	-0. 25714	-0. 41011	-0. 00213	0. 458399	0. 458399	-0. 52004212	1
-8. 63797	-12. 6984	0. 665557	0. 4	-0. 8	-0. 10622	-0. 00445	0. 610526	0. 513274	-2. 148014486	1
-3. 17308	-5. 97572	0. 998004	0. 5	-0. 57143	0. 00927	-0. 00822	0. 610577	0. 610577	-0. 817994162	1
-5. 76923	-3. 92157	0. 998004	0. 5	-0. 59524	0. 266955	-0. 01394	0	0. 041237	-1. 497369459	1
-3. 32542	-8. 33333	0. 42796	0. 3	-0. 54545	-0. 14563	-0. 00142	0. 209016	0. 209016	-1. 550319916	1
-5. 19481	-19. 7802	0. 665557	0. 4	0	0. 079365	-0. 00812	0. 034646	0. 054012	-4. 887298425	1
-3. 16901	-10. 5691	0. 42796	0. 3	-0. 52174	-0. 32451	-0. 00248	0	0	-0. 937547491	1
-2. 94737	2. 901786	1. 496259	0. 6	-0. 46154	-0. 31406	-0. 00121	0. 350467	0. 350467	-0. 785430514	1

【解析】在 MATLAB 命令窗口中输入以下命令：

```
s = dataset('xlsfile', 'SampleA1. xlsx')
```

二、数据源的选取

在 MATLAB 中进行常用数据选取主要是通过多元线性回归和逐步回归分析得出的。

多元线性回归是指在回归分析中，如果有两个或两个以上的自变量，就称为多元回归。相对于单一的自变量来讲，使用多个变量来解释因变量更好，其回归模型形式如下：

$$Y = a + b_1X_1 + b_2X_2 + \ldots + b_kX_k + \varepsilon_i \quad \varepsilon = 1,2,3,\ldots,n$$

其中，X_k 是第 k 个样本。

逐步回归，其核心的基本思想是将变量逐个引入模型，每引入一个解释变量都要进行 F 检验，并对已经选入的解释变量逐个进行 t 检验，当原来引入的解释变量由于后面解释变量的引入变得不再显著时，则将其删除，以确保每次引入新的变量之前回归方程中只包含显著性变量。

下面介绍 MATLAB 中多元回归与逐步回归的应用。

1. 多元线性回归

Step1：构造线性回归模型并进行 t 分布以及 P 值检验：

```
myFit = LinearModel. fit (s)
disp (myFit)
```

在 MATLAB 中结果如下显示：

Linear regression model：

eva ~ 1 + dv1 + dv2 + dv3 + dv4 + dv5 + dv6 + dv7 + dv8 + dv9 + dv10

Estimated Coefficients：

	Estimate	SE	tStat	pValue
(Intercept)	0. 13242	0. 035478	3. 7324	0. 00019329
dv1	-0. 092989	0. 0039402	-23. 6	7. 1553e-113
dv2	0. 0013282	0. 0010889	1. 2198	0. 22264
dv3	6. 4786e-05	0. 00020447	0. 31685	0. 75138
dv4	-0. 16674	0. 06487	-2. 5703	0. 01021
dv5	-0. 18008	0. 022895	-7. 8656	5. 1261e-15
dv6	-0. 50725	0. 043686	-11. 611	1. 6693e-30
dv7	-3. 1872	1. 1358	-2. 8062	0. 0050462
dv8	0. 033315	0. 084957	0. 39214	0. 69498
dv9	-0. 028369	0. 093847	-0. 30229	0. 76245
dv10	-0. 13413	0. 010884	-12. 324	4. 6577e-34

Number of observations：2937，Error degrees of freedom：2926

Root Mean Squared Error: 0.348

R - squared: 0.819,　Adjusted R - Squared 0.818

F - statistic vs. constant model: 1.32e + 03, p - value = 0

根据回归结果，可以发现 dv2、dv3、dv8、dv9 这几个因子并不显著，说明这几个因子对于 EVA 的影响并不显著，可以将其进行剔除，而且整体的 R - squared 和 Adjusted R - Squared 也并不是特别的高，说明拟合的程度受到了影响。

Step2：进行新数据的预测代码如下：

predict ( )　　　　% 用拟合模型对新的数据集预测解释变量。

```
sx = s(:,1:10);
sy = s(:,11);
n = 1:size(s,1);
sy1 =  predict(myFit,sx)。
```

Step3：可以通过图像的方式来进行观察其代码如下：

```
plot ( )        % 图像的输出;
figure          % 图像;
xlabel          % 设定 x 坐标轴的标签;
ylabel          % 设定 y 坐标轴的标签;
title           % 设定标题;
set             % 改变图像的属性;
linewidth       % 线条的宽度。
```

【解】在 MATLAB 中执行以下命令：

```
sx = s(:,1:10);
sy = s(:,11);
n = 1:size(s,1);
sy1 =  predict(myFit,sx);
figure
plot(n,sy, 'ob', n, sy1,'*r')
xlabel('样本编号', 'fontsize',12)
ylabel('综合得分', 'fontsize',12)
title('多元线性回归模型', 'fontsize',12)
```

set(gca, 'linewidth',2)

得出的多元回归模型如图 8 – 7 所示。

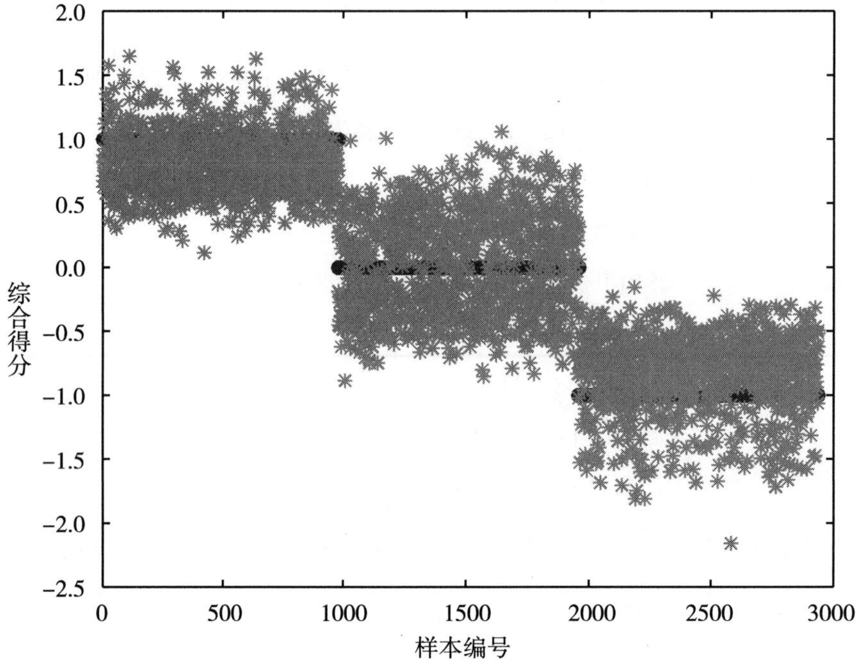

图 8 –7　多元线性回归模型

2. 逐步回归

Step1：构造逐步回归模型并进行 F 检验以及 P 值检验来确定回归模型。

【解】在 MATLAB 中执行以下命令：

myFit2 = LinearModel. stepwise（s）;

disp（myFit2）

在 MATLAB 中结果显示如下：

1. Adding dv1, FStat = 9588. 9218, pValue = 0

2. Adding dv6, FStat = 457. 4039, pValue = 1. 99293e – 94

3. Adding dv10, FStat = 262. 2799, pValue = 1. 446486e – 56

4. Adding dv1:dv10, FStat = 73. 1017, pValue = 1. 95152e – 17

5. Adding dv5, FStat = 35. 5913, pValue = 2. 7252e – 09

6. Adding dv5:dv10, FStat = 16. 9034, pValue = 4. 04112e – 05

7. Adding dv1:dv6, FStat = 13. 1002, pValue = 0. 000300265

8. Adding dv7, FStat = 9. 6632, pValue = 0. 001898

```
9. Adding dv1:dv5, FStat = 5.0866, pValue = 0.024185
10. Adding dv6:dv10, FStat = 4.6719, pValue = 0.030741
11. Removing dv1:dv6, FStat = 0.11125, pValue = 0.73875
Linear regression model:
    eva ~ 1 + dv7 + dv1 * dv5 + dv1 * dv10 + dv5 * dv10 + dv6 * dv10
Estimated Coefficients:
                   Estimate      SE          tStat       pValue
                   _________     _________   _______     ___________

    (Intercept)    0.032319      0.01043      3.0987     0.0019621
    dv1           -0.099059      0.0037661  -26.303      4.6946e-137
    dv5           -0.11262       0.023316   -4.8301      1.4345e-06
    dv6           -0.56329       0.037063   -15.198      2.864e-50
    dv7           -3.2959        1.0714     -3.0763      0.0021155
    dv10          -0.14693       0.010955   -13.412      7.5612e-40
    dv1:dv5        0.018691      0.0053933   3.4656      0.00053673
    dv1:dv10       0.010822      0.0019104   5.665       1.6127e-08
    dv5:dv10      -0.1332        0.021543   -6.183       7.1632e-10
    dv6:dv10       0.10062       0.027651    3.639       0.00027845
Number of observations: 2937, Error degrees of freedom: 2927
Root Mean Squared Error: 0.344
R-squared: 0.824,  Adjusted R-Squared 0.823
F-statistic vs. constant model: 1.52e+03, p-value = 0
```

Step2:进行数据的预测代码如下:

```
sy2 = predict(myFit2,sx);
```

Step3:可以通过图像的方式来进行观察其代码如下:

```
figure
plot(n,sy, 'ob', n, sy2,'*r')
xlabel('样本编号', 'fontsize',12)
ylabel('综合得分', 'fontsize',12)
title('逐步回归模型', 'fontsize',12)
set(gca,'linewidth',2)
```

得出的逐步回归模型如图 8－8 所示。

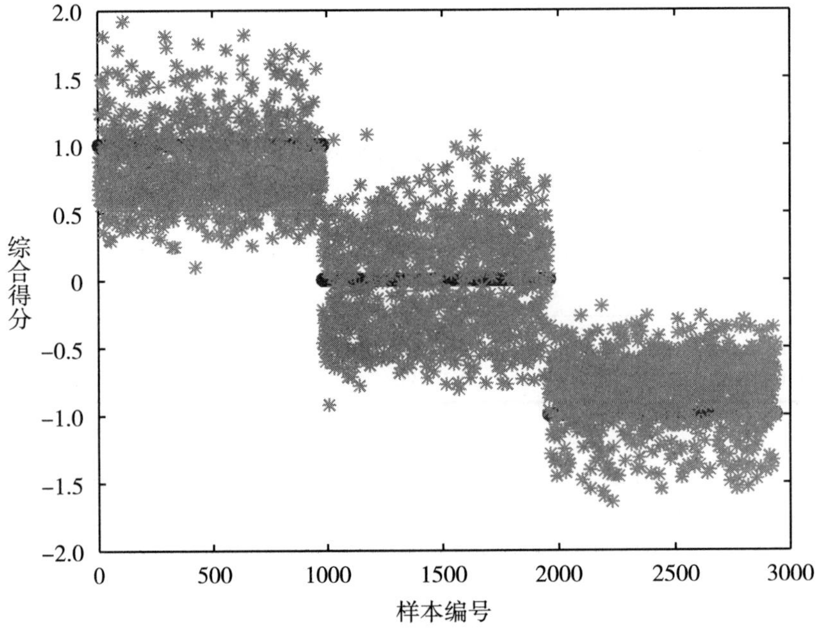

图 8－8　逐步回归模型

第四节　多因子策略模型实现

一、多因子策略模型的介绍

以一个小例子引入多因子策略模型，例如，投资者想通过因子优劣选择股票，在以市盈率 PE 为因子时 A 股票的 PE 小于 B 股票，但以市净率 PB 为因子时 A 股票却大于 B 股票的 PB；A 股票的基本面好于 B 股票，但是 B 股票的技术面分析更有买入价值，有看涨趋势。在上述问题中，究竟该买 A 股票还是 B 股票？

由上例可知选股时考虑多种因子是非常有必要的，多因子选股模型是可以综合多个因子信息并最终得出选股结果，对于市场中如何选股有着重要意义。

1. 因子种类

可以把因子分为三大类：基本面因子、统计类因子和舆情大数据因子。

基本面因子是一种基本因子，如宏观经济政策、社会环境等。

统计因子是在统计模型计算过程中衍生出来的一种因子，如根据价量计算技术的分析因子。

舆情大数据因子是反映市场变动情况的一种因素，如某只股票的买入量与卖出量，及市价的变化状况。

2. 股票组合

股票组合数量的选取主要是根据因子的数值，将原始股票分为多组，而每组的股票数量大致相等。

组合权重通常也是在进行股票组合时所要考虑的一个重要因素，组合权重可以分为等权权重、市值权重和情景权重。

等权权重，即组合中每只股票具有相同的权重。

市值权重，即组合中每只股票的市值占总市值的比重。

情景权重，由股票所属情景在指数中所占的权重及市值比（等权重）共同来决定。这些情景主要包括行业、风格、价值和成长。

二、测试流程

在进行测试单因子或者是多因子时，其过程基本相同，大致可以分为以下几个步骤：

（1）在组合构建时点，构造原始股票池；

（2）根据股票的特征构造组合，接下来会根据市值权重进行分组；

（3）优化组合，通过在原有因子的基础上加入新的因子，并对数据进行处理，最后可以根据调整后的一些模型或者图形进行判断。

三、评价体系

主要评价指标包括：

（1）业绩的表现，即超额收益等指标；

（2）收益率的分析，即收益率的分布、回测等分析；

（3）风险收益指标，包括 Alpha、Beta 等指标。

四、具体 MATLAB 的实现

在 MATLAB 中利用多因子模型进行选股，主要是对股票风险方面的管理，基于风险的大小和相应收益的高低来进行选择，而这里将用一般方法对股票的风险进行测度，由此选出最优股。其在 MATLAB 中测试的脚本分为三个主要部分，分别为构造组合、股票收益分布估计和最大回测。

1. 构造股票投资组合的 MATLAB 实现代码

```
% 构建市场权重函数。
function MarketIndex = Calculate_MarketCapWeightedIndex(Prices,MarketCap)
Weights = MarketCap/sum(MarketCap);
MarketIndex = table2array(Prices) * Weights;

% 导入小市值股数据。
% 导入中小市值股数据。
% 定义 ScatterPlot_Custom 函数。
function ScatterPlot_Custom(varargin)
plottitle = varargin{1};
plotlegend = [];

for i = 2:nargin
    plotinfo = varargin{i};
    plottype = plotinfo{1};
    plotrsk = plotinfo{2};
    plotret = plotinfo{3};
    if numel(plotinfo) >3
        plotlabel = plotinfo{4};
    else
        plotlabel = [];
    end
    if numel(plotinfo) > 4
        plotstyle = plotinfo{5};
        if isempty(plotstyle)
            plotstyle = 'b';
        end
    else
        if strcmpi(plottype,'line')
            plotstyle = 'b';
        else
            plotstyle = 'g';
```

```
        end
    end
    if numel(plotinfo) > 5
        plotline = plotinfo{6};
        if isempty(plotline)
            plotline = 2;
        end
    else
        if strcmpi(plottype,'line')
            plotline = 2;
        else
            plotline = [ ];
        end
    end

    % line plot。
    if strcmpi(plottype,'line')
        for k = 1:size(plotrsk,2)
            plot(sqrt(252) * plotrsk(:,k), 252 * plotret(:,k), plotstyle, 'LineWidth', plotline);
            if i == 2 && k == 1
                hold on
            end
            if ~isempty(plotlabel) && ~isempty(plotlabel{k})
                plotlegend = [ plotlegend, {plotlabel{k}} ];
            end
        end
    % scatter plot。
    else
        if any(plotstyle == '.')
            scatter(sqrt(252) * plotrsk, 252 * plotret, plotstyle);
        else
            scatter(sqrt(252) * plotrsk, 252 * plotret, plotstyle, 'Filled');
```

```
            end
            if i ==2
                hold on
            end
            if ~isempty(plotlabel)
                for k = 1:numel(plotrsk)
                    if ~isempty(plotlabel{k})
                        text(sqrt(252)*plotrsk(k)+0.005,252*plotret(k),plotlabel{k},'FontSize',8);
                    end
                end
            end
        end
    end
    if ~isempty(plotlegend)
        legend(plotlegend,'Location','SouthEast');
    end
    title(['\bf' plottitle ]);
    xlabel('Standard Deviation of Returns (Annualized)');
    ylabel('Mean of Returns (Annualized)');
    grid on
    hold of
```

接下来构造一个简单的股票组合并导入数据及定义一些函数：

```
% 导入小市值股数据。
load('Equity_SmallCap.mat')
Returns = tick2ret(Prices{:,:});
Cash = LIBOR.Rates/sqrt(252);
Market = tick2ret(Calculate_MarketCapWeightedIndex(Prices,FinData.MarketCap));
% 首先,构造一个基线组合。
P = Portfolio('AssetList', FinData.Ticker,'AssetMean ',FinData.Price,'RiskFreeRate', Cash(end));
% 其次,设定组合的特征(这一部分根据读者自己的需要进行设定)。
```

% 最后，设定组合的限制。

```
P = P. setDefaultConstraints;
```

% 优化股票的组合。

第一步，优化组合：

```
PortWeights = P. estimateFrontier;
[PortRisk,PortReturn] = P. estimatePortMoments(PortWeights);
```

第二步，优化股票的波动率：

```
PortTargetWeights = P. estimateFrontierByRisk(1. 2/sqrt(252));
[PortRiskTarget,PortReturnTarget] = P. estimatePortMoments(PortTargetWeights);
```

% 资产风险与收益的可视化。

```
ScatterPlot_Custom('Asset Risks and Returns', ...
                  {'line',PortRisk,PortReturn}, ...
                  {'scatter', PortRiskTarget,PortReturnTarget,{'Target'},'og'}, ...
                  {'scatter', std(Market), mean(Market), {'Market'}}, ...
                  {'scatter', std(Cash),     mean(Cash), {'Cash'}}, ...
                  {'scatter', sqrt(diag(P. AssetCovar)), P. AssetMean, P. AssetList, '. r'})
```

其运行的图像如图 8－9 所示。

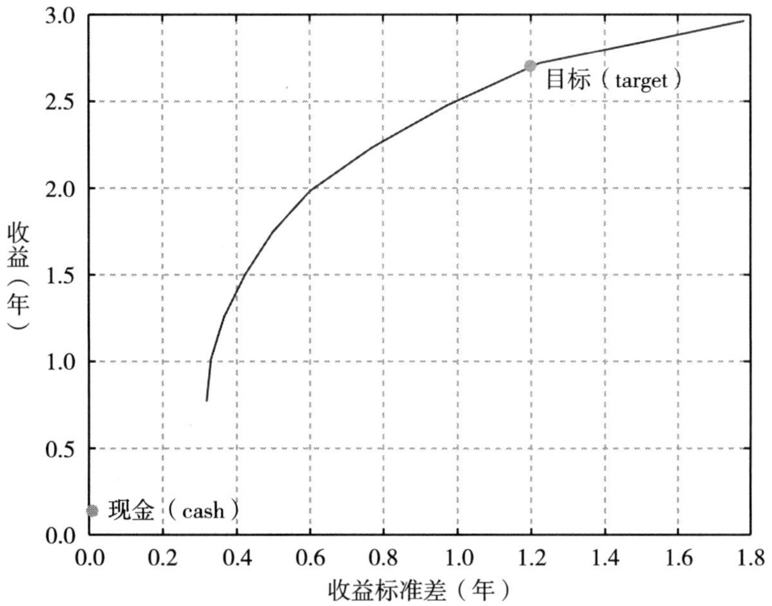

图 8－9　资产收益的均值—标准差线性图

```
% 定义 Import_InvestmentData 函数并引入投资数据及设置一些关键性的变量。
function D = Import_InvestmentData(FileName)
D = load(FileName);
D.Cash = D.LIBOR.Rates/sqrt(252);
D.Returns = tick2ret(D.Prices{:,:});
D.Market = tick2ret(Calculate_MarketCapWeightedIndex(D.Prices,D.FinData.MarketCap));

% 定义 Prep_EquityData 函数。
function FinData = Prep_EquityData(FinData)
FinData.Ticker = nominal(FinData.Ticker);
FinData.Company = nominal(FinData.Company);
FinData.Sector = regexprep(FinData.Sector,",",");
FinData.Sector = nominal(FinData.Sector);
FinData.Industry = nominal(FinData.Industry);
FinData.Country = nominal(FinData.Country);

% 滚动投资组合优化。

% 导入数据。
Data = load('Equity_MidCap');
FinData = Data.FinData;
Prices = Data.Prices;
Dates = Data.Dates;
Prices = Prices{:,1:144};
Returns = tick2ret(Prices);

% 设定金融时间序列对象。
[mid, uppr, lowr] = bollinger(Prices, 22);

% 简单的滚动组合策略。
WindowSize = 22;
P = Portfolio;
m = mean(Returns);
C = cov(Returns);
P = P.setAssetMoments(m,C);
```

```
P = P. setDefaultConstraints;
Pweights = nan(size(Prices,2),269);
P = P. estimateAssetMoments(Prices,'DataFormat','Prices');

for i = 1:length(Dates) - WindowSize
    disp(['Processing Portfolio #' num2str(i)])
    P = P. estimateAssetMoments(Prices(i:i + WindowSize - 1,:),'DataFormat','Prices');
    Pweights(:,i) = P. estimateFrontierByRisk(0.03);
end

% 构造基准组合的散点图。
load('Equity_MidCap. mat')
Returns = tick2ret(Prices{:,:});
Cash = LIBOR. Rates/sqrt(252);
Market = tick2ret(Calculate_MarketCapWeightedIndex(Prices,FinData. MarketCap));
P = Portfolio('AssetList', FinData. Ticker, 'RiskFreeRate', Cash(end));
P = P. estimateAssetMoments(Returns, 'missingdata', true);
P = P. setInitPort(1/P. NumAssets);
P = P. setDefaultConstraints;
PortWeights = P. estimateFrontier;
[PortRisk,PortReturn] = P. estimatePortMoments(PortWeights);
PortTargetWeights = P. estimateFrontierByRisk(1.2/sqrt(252));
[PortRiskTarget,PortReturnTarget] = P. estimatePortMoments(PortTargetWeights);
disp(num2str(['ExposuretoServicesIndustry = 'num2str(100 * sum(PortTargetWeights(categori-
cal(FinData. Sector) == 'Services')),'%10.2f') '%']))

ScatterPlot_Custom('Asset Risks and Returns', ...
                {'line',PortRisk,PortReturn}, ...
                {'scatter', PortRiskTarget,PortReturnTarget,{'Target'},'og'}, ...
                {'scatter', std(Market), mean(Market), {'Market'}}, ...
                {'scatter', std(Cash), mean(Cash), {'Cash'}}, ...
                {'scatter', sqrt(diag(P. AssetCovar)), P. AssetMean, P. AssetList, '. r'});
```

其运行的结果如图 8－10 所示。

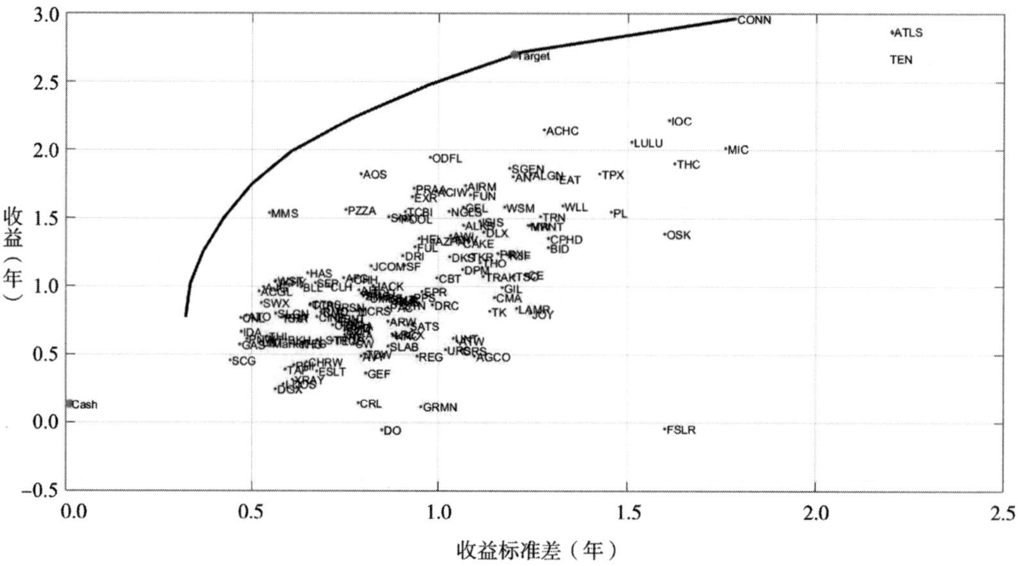

图 8 - 10　投资有效前沿曲线

2. 构造股票收益分布预估的 MATLAB 实现代码

% 给定风险下的优化组合。

```
function [SectorWeightsTable, PortWeights, PortRisk, PortReturns, P] = Build_OptimalPortfolioGivenRisk(FinData, Returns, RiskFreeRate, MaxVolatilityPercent)

P = Portfolio('AssetList', cellstr(FinData.Ticker), 'RiskFreeRate', RiskFreeRate);
P = P.estimateAssetMoments(Returns, 'missingdata', true);
P = P.setInitPort(1/P.NumAssets);
P = P.setDefaultConstraints;
AssetLowerBounds = zeros(size(Returns,2),1);
AssetUpperBounds = 0.3 * ones(size(Returns,2),1);
P = P.setBounds(AssetLowerBounds, AssetUpperBounds);
FinSector = FinData.SectorNominal(:)';
P = P.setGroups(FinSector == 'BasicMaterials',0,0.05);
P = P.addGroups(FinSector == 'ConsumerGoods',0,0.3);
P = P.addGroups(FinSector == 'Financial',0,0.3);
P = P.addGroups(FinSector == 'Healthcare',0,0.3);
P = P.addGroups(FinSector == 'IndustrialGoods',0,0.05);
P = P.addGroups(FinSector == 'Services',0,0.1);
P = P.addGroups(FinSector == 'Technology',0,0.1);
```

```
P = P. addGroups( FinSector == 'Utilities',0,0. 1 ) ;

PortWeights = P. estimateFrontierByRisk( MaxVolatilityPercent/sqrt(252) ) ;
[ PortRisk, PortReturns ] = P. estimatePortMoments( PortWeights) ;

FinancialSectors = unique( FinData. Sector) ;
SectorWeights = nan( length( FinancialSectors) ,size( PortWeights,2) ) ;
for i = 1:length( FinancialSectors)
    SectorWeights(i,:) = sum( PortWeights( FinData. SectorNominal == FinancialSectors{i},:) ) ;
end

SectorWeightsCell = cellfun( @ ( C)
[ C'% '] ,cellstr( num2str( SectorWeights * 100,'% 10. 2f') ) ,'UniformOutput',false) ;
SectorWeightsTable = cell2table( SectorWeightsCell) ;
SectorWeightsTable. Properties. RowNames = FinancialSectors;
SectorWeightsTable. Properties. VariableNames = { 'SectorWeights'} ;

%设置市值权重指数。
function MarketIndex = Calculate_MarketCapWeightedIndex( Prices, MarketCap)

Weights = MarketCap/sum( MarketCap) ;
MarketIndex = table2array( Prices) * Weights;

%引入投资数据并定义 Import_InvestmentData 函数。
function D = Import_InvestmentData( FileName)

D = load( FileName) ;
D. Cash = D. LIBOR. Rates/sqrt(252) ;
D. Returns = tick2ret( D. Prices{:,:} ) ;
D. Market = tick2ret( Calculate_MarketCapWeightedIndex( D. Prices, D. FinData. Marke Cap) ) 。

%定义 Plot_FinancialTimeSeries 函数。
Plot_FinancialTimeSeries( h_Fig, h_Axis, Dates, Prices, DateFormat, NumOfXTicks, NumOfYTicks,
Units_DollarOrOther, Title)

if nargin == 0
    h_Fig = figure;
    h_Axis = gca;
```

```
    c = yahoo;
    Data = fetch(c,'ACWI','Close','Jan 1 2000',datestr(now,'mmm dd yyyy'));
    Dates = Data(:,1);
    Prices = Data(:,2);
    DateFormat = 'mm/yy';
    NumOfXTicks = 8;
    NumOfYTicks = 8;
    Units_DollarOrOther = 'Dollar';
    Title = '\bf Prices over Time';
elseif nargin < 3
    DateFormat = 'mm/yy';
    NumOfXTicks = 8;
    NumOfYTicks = 8;
    Units_DollarOrOther = 'Dollar';
    Title = '\bf Prices over Time';
elseif nargin < 4
    NumOfXTicks = 15;
    NumOfYTicks = 15;
    Units_DollarOrOther = 'Dollar';
    Title = '\bf Prices over Time';
elseif nargin < 5
    NumOfYTicks = 15;
    Units_DollarOrOther = 'Dollar';
    Title = '\bf Prices over Time';
elseif nargin < 6
    Units_DollarOrOther = 'Dollar';
    Title = '\bf Prices over Time';
elseif nargin < 7
    Title = '\bf Prices over Time';
end

%设置一些基本指标。
h_Fig = figure;
h_Axis = gca;
```

```
plot(h_Axis,Dates,Prices);
axis(h_Axis,'tight')

%设置 X 轴。
x_DateStep = floor((max(Dates) - min(Dates))/NumOfXTicks);
x_Dates = min(Dates):x_DateStep:max(Dates);
x_DatesSTR = datestr(x_Dates,DateFormat);
set(h_Axis,'Xtick',x_Dates,'XtickLabel',x_DatesSTR)
xlabel(h_Axis,'Dates')

%设置 Y 轴。
y_Prices = linspace(min(Prices(:)),max(Prices(:)),NumOfYTicks);
if strcmp(Units_DollarOrOther,'Dollar')
    y_PricesSTR = cur2str(y_Prices,2);
    ylabel(h_Axis,'Prices ( $ )')
elseif strcmp(Units_DollarOrOther,'Million')
    y_PricesSTR = cur2str(y_Prices/1e6,2);
    ylabel(h_Axis,'Prices (Millions $ )')
elseif strcmp(Units_DollarOrOther,'Percent')
    y_PricesSTR = num2cell(y_Prices);
    y_PricesSTR = cellfun(@(X)[num2str(X,'%10.2f') '%'],y_PricesSTR,'UniformOutput',false);
    ylabel(h_Axis,'Percent')
else
    y_PricesSTR = num2cell(y_Prices);
    y_PricesSTR = cellfun(@(X)num2str(X,'%10.2f'),y_PricesSTR,'UniformOutput',false);
    ylabel(h_Axis,'Values')
end
set(h_Axis,'Ytick',y_Prices,'YtickLabel',y_PricesSTR)

%设置标题。
title(h_Axis,Title)
grid('minor')

%设置数据提示。
dcm_obj = datacursormode(h_Fig);
```

```
if strcmp(Units_DollarOrOther,'Dollar')
set(dcm_obj,'DisplayStyle','datatip','UpdateFcn',@Set_DataTip_Dollar,'SnapToDataVertex',
'off','Enable','on')
elseif strcmp(Units_DollarOrOther,'Million')

set(dcm_obj,'DisplayStyle','datatip','UpdateFcn',@Set_DataTip_Million,'SnapToDataVertex','off',
'Enable','on')
elseif strcmp(Units_DollarOrOther,'Percent')

set(dcm_obj,'DisplayStyle','datatip','UpdateFcn',@Set_DataTip_Percent,'SnapToDataVertex',
'off','Enable','on')
else
set(dcm_obj,'DisplayStyle','datatip','UpdateFcn',@Set_DataTip_Value,'SnapToDataVertex','off',
'Enable','on')
end

%定义 Plot_SectorAllocation 函数。
function Plot_SectorAllocation(PortWeights,PortRisk,FinData)

%设置 X 轴坐标。
x_RiskText = num2cell(PortRisk * sqrt(252));
x_RiskText = cellfun(@(C)[num2str(C,'%10.2f') '%'],x_RiskText,'UniformOutput',false);

%计算向量分布。
FinancialSectors = unique(FinData.Sector);
SectorWeights = nan(length(FinancialSectors),size(PortWeights,2));
for i = 1:length(FinancialSectors)
    SectorWeights(i,:) = sum(PortWeights(FinData.SectorNominal == FinancialSectors{i},:));
end

%可视化。
heatmap(SectorWeights, x_RiskText, FinancialSectors,'%10.2f%%','ShowAllTicks',true,'Col-
ormap', 'spring', 'Colorbar', true,'GridLines', ':')
xlabel('\bf Low Risk -> High Risk')
ylabel('\bf Sector')
title('\bf Sector Allocation')
```

```
%定义 Prep_EquityData 函数。
function FinData = Prep_EquityData(FinData)
FinData.Ticker = categorical(FinData.Ticker);
FinData.Company = categorical(FinData.Company);
FinData.Sector = regexprep(FinData.Sector,' ','');
FinData.SectorNominal = categorical(FinData.Sector);
FinData.Industry = categorical(FinData.Industry);
FinData.Country = categorical(FinData.Country);

%定义 Set_DataTip_Million 函数。
function output_txt = Set_DataTip_Million(obj,event_obj)
pos = get(event_obj,'Position');
output_txt = {['Date: ',datestr(pos(1),'mmm-dd-yyyy')],...
              ['Price (M): ',cur2str(pos(2)/1e6,2)]};
if length(pos) > 2
    output_txt{end+1} = ['Z: ',num2str(pos(3),4)];
end
set(event_obj.Target,'LineWidth',2)

%作出基准分布的散点图。

%组合参数。
Equity = 60e6;
Margin = 0.30 * Equity;

%引入市场数据。
D = Import_InvestmentData('Equity_MidCap');
D.FinData = Prep_EquityData(D.FinData);

%构造组合。
[SectorWeightsTable,PortWeights,PortRisk,PortReturns,Port] = Build_OptimalPortfolioGivenRisk(D.FinData,D.Returns,0.05/252,0.33);

%计算回测的权重收益。
BackTestReturns = D.Returns * PortWeights;
Performance = ret2tick(BackTestReturns,Equity);
```

```
MarketPrices = ret2tick(D. Market,Equity);

% 估计收益分布。
LookBackPeriod = 22;
PortDist_Kernel = fitdist(BackTestReturns(end - LookBackPeriod:end),'Kernel');
PortDist_Normal = fitdist(BackTestReturns(end - LookBackPeriod:end),'Normal');
PortDist_EV = fitdist(BackTestReturns(end - LookBackPeriod:end),'ExtremeValue');
x_values = min(BackTestReturns) - 0.05 * min(BackTestReturns):0.001:max(BackTestRe-
turns) - 0.05 * max(BackTestReturns);
P_Kernel = pdf(PortDist_Kernel,x_values);
P_Normal = pdf(PortDist_Normal,x_values);
P_EV = pdf(PortDist_EV,x_values);
[nelements,centers] = hist(BackTestReturns,30);
h_fig = figure;
subplot(2,1,1)
hist(BackTestReturns,30)
hold on
plot(x_values,P_Kernel * max(nelements)/max(P_Kernel),'r')
plot(x_values,P_Normal * max(nelements)/max(P_Normal),'g')
plot(x_values,P_EV * max(nelements)/max(P_EV),'m')
legend('Original Data Histogram','Fitted Distribution - Kernel','Fitted Distribution - Normal',
'Fitted Distribution - Extreme Value')

% 进行预测。
Days2Forecast = 252;
PortReturnsForecast = random(PortDist_EV,[Days2Forecast 100]);
PortReturnsForecastPrices = ret2tick(PortReturnsForecast,Performance(end));
PortReturnsForecastPrices = [nan(length(D. Dates),size(PortReturnsForecastPrices,2)); Por-
tReturnsForecastPrices];
Dates2Plot = [D. Dates; daysadd(D. Dates(end),1:Days2Forecast + 1)];
h_axis = subplot(2,1,2);
Plot_FinancialTimeSeries(h_fig,h_axis,D. Dates,[Performance MarketPrices],'mm/yy',10,10,'
Million','Time Series')
legend({'Portfolio','Market Benchmark'})
```

```
hold on
Plot_FinancialTimeSeries(h_fig,h_axis,Dates2Plot,PortReturnsForecastPrices,'mm/yy',10,10,'
Million','Time Series')
grid off
title('\bf Forecasting based on Kernel Distribution of Last 22 Days')

%计算 VaR 和 CVaR。
VaR = prctile(PortReturnsForecast(22,:),5);
I_LessThanVaR = PortReturnsForecast(22,:) < VaR;
CVaR = mean(PortReturnsForecast(I_LessThanVaR,22));
disp(['Worst Loss (VaR) =' num2str(VaR * 100,'%10.2f') '%'])
disp(['Worst Loss (VaR) $ =' cur2str(VaR * Equity/1e6) 'M'])
disp(['Worst Loss (CVaR) =' num2str(CVaR * 100,'%10.2f') '%'])
disp(['Worst Loss (CVaR) $ =' cur2str(CVaR * Equity/1e6) 'M']
```

产生的结果如图 8 - 11 所示。

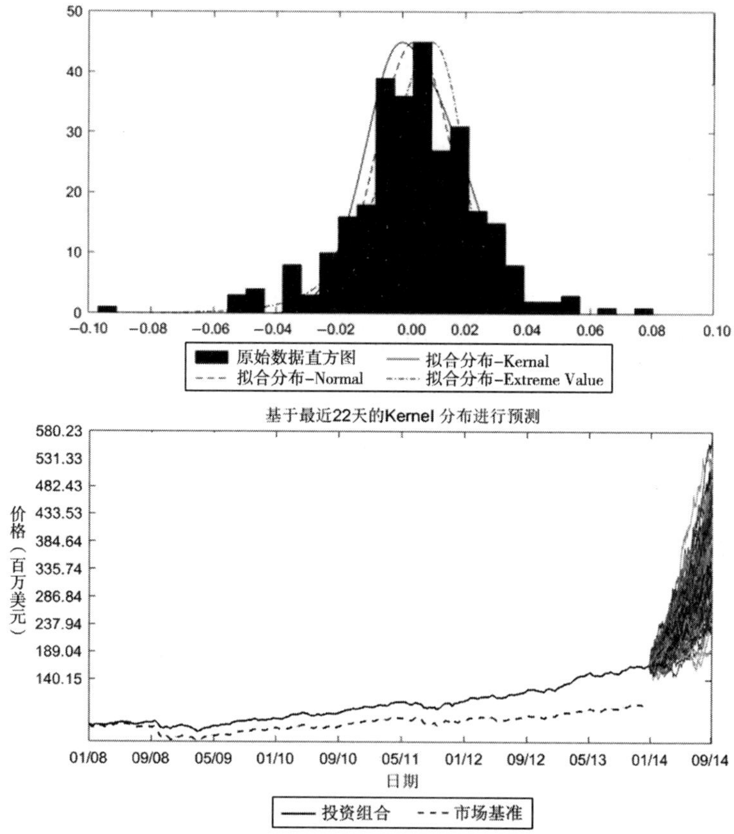

图 8 - 11 预测资产的 VaR 和 CVaR

3. 构造最大回测的 MATLAB 实现代码

```
%定义 Build_OptimalPortfolioGivenRisk 函数。
function [SectorWeightsTable, PortWeights, PortRisk, PortReturns, P] = Build_OptimalPortfolio-
GivenRisk(FinData,Returns,RiskFreeRate,MaxVolatilityPercent)
    P = Portfolio('AssetList', cellstr(FinData.Ticker), 'RiskFreeRate', RiskFreeRate);
    P = P.estimateAssetMoments(Returns, 'missingdata', true);
    P = P.setInitPort(1/P.NumAssets);
    P = P.setDefaultConstraints;
    AssetLowerBounds = zeros(size(Returns,2),1);
    AssetUpperBounds = 0.3 * ones(size(Returns,2),1);
    P = P.setBounds(AssetLowerBounds, AssetUpperBounds);
    FinSector = FinData.SectorNominal(:)';
    P = P.setGroups(FinSector == 'BasicMaterials',0,0.05);
    P = P.addGroups(FinSector == 'ConsumerGoods',0,0.3);
    P = P.addGroups(FinSector == 'Financial',0,0.3);
    P = P.addGroups(FinSector == 'Healthcare',0,0.3);
    P = P.addGroups(FinSector == 'IndustrialGoods',0,0.05);
    P = P.addGroups(FinSector == 'Services',0,0.1);
    P = P.addGroups(FinSector == 'Technology',0,0.1);
    P = P.addGroups(FinSector == 'Utilities',0,0.1);
    PortWeights = P.estimateFrontierByRisk(MaxVolatilityPercent/sqrt(252));
    [PortRisk,PortReturns] = P.estimatePortMoments(PortWeights);
    FinancialSectors = unique(FinData.Sector);
    SectorWeights = nan(length(FinancialSectors),size(PortWeights,2));
    for i = 1:length(FinancialSectors)
        SectorWeights(i,:) = sum(PortWeights(FinData.SectorNominal == FinancialSectors{i},:));
    end

    SectorWeightsCell = cellfun(@(C) [C '%'],cellstr(num2str(SectorWeights * 100,'%10.2f')),
'UniformOutput',false);
    SectorWeightsTable = cell2table(SectorWeightsCell);
    SectorWeightsTable.Properties.RowNames = FinancialSectors;
    SectorWeightsTable.Properties.VariableNames = {'SectorWeights'};
```

```
%定义 Calculate_MarketCapWeightedIndex 函数。
function MarketIndex = Calculate_MarketCapWeightedIndex(Prices,MarketCap)
Weights = MarketCap/sum(MarketCap);
MarketIndex = table2array(Prices) * Weights;

%定义 Import_InvestmentData 函数并引入投资数据和设置一些关键的变量
function D = Import_InvestmentData(FileName)
D = load(FileName);
D.Cash = D.LIBOR.Rates/sqrt(252);
D.Returns = tick2ret(D.Prices{:,:});
D.Market = tick2ret(Calculate_MarketCapWeightedIndex(D.Prices,D.FinData.MarketCap));

%定义 Plot_FinancialTimeSeries 函数。
function Plot_FinancialTimeSeries(h_Fig,h_Axis,Dates,Prices,DateFormat,NumOfXTicks,NumOfYTicks,Units_DollarOrOther,Title)
if nargin ==0
    h_Fig = figure;
    h_Axis = gca;
    c = yahoo;
    Data = fetch(c,'ACWI','Close','Jan 1 2000',datestr(now,'mmm dd yyyy'));
    Dates = Data(:,1);
    Prices = Data(:,2);
    DateFormat = 'mm/yy';
    NumOfXTicks = 8;
    NumOfYTicks = 8;
    Units_DollarOrOther = 'Dollar';
    Title = '\bf Prices over Time';
elseif nargin < 3
    DateFormat = 'mm/yy';
    NumOfXTicks = 8;
    NumOfYTicks = 8;
    Units_DollarOrOther = 'Dollar';
    Title = '\bf Prices over Time';
```

```
elseif nargin < 4
    NumOfXTicks = 15;
    NumOfYTicks = 15;
    Units_DollarOrOther = 'Dollar';
    Title = '\bf Prices over Time';
elseif nargin < 5
    NumOfYTicks = 15;
    Units_DollarOrOther = 'Dollar';
    Title = '\bf Prices over Time';
elseif nargin < 6
    Units_DollarOrOther = 'Dollar';
    Title = '\bf Prices over Time';
elseif nargin < 7
    Title = '\bf Prices over Time';
end

% 设置一些基本可视化指标。
plot(h_Axis,Dates,Prices);
axis(h_Axis,'tight')

% 设置 X 轴。
x_DateStep = floor((max(Dates) - min(Dates))/NumOfXTicks);
x_Dates = min(Dates):x_DateStep:max(Dates);
x_DatesSTR = datestr(x_Dates,DateFormat);
set(h_Axis,'Xtick',x_Dates,'XtickLabel',x_DatesSTR)
xlabel(h_Axis,'Dates')

% 设置 Y 轴。
y_Prices = linspace(min(Prices(:)),max(Prices(:)),NumOfYTicks);
if strcmp(Units_DollarOrOther,'Dollar')
    y_PricesSTR = cur2str(y_Prices,2);
    ylabel(h_Axis,'Prices ($)')
elseif strcmp(Units_DollarOrOther,'Million')
    y_PricesSTR = cur2str(y_Prices/1e6,2);
```

```
        ylabel(h_Axis,'Prices (Millions $)')
    elseif strcmp(Units_DollarOrOther,'Percent')
        y_PricesSTR = num2cell(y_Prices);
        y_PricesSTR = cellfun(@(X)[num2str(X,'%10.2f')'%'],y_PricesSTR,'UniformOutput',false);
        ylabel(h_Axis,'Percent')
    else
        y_PricesSTR = num2cell(y_Prices);
        y_PricesSTR = cellfun(@(X)num2str(X,'%10.2f'),y_PricesSTR,'UniformOutput',false);
        ylabel(h_Axis,'Values')
    end
    set(h_Axis,'Ytick',y_Prices,'YtickLabel',y_PricesSTR)

    %设置标题。
    title(h_Axis,Title)
    grid('minor')

    %数据提示。
    cm_obj = datacursormode(h_Fig);
    if strcmp(Units_DollarOrOther,'Dollar')
    set(dcm_obj,'DisplayStyle','datatip','UpdateFcn',@Set_DataTip_Dollar,'SnapToDataVertex','off',
'Enable','on')
    elseif strcmp(Units_DollarOrOther,'Million')
    set(dcm_obj,'DisplayStyle','datatip','UpdateFcn',@Set_DataTip_Million,'SnapToDataVertex','off',
'Enable','on')
    elseif strcmp(Units_DollarOrOther,'Percent')
    set(dcm_obj,'DisplayStyle','datatip','UpdateFcn',@Set_DataTip_Percent,'SnapToDataVertex','off',
'Enable','on')
    else
    set(dcm_obj,'DisplayStyle','datatip','UpdateFcn',@Set_DataTip_Value,'SnapToDataVertex','off',
'Enable','on')
    end

    %定义 Plot_SectorAllocation 函数。
    function Plot_SectorAllocation(PortWeights,PortRisk,FinData)
```

```
x_RiskText = num2cell(PortRisk * sqrt(252));
x_RiskText = cellfun(@(C)[num2str(C,'%10.2f')'%'],x_RiskText,'UniformOutput',fals)

FinancialSectors = unique(FinData.Sector);
SectorWeights = nan(length(FinancialSectors),size(PortWeights,2));
for i = 1:length(FinancialSectors)
    SectorWeights(i,:) = sum(PortWeights(FinData.SectorNominal == FinancialSectors{i},:));
end

heatmap(SectorWeights, x_RiskText, FinancialSectors,'%10.2f%%','ShowAllTicks',true,'Colormap', 'spring', 'Colorbar', true,'GridLines', ':')
xlabel('\bf Low Risk -> High Risk')
ylabel('\bf Sector')
title('\bf Sector Allocation')

%定义 Prep_EquityData 函数。
function FinData = Prep_EquityData(FinData)

FinData.Ticker = nominal(FinData.Ticker);
FinData.Company = nominal(FinData.Company);
FinData.Sector = regexprep(FinData.Sector,' ','');
FinData.SectorNominal = nominal(FinData.Sector);
FinData.Industry = nominal(FinData.Industry);
FinData.Country = nominal(FinData.Country);

%设置 Set_DataTip_Million 函数。
function output_txt = Set_DataTip_Million(obj,event_obj)
pos = get(event_obj,'Position');
output_txt = {['Date: ',datestr(pos(1),'mmm-dd-yyyy')],...
              ['Price (M): ',cur2str(pos(2)/1e6,2)]};

if length(pos) > 2
    output_txt{end+1} = ['Z: ',num2str(pos(3),4)];
end

set(event_obj.Target,'LineWidth',2)
```

```
% 股票最大回测估计的散点图。

% 组合参数。

Equity = 60e6;
Margin = 0.30 * Equity;

% 引入市场数据。

D = Import_InvestmentData('Equity_MidCap');
D.FinData = Prep_EquityData(D.FinData);

% 构造回测。

[SectorWeightsTable, PortWeights, PortRisk, PortReturns, Port] = Build_OptimalPortfolioGivenRisk(D.FinData, D.Returns, 0.05/252, 0.33);

% 计算回测下的权重收益。
BackTestReturns = D.Returns * PortWeights;
Performance = ret2tick(BackTestReturns, Equity);
MarketPrices = ret2tick(D.Market, Equity);
Plot_FinancialTimeSeries(figure, gca, D.Dates, [Performance MarketPrices], 'mm/yy', 10, 10, 'Million', 'Time Series')
hold on
[MaxDD, MaxDDIndex] = maxdrawdown(Performance, 'arithmetic');
title('\bf Max Drawdown: Portfolio Performance Vs. Benchmark')

% 作出最大回测图。

plot(D.Dates(MaxDDIndex(1):MaxDDIndex(end)), Performance(MaxDDIndex(1):MaxDDIndex(end)), 'r')
legend({'Portfolio', 'Market Benchmark', 'Max Drawdown'})
Loss = (Performance(MaxDDIndex(end)) - Performance(MaxDDIndex(1)))/Performance(MaxDDIndex(1));

disp(['Max DrawDown (%)          = ' num2str(Loss * 100, '%10.2f') '%'])
disp(['Max DrawDown (Equity)   = $' num2str(Loss * Equity/1e6, '%10.2f') 'M'])
```

最大回测图如图 8－12 所示。

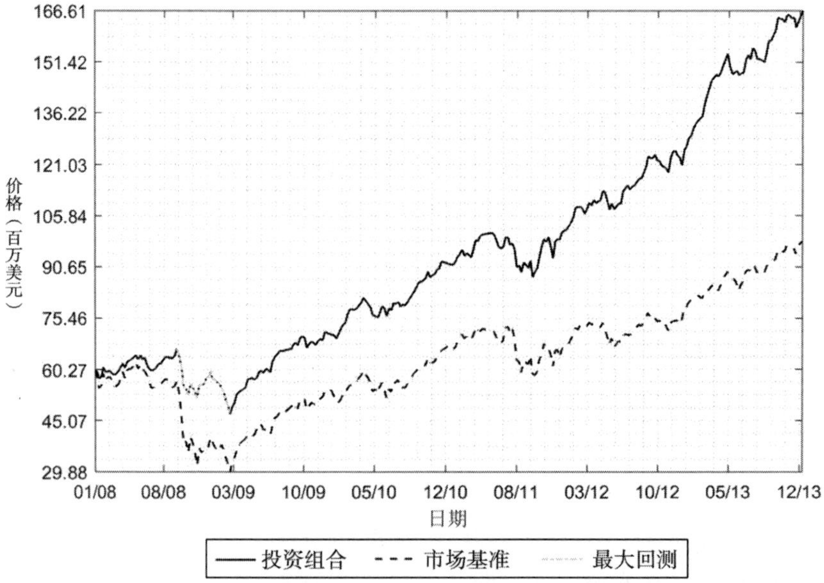

图 8－12　评估投资组合的绩效——最大回测

以上是构造组合、股票收益分布估计和最大回测在 MATLAB 中的具体实现过程。

本章小结

量化风险投资是利用计算机技术并采用数学模型来实现既定投资目标的过程。本章介绍了基本的选股模型，多因子选股是量化选股模型的一种，其理论基础包括资本资产定价理论（CAPM）、套利定价理论（APT）以及 Fama-French 三因子定价模型。其中，资本资产定价理论解释了资产的预期收益与风险之间的关系；套利定价理论认为风险资产的回报除了受市场风险的影响外，还会受到其他许多因素的影响，Fama-French 三因子定价模型可以看作是 APT 的三因素特例。本章要求在 MATLAB 软件中利用因子模型进行选股，构建最佳的投资组合。

重要术语

量化风险投资　　多因子模型

复习与思考

1. 量化风险投资的定义与发展历程。
2. 简述量化投资的方法。
3. 根据多因子选股的模型，计算最优投资组合、股票收益分布估计和最大回测。

第九章

基于 Agent 计算金融

【学习目标】

计算经济学是经济学的一个重要的学科，本章主要是为了让读者对计算经济学的含义、特点和研究目标有一个清晰的认识，并掌握 ACE 建模的过程及相应的实证分析，最后本章通过构造一个人工股票市场让读者能够进一步了解 ACE 建模过程。本章学习难度相对较大，希望读者能够认真研究人工股票构建的流程。

一、计算经济学（Agent-based computational economics，ACE）

随着计算机与互联网技术的发展，科学技术取得了巨大的进步与发展，一种强调个体、集约、涌现的思想开始出现，同时计算机仿真与模拟技术、人工智能等的兴起也加速了这一进程。与此同时，人们在现实复杂的经济系统进行分析的时候发现，传统的数理分析与检验并不能有效解决这种复杂的经济系统，而计算机仿真模拟的方法能够在一定程度上有效解决该问题，正是在这样的时代背景之下，ACE 在经济学领域应运而生。

ACE 是基于 Agent 的计算经济学，是基于主体（Agent）的计算机仿真方法来分析、模拟现实复杂的经济适应性系统。李·特斯法齐（Leigh Tesfatsion）把基于 Agent 的计算经济学定义为一种用很多自主的、交互作用的 Agent 构成的演化系统来对整个经济系统进行建模的计算研究。ACE 是在计算机中虚拟了一个仿真的经济系统，作为一个虚拟经济的整体系统，能够映射出现实经济存在的一些普遍规律与现象，换种说法来讲就是将这个虚拟的经济系统看成是一个小型的经济实验，而作为实验者可设定不同的参数或者规则来研究宏观经济政策或者环境对于经济系统的影响。

ACE 的核心思想是通过计算机模拟的经济系统来研究现实经济，目前基于 Agent 的计算经济学在博弈论、行为经济学方面都有一定的应用，而且取得了一定的成果，基于 Agent 的计算经济学在不断发展与进步，也逐步成为许多学科研究的重要方向之一。

1. ACE 的特点

ACE 是把经济系统看成一个复杂的、自学习的复杂适应性系统，同时，ACE 通过自下而上的仿真方法来进行模拟，从而解决由传统经济学理论引起的微观与宏观之间的矛盾。ACE 相较于之前的数学模型具有以下一些特点：

（1）适应性 Agent 模型。在 ACE 模型中可以按照新古典经济学理性个体（Agent）的假设，在计算机中进行模拟，从而发现一定的规律。这种做法最大的意义便是验证新古典经济学中的假设，对于进行实际现实经济的探究并无太大的实际意义。事实上，个体是一个有限理性的主体，同时还具有一定的学习能力。

在现实中，不可能存在一个完全理性的消费者和投资者，而且随着经验的增加和社会实践的丰富，其知识与阅历会不断的提高。在这个不断变化的社会经济系统当中，传统经济分析方法难以解决这种复杂的经济现象，而基于仿真的计算经济学通过人工智能、Agent 技术则可以模拟真实人类的决策过程，这就意味着 ACE 模型中的 Agent（个体）是主动的、适应的、学习的主体。

（2）涌现进化的动态系统。传统的经济学理论比较强调均衡状态，如瓦尔拉斯均衡理论，只有找到均衡的状态，才能进行经济的分析，但是现实中往往不均衡的情况是要远远多于均衡的情况，找到均衡的状态就显得不是那么容易了。那么传统的经济分析方法在大多数情况下是无效的，因而找到一种非均衡状态也能分析经济的方法就显得特别重要。

在 ACE 方法中，ACE 模型很好地解决了宏观与微观的现象，同时由于 ACE 模型是一个复杂的动态系统，因此模型本身也是一个动态、变化的构造。研究者可以通过不断改变模型中的参数和规则进行反复模拟，以观察到对应的涌现属性，这就为微观与宏观之间构造了桥梁。

（3）自下而上的建模方法。传统的经济方法主要是从系统的整体与上层进行描述而不是从系统中个体进行描述，传统的分析方法是一种自上而下的分析方法，而 ACE 是一种自下而上的分析方法，其主要是对系统中的个体进行分析，并通过对这些个体的演化进行观察，发现经济规律，可以说 ACE 方法是相当于计算机在群体层次中的综合。

2. ACE 的研究目标

ACE 的研究目标主要包括四个方面：实证研究、规范研究、理解洞察以及实验化工具。

（1）实证研究。ACE 的实证研究主要是理解各种经济现象、经济规律和经济制度是如何从微观的主体自下而上涌现的，例如社会规范、社会金钱观、市场协议、经济周期、社会财富不均及科学技术的不断更新等都是 ACE 研究的重点。ACE 的研究人员通常关心的是这些经济现象在 ACE 模型中的因果解释，特别是在一定的 Agent 规则下能够出现什么样的宏观经济现象，找到这种关系是 ACE 模型研究的主要目标。

（2）规范研究。ACE 规范性研究的目标是提供一种强大、方便的工具，或者通过微观主体的模拟来发现宏观经济的现象。可以把 ACE 看成一个理想的社会实验室，研究者可以在这个虚拟的社会经济系统中进行模拟运算，从而找出社会经济所表现出的社会规律，或者当要实施某项经济政策时，可以提前在这个模拟系统中进行运行，观察经济运行的状态，从而可以避免一些政策性的失误。

（3）深层次的理解与洞察。ACE 模型是研究随着时间的推移，动态系统下的潜在行为。ACE 不仅关心现有的经济制度，而且还关心未来经济政策或者制度会朝哪个方向发展及其之后的运行结果，所有这些都是关于经济系统深层次的理解与洞察。

经济学中一个比较经典的例子便是亚当·斯密提出的“看不见的手”，对于大多数人来讲，仅仅理解为经济是由市场驱动的，政府很少进行干预，却并不清楚究竟是什么样的力量使得每个追求自身利益最大化的人群组合到一起来实现社会经济利润的最大化。ACE 模型的主要工作就是找出 Agent 规则并建立这样一个模拟系统，模拟经济运行的发展状态，从中找出符合现实经济发展的规律。但是在其他 Agent 的规则下究竟又是什么样的规律，是不是还能产生相同的经济现象？这些都需 ACE 模型提供新的洞察，需要进行进一步的探索与研究。

（4）实验化工具。ACE 模型想要成为经济研究方面的主要实验平台，就需要提供一个更加方便、快捷的工具，使得 ACE 实验变得普及化、规范化。同时，在 ACE 理论方面还需要更多的经济学家加入进来不断完善相应的理论基础，使 ACE 模型能从理论和实验各个层面都具有很好的解释力。

3. ACE 与其他经济学研究方法的区别

ACE 模型研究方法主要是与古典经济学和实验经济学来进行比较的，而与古典经济学研究方法的区别主要体现在逻辑推理和个人行为方面的不同。

在逻辑推理方面的差异主要表现在，新古典经济学是在一定假设的基础之上，为描述某一社会或者经济现象所建立的模型，之后再针对这一模型求出相应的最优解，以此得到均衡状态下的条件，最后，再通过实证检验这一结论。从逻辑角度来讲这是一种自上而下的研究方法，相对应的 ACE 是一种自下而上的研究方法。前者属于演绎推理而后者属于归纳推理，ACE 是由大量单个个体组合而成，通过大量单个个体的模拟来研究推断出整体的发展规律。

经济系统和人类社会是一个自相关的复杂系统，在这样的一个系统中每个人都会根据自身的信息状态来对未来进行一定预测与判断，并以此来做出对自己最有利的决策。在这一过程中，决策人的期望取决于他人的期望。决策者本身也成为这个大的系统中的一部分，这就导致了演绎推理即自上而下的研究方法出现了较多的不确定性，所以说在应对复杂问题方面，归纳推理天然的要优于演绎推理，归纳推理也就成为计算经济学的主要研究方法了。

从个体行为方面来讲，新古典经济学是在各种假设的前提下建立的，如理性预期、完全信息和市场处于均衡状态。同时为了能够用简单数学表达式表达经济的含义，就需要几个典型的个体来代替所有的个体，显然这种处理方式有很多不恰当之处，例如个体之间的相互作用并未真正的体现，而且有一些特殊的个体也可能未被该数学表达式所描述，这便意味着每一个个体的行为特征无法通过这种模型的方式表现出来。在真实的社会和经济系统中，不同个体有着不同的行为特征，而且他们通过不同社会和经济关系相互影响着，从而不断推动宏观社会和经济的运行与发展。在此过程中产生了一系列的规则，例如经济制度、货币等，同时这些规则反过来又会促进每一个个体的发展与进步，因此当忽略掉某些个体的行为特征时就可能导致整体经济系统存在一定偏差，并未能反映经济运行的完整状态。ACE 模型在一定程度上避免了这种情况的发生，ACE 模型是通过模拟每一个个体的行为方式，可以说是充分考虑到每一个个体的行为特征，使其更加接近真实的社会经济运行状态，因此得出的结论相对来讲也就更加真实、精确和可信。

与实验经济学的差异主要体现在，实验经济学是源于心理学的研究，在进行实验设计时，先从实验设计者来讲其可能由于每一位实验设计者的知识和所处的社会背景不同，往往会选择不同的实验对象、不同的实验步骤，这些都可能导致实验出现不同的结果；再从实验对象的角度来讲，当选中的实验对象知道自己是在参加某种实验时，可能会有意地改变自己本来的习惯或者生活方式，并不能真实反映实验对象的真实行为特征；最后从实验环境方面来讲，无法保证实验的环境与真实的环境具有一致性，在不同环境状态下可能就会导致不同的结果。同时，实验还可能受到客观条件的限制，因此实验经济学从以上几个角度来讲只能是一种短期的分析状态，并不能分析长期状态。但 ACE 的实验环境完全是计算机来进行模拟的，而且实验者不会因为自身原因导致实验设计不同，实验设计完全是由计算机代码编写而成，并且可以观察每一个个体的行为特征，进行长期的实验观察，这些都是 ACE 独特的优势。

4. ACE 研究的主要领域

随着 ACE 的不断发展，其研究领域的范围也在不断的扩大，主要有以下一些方面：

（1）适应性学习机制。ACE 的研究过程就是通过一系列可以相互学习的 Agent 来模拟一个完整的复杂经济系统，因此在 ACE 中构造具有适应性学习机制的 Agent 特别重要。但关于如何根据人类的思维方式来构造学习机制的 Agent，由于人类对于大脑还没有完全清晰的理解，这也在一定程度上制约了 Agent 学习机制的设计。对于 Agent 学习算法主要有人工智能、机器学习、神经网络及遗传算法。

1991 年，圣菲尔研究所进行了一次连续拍卖的人工股票模拟市场，模拟了不同的交易策略，参加者提交了 30 种不同的交易策略，其中包括简单的“搭便车”策略及基于人工算法的复杂交易策略，但结果却是出人意料。最后的获胜者是简单策略的提出者——“等待别人协商，到最后一刻进行竞标”。从这个小案例中可以看出，其实这个策略的提出者是在不断学习、不断调整自己的交易策略，直到最后才做出自己的选择，说明当个体具有一定的学习能力时，是可以不断适应变化的情况的。在早期对于 Agent 设计的研究方面强调简单的设计，而这种简单化的 Agent 的设计对于 ACE 的研究有一定的限制，因此越来越多的学者就开始将 Agent 逐渐复杂化，并提出人们应该研究具有能够模仿人类不断学习的 Agent 结构，可以说 ACE 中 Agent 的设计逐渐得到深入研究。

（2）社会规范和个人行为模式的演化。社会规范是指社会个体所遵循的一套模式，如果个体违反了这一规则就会受到一定的惩罚。社会规范是由许多大量的 Agent 通过不断的相互作用形成的，同时社会规范一旦形成就会对单个个体产生一定的反作用，制约着每一个个体的行为。社会规范的不断发展进步对于个体的行为可以说具有很大的影响，但当个体考虑是不是要遵循社会规范时，以及是不是个体会完全无条件地遵循社会规范，这些都会影响到社会规范的效应，在现实经济中每一个个体在进行决策时往往会受到外界的影响，一个具有代表性的例子就是经济学中“恐慌者心理”及“羊群效应”的出现。在上述分析中可以知道，不管是社会规范还是个体行为，都需要考虑到他们的演化，只有将其考虑进去所建立的模型才会更加真实地反映社会经济状态，才能达到更好的模拟效果。

（3）相关 ACE 的市场模型。当前关于 ACE 的研究较为活跃的是对各类市场的演化及其各种经济制度能够产生何种影响。具体来讲主要包括金融、劳动、零售和电力等一些方面。在金融市场中，传统的经济学模型由于存在天然的缺陷往往不能解释金融市场中出现的一些现象，如交易量和波动性的相关性、“羊群效应”等。但 ACE 模型能够模拟市场中的经济现象，了解每一个个体的行为特征，从而能够选择一个较好的策略。

鲍尔（Bower，2001）在《英格兰和威尔士电力市场统一价格与歧视性拍卖效率的实验分析》中通过模拟英格兰和威尔士电力市场的情况，认为电力市场是一个双向拍卖的市场，卖方是电厂，而买方是电力公司，买卖双方买卖电力的数量是有一定限制的，并且部分厂家占据了市场大部分的份额，买卖价格是由双方协定的。通过模拟市场的交易发现，当市场中信息非对称时，对于拥有较大信息量的大型电力公司往往比小型电力公司具有较高的利润回报。从这个案例中可以发现信息的披露对于模型的建立也具有重要的影响作用。

（4）经济系统的网络模型。经济系统中各种交易网络的形成是经济学研究的重点之一，使用 ACE 模型进行研究，其重点是解释这些网络是如何形成的及其接下来会有怎样的发展变化。复杂的网络系统状态使 ACE 的研究得到了进一步的深化，其中比较具有代表性的是张江

（2015）在《经济复杂系统的建模研究——人工经济模型》中提出的人工经济模型。人工经济模型是计算机虚拟的一个经济系统，具有二维的网络环境，参考著名的模型Sugarscape，即糖域在每一个网络结构节点上是“糖和原料”，在这个系统中有多个不同的Agent，它们是可以自由流动并可以自由地作出选择，这些Agent能够通过不断的学习和适应选择相应的“糖和原料”，该案例最大的创新就是提出了“流”的概念，认为“流”是推动系统发展的重要力量。

二、ACE模型存在的合理性

1. Agent发展历程介绍

Agent这个概念最早出现在19世纪的文献中，埃奇沃斯（Edgeworth）首先使用了“代表特定”这一术语，而马歇尔（Marshall）是在其《经济学原理》中引入了“代表性公司”的概念，但在“卢卡斯批判”之后，基于代理的计算经济学方法才成为主导的宏观经济学方法。ACE中Agent的选择是一个不断优化的过程，其可以是消费者也可以是生产者，在市场经济中可以通过个体的需求和供给曲线来推导出市场总的需求和供给曲线。

现实存在的理论基础还有许多不合理和难以令人信服的弊端，从各个理论基础的陈述中，经济学者哈特利（Hartley）发现了这样的现象，这些学者们被认为避免了卢卡斯的批评，提供了严格的微观基础到宏观经济的运营，并建立了强大的瓦尔拉斯一般均衡模型，但事实并非如此，他们未考虑到微观市场中的异质个体。

（1）避免卢卡斯批判。之前，宏观经济模型通常用三个向量来定义：y_t是内生变量的集合，x_t是外生变量的向量，并且是随机冲击的集合，固定参数包含在矢量θ中。

$$y_{t+1} = F(y_t, x_t, \theta, \varepsilon_t)$$

然而，卢卡斯批判解释道，由于政策制度λ的转变，包含在θ中的一些参数可能会发生变化，总量和价格的反应可能与预期不同，因为Agent可能以一种未被捕获到的方式改变其行为，例如各个Agent在预期的通货膨胀率实施之前可能就会改变他们对于未来的期望，因此试图通过扩张性货币政策利用失业和通货膨胀率之间的潜在平衡找出其相应的均衡点可能是有一定的困难的。关于卢卡斯批判可以改为如下的形式：

$$y_{t+1} = F[y_t, x_t, \theta(\lambda), \mu, \varrho t]$$

其中，$\theta(\lambda)$是包含了实施此项制度有关的参数，而μ被认为是由恒定不变的一些变量和技术参数组成的，虽然卢卡斯对这个基本问题没有提供解决方案，但相关的模型认为该问题是不能回避的。该模型是宏观经济学家们超越了简单的总量关系并在比以往更深的层面上进行分析，同时是在假定知道方程结构的情况下，得出供求曲线的。

哈特利（Hartley）认为不存在不变的技术类型的参数，鉴于这一点，经济学家们也意识到“卢卡斯批判”强加了一个没有宏观经济模型可能实现的标准。由于模型与旧凯恩斯主义存在相同的缺陷，因此该模型在宏观经济模型中的使用就受到较大的影响。

（2）建立瓦尔拉斯一般均衡模型。构建经济上的瓦尔拉斯一般均衡模型为代表性 Agent 提供了另一个强大的动力，经济学家不仅对这些模型中均衡的存在感兴趣，而且对于其独特的稳定性也是比较感兴趣的。对于瓦尔拉斯一般均衡来讲，其存在的合理性的前提条件是其假设必须是正确的，若假设条件出现了错误，那么瓦尔拉斯自然也就存在一定的不合理性了。由于每一个人在偏好和认知能力方面显然是存在差异的，因此代理人的假设不能被认为是结构性的，是具有一定的差异性。当在瓦尔拉斯模型中使用代表性的代理来代替异质性的个体时，当建模者加入这些替代变量时需要假定实际的经济状态与模型之间并未有太大的区别。然而，越来越多的证据表明事实并非如此。例如，在 CAPM 中，在代理商完成其最初投资组合多样化后，没有任何交易，这是很难达到持久的均衡。

（3）Agent 构成的谬误。在经济学中，早已知道个体 Agent 的真实情况可能并不适用于总体经济，这种经济现象被称为构造的谬误，反映的是微观与宏观经济之间的关系。许多消费者和企业在微观水平的相互作用下促进了整个社会经济系统，但当采取对于个体相适应的经济政策时，可能会出现对社会总体经济并不是适用的状况。例如，在经济衰退时期，为了生存企业可能需要大量裁员才能够维持现有的日常经济活动，但是政府作为一个整体的市场参与者，若是采取同样的策略，只会加剧社会经济的衰退，并不会起到改善经济的作用。

（4）市场中异质投资者的期望形成。在同质投资者的资产定价模型中，资产的定价通常反映的是预期回报的折现，即当期对下一期价格$E_t[P_{t+1}]$的期望等于当前价格P_t，意味着代表投资者的期望满足迭代期望的规律：

$$E_t[E_{t+1}(P_{t+1})] = E_t[P_{t+2}]$$

假若不考虑具有代表性代理的投资者，平均未来预期收益对于市场的投资者来讲变得非常重要，由于公共信息及个人所获得的一些信息存在一定的差异，这就导致了个人的期望和对平均未来收益的预期出现了一定的分歧，迭代期望的规律可能不再被满足了。

自 20 世纪 70 年代初以来，所盛行的理性预期假设假定代理人对基础市场均衡完全了解，并且可以使用这些方程对理性预期作出预测。因此，代理人的主观期望与给定信息集下的数学期望具有一致性，且预期中的误差是随机的，均值为零。在形成对未来收益的预期时，具有理性预期的投资者不会仅仅停留在一般层次上，他们的演绎逻辑要求他们对所有其他投资者的期望需要做出确切的回归分析，只有当投资者具有同质的期望时，这些预期才能得到明确定义。然而异质投资者的期望在理性预期假设下却是不确定的，因此异质投资者不能使用演绎逻辑来形成对未来收益的预期，这就很难界定完全理性和理性预期的概念了。

2. 理性预期与非均衡动态

如果人们所处的环境不同或者社会行为存在差异，那么由此产生的经济模型就不确定了，所出现的结果就会存在一定差异。理性预期假说要求所有市场参与者都具有相同的预期，这在某种程度上限制了出现不同结果的可能性。理性预期模型还要求所有的市场参与者都能够获得所需的市场信息，即信息在市场中是公开透明的，不存在获取信息的障碍，同时还要求他们都能通过所需的信息作出自己最优的决策。这些都是理想状态下的分析，因此在“卢卡斯批判”中，认为此种分析只是一个均衡和理想的概念，而非是一个行为的假设。同时理性预期模型并没有考虑信息是如何收集来的，以及信息是如何进行相应处理的，作为一个均衡概念，最多可以描述一个经济系统是如何能够适应所有 Agent，但不能描述系统是否真的会达到一个特定的均衡，也不能说明系统的不平衡动态，这些问题都是理性预期假说无法解释的。

理性预期假说其中最基本的假设是期望是一种随机产生的，且具有无偏性，但是在这个过程中，当参与者获取信息的成本或者处理信息的能力发生变化时，代理商们就需要慢慢调整适应不断变化的期望水平，在这个调整的过程中，他们的预期可能会出现系统性的错误，而这种错误似乎是与理性预期的定义相违背的。但事实并非如此，理性预期模型假设代理商在下一时期开始之前，已经知道了随机过程的变化，但对于了解下一时期随机过程的产生的这段时间并没有给出确切的定义，只是简单地将这看成为达到该目的所需的学习时间。因此，如果经济学家想在调整过程中解决这种短期现象以实现新的长期理性预期均衡的话，那么他们将不得不创造经济的演化模型，在这方面通过理性预期模型是难以实现的。

3. 基于 Agent 代理模型方法

在前面第一节中第四小部分已经提到过，新古典经济学主要是一种自上而下的演绎推理，在进行推导的过程中往往会忽略一些异质 Agent 及这些 Agent 之间的相关性，这并没有反映真实的复杂经济系统。而基于 Agent 的 ACE 模型是一种自下而上的归纳推理，能够充分模拟复杂经济系统中的每一个个体，使得模拟结果与真实的经济系统更加适应。

从以上三个方面大体上可以了解 ACE 模型存在的合理之处及其产生的意义，这对进一步研究复杂的经济系统具有重要的意义。

三、ACE 建模的步骤

ACE 的建模方法是基于 Agent 的计算机仿真模拟的方法，尽管 ACE 这种建模的方法相对比较科学，但具体实施模型的构造还是有一定难度的。因为从原则上来讲就是给一种没有一般方法的宏观经济现象或者规律，通过微观的个体基础找出相对应的规则，这也就意味着不能用逻辑推理的方法来寻找微观的规则，只有通过反复观察、假设和实验来验证自己的猜想。

在 ACE 建模的过程中，人们通常按照以下几个步骤进行实验：观察归纳、计算机建模、计算机实验和解释还原。首先，人们需要对真实的经济系统进行观察归纳，明确自己研究的方向与重点；其次，进行一些简单假设的总结，并且基于这些假设进行计算机建模；再其次，在各个计算机中进行计算机实验，观察计算机实验中各个经济系统的涌现行为；最后，研究者将计算机中涌现的行为与真实的经济系统进行比较，从而发现经济中存在的规律，同时研究者还可以通过改变不同的参数或者规则，来考察不同的参数、规则所代表的宏观经济环境能给经济系统带来什么样的影响，最终总结出一般的规律。

总之可以将 ACE 建模分为以下六个步骤：

（1）对现实经济现象抽象出一系列假设；

（2）根据假设建立 Agent 的个体模型，以及个体之间相互作用的规则；

（3）通过计算机进行仿真模拟和实验；

（4）得出结论并对现实经济现象作出解释；

（5）改变不同的参数和规则，观察不同差数和规则情况的模型的结果；

（6）反复重复以上步骤。

在以上的步骤中，相对比较重要的是步骤（1）和步骤（5），进行 ACE 模型建立之前，需要对现象作出一些假设，这可能会关系到后面具体建造的模型的实用性，一些过多的假设所形成的模型可能并不能真实反映经济的状况，从而导致构造模型的意义就显得不是那么重要了。步骤（5）中差数和规则的改变也是非常重要，只有通过不断调整才能达到实验的目的，一项经济系统的决策如果能够通过不断的反复实验，那么在实际决策中面临的风险也就越来越小。

四、ACE 模型结果分析

ACE 模型从根本上来讲是对复杂经济系统的模拟，其自身也是一个非常复杂的模型，因此需要采取一些特定的方法来对模型出现的结果进行分析，主要采取的方式有个体行为分析、时间序列统计分析、涌现图像动画的观察和分析等。

1. 个体行为分析

如果是各种相适应的 Agent 进行 ACE 建模的话，那么需要 Agent 不断的调整以适应多变的 ACE 环境，就可以将个体的行为和适应性规则抽离出来进行分析，从而获知整体的进化趋势。但这种方法可能并不总是有效的，一方面，有些 Agent 建模的方法不具有外显的规则，如神经网络很难在与外界隔离的情况下很难外显；另一方面，由于系统中存在大量的个体，且每个个体都具有一定的适应性，要想从这么复杂的经济系统中将每一个个体抽象出来，非常有难度。

2. 时间序列统计分析

由于 ACE 是一个经济系统，反映的是一段时间的状况。如果将这段时间通过数据表示出来，ACE模型就能输出若干的时间序列，就可以根据经济时间序列的分析方法来分析ACE生成的时间系列，从而理解ACE模型本身所涌现的结果。在此过程中，需要考虑用一个指标来反映ACE模型，如GDP、CPI等，并在每一个周期，都将该指标作为一个数据进行输出。在经过长时间的反复模拟之后会形成一个时间序列，从这个时间序列中就可以看出经济发展的整体状态。

3. 涌现图像动画的观察和分析

ACE模型有很多规律和属性是很难通过数学方程表达式或者是语言描述的，这需要借助于一些图像进行观察得到，但这也仅限于具有图形展示界面的ACE系统中，对于一些不具备图像展示的ACE系统，可以通过人为的方式把隐含的规律与属性展示为图像的形式，利用图像演示动态的特征可以清楚、直观地观察经济系统运行的状态。

五、Agent模拟展示

本部分将展示一个基于Agent在金融市场方面应用的案例——连续双向拍卖人工股票市场，详细阐述连续双向拍卖计算实验平台的设计与构建过程，包括结构设计、算法流程以及Agent的模型构建及其嵌入模式、系统的整体运行方式等方面内容。

1. Agent系统的设计与构建

人工股票市场主要是由Agent决策与调度系统、市场交易系统以及信息环境所构成的一个封闭的实验环境，其总体的结构如图9－1所示。

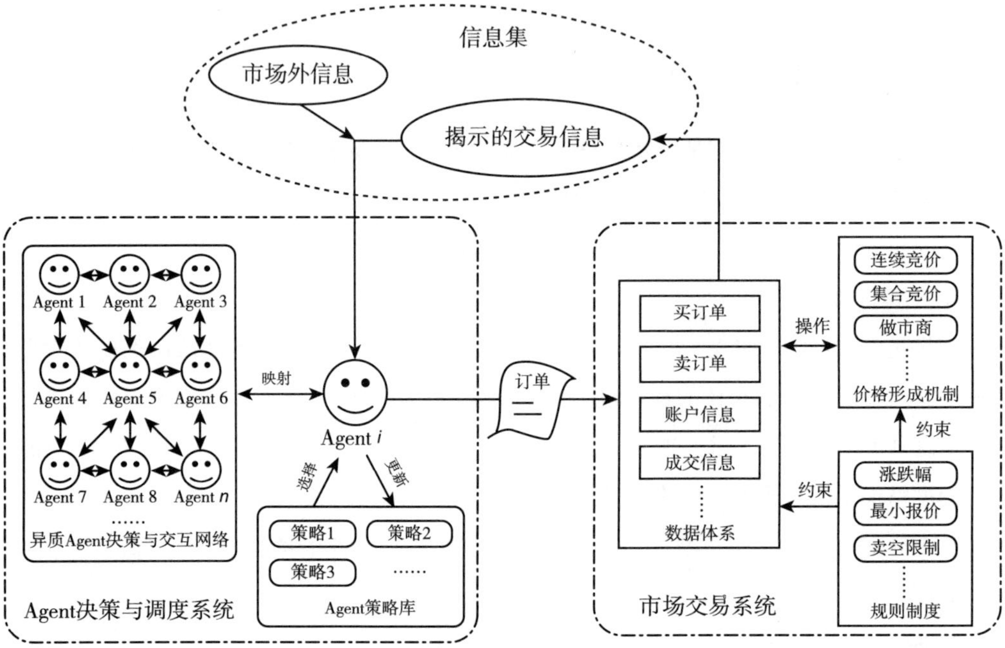

图9－1 人工股票市场的总体结构

在 Agent 系统中，每个 Agent 根据系统的调度进行买卖决策，在决策过程中需要完成接收信息、选择策略以及根据决策结果提交订单等一系列动作，并且在 Agent 系统中有可能存在 Agent 的交互作用，从而改变 Agent 的信念。Agent 系统与交易机制系统之间通过订单和揭示的信息联系起来。市场系统主要由数据体系、价格形成机制以及规则制度等模块构成，当订单到达交易机制系统后，首先订单被放进数据体系中的订单簿，然后交易系统会根据实验设定的价格形成机制，在交易规则的约束下对订单簿进行撮合。如果符合成交条件则形成交易，并且将交易信息存储在数据体系内，最后数据体系会根据相关设定的规则制度进行信息的揭示（如价格、成交量、5 档或 10 档订单申报等）。这些揭示的交易信息与市场外输入的信息构成一个信息集，可以供 Agent 进行下一次的决策使用。

在关于 Agent 建模的探索过程中，有限理性的异质投资者模型是一个非常重要的模型。在传统的建模方法中所假定的代表性投资者模型，由于其对于一个单一的目标进行最优化求解，因而对于一个整体的系统而言，就限制了整体多样性的发挥，也就是说用代表性投资者描述的模型，最终所有的投资者在其优化模型的作用下变为同质类型，因此有限理性异质投资者的模型的构建是非常有必要的。

Agent 系统是计算实验平台必不可少的一个组成部分，Agent 会结合外部的信息输入结合其决策模型产生行动指示。Agent 的决策行为可以理解为一个负反馈系统，决策的模型过程如图 9－2 所示。

图 9－2　Agent 的决策表示模型

当外部信息输入 Agent 后，会根据其内生的决策模型对信息有所反应，产生相应的决策结果来指导其行动。同时，会结合实际情况对其决策效果进行评估，进而修正其决策模型，以进行下一次的决策分析。

在现实中，行为人不存在完全理性，也很难说是哪一类固定类型的投资者，人们在进行资产配置和决策时，往往参考若干信息成分，随着时间和所参考信息的不同，其决策类型也会发生变化，因而这是一个动态的过程，是一个不断变化的、具有异质混合特征的决策过程。这就需要构建一种混合式有限理性异质 Agent 决策模型，目的是为在市场中构建尽可能丰富的有限理性异质投资者特征。在该模型中考虑了 Agent 的反应过度和反应不足的行为特征，并且使其能够对隔夜效应在开盘时所产生的信息冲击进行反映，从而在此基础上进行交易机制的设计与分析（如图 9 - 3 所示）。

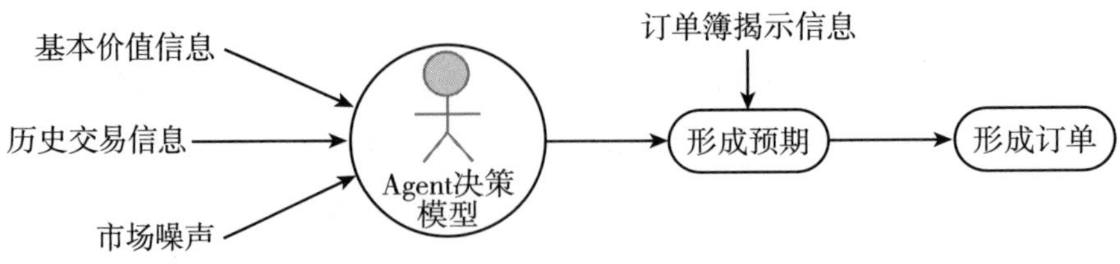

图 9 - 3　Agent 决策过程示意

当 Agent 进行决策时，会根据资产的基本价值信息、历史交易信息，同时会受到市场噪声的影响，在这三个因素综合的基础上进行决策，进而形成预期。然后结合订单簿揭示的信息形成申报价格，最后根据 CARA（constant absolute risk aversion）效用最大原则计算出需求量，形成买卖方向的订单。

2. 连续双向拍卖交易系统的设计

连续双向拍卖交易机制是目前使用最为广泛的交易机制，所谓连续双向拍卖是指交易者可以连续地同时提交买和卖两个方向的申报订单，在交易过程中对买卖申报订单进行逐笔连续撮合的竞价方式。在价格形成方面，遵循"价格优先，时间优先"的原则，即较高价格的买入申报优先于较低价格的买入申报，较低价格的卖出申报优先于较高价格的卖出申报；如果买卖方向相同、价格相同时，先提交的申报订单优先于后提交的申报订单。在成交量的处理上，在逐步交易中，如果完全成交则将订单从订单簿中删除，如果部分成交，且 Agent 没有提出撤单操作，则将剩余的订单仍然保留在订单簿中，等待新的交易。订单簿的结构如图 9 - 4 所示。

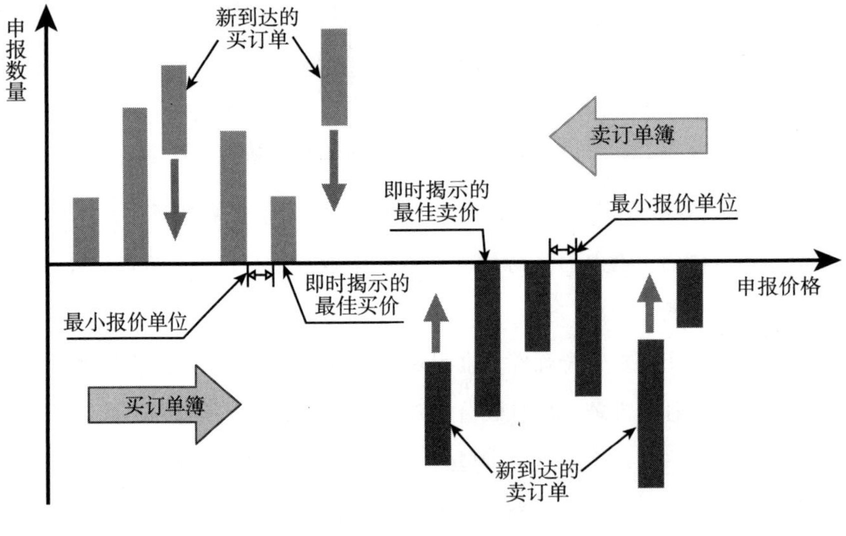

图 9 - 4　连续双向拍卖市场订单簿结构

从图 9－4 中可以看到订单簿被分为买订单和卖订单两个部分，买订单簿将有效的委托买入订单按照申报价格由高到低排列，卖订单簿将有效的委托卖出订单按照申报价格由低到高排列，在买卖订单簿的交界处即为即时揭示的最佳买卖申报，订单价格之间的最小间距即是最小报价单位。根据上述竞价原则对订单簿进行撮合，形成交易价格，并对交易进行记录。

连续双向拍卖的交易流程如图 9－5 所示。首先是随机选出参加交易的 Agent，根据信息及其决策模型进行决策，形成订单提交到交易系统中，交易系统根据连续双向拍卖机制的竞价原则，将订单簿进行排列，买订单簿按照申报价格由高到低排列，卖订单簿按照申报价格由低到高排列，如果相同买卖方向存在相同的报价相同的订单，则较早提交的订单优先。然后，交易系统根据排序后的订单簿提取出最佳买卖订单，如果最佳买订单的申报价格不小于最佳卖订单的申报价格，则可以进行交易，否则结束此次撮合，进入下一轮竞价流程。如果进行交易，则价格和成交量的形成过程如下：

（1）根据提交订单的先后顺序确定成交价格，如果最佳买订单早于最佳卖订单提交，则以最佳买订单的申报价格为此笔交易的成交价格；否则，以最佳卖订单的申报价格为此笔交易的成交价格。

（2）比较最佳买卖订单的申报数量，如果最佳买订单的申报数量小于最佳卖订单的申报数量，则此笔交易的成交量为最佳买订单的申报数量，然后将最佳买订单从订单簿中删除，更新最佳卖订单在订单簿中的申报数量；否则，此笔交易的成交量为最佳卖订单的申报数量，然后将最佳卖订单从订单簿中删除，更新最佳买订单在订单簿中的申报数量。

（3）提取新的最佳买卖订单，看是否满足交易条件，如果满足则返回（1）否则结束此次撮合，进入下一轮竞价流程。

交易过程中，实时记录交易信息，并更新 Agent 的个体属性（例如现金状况、资产头寸等），然后根据交易规则进行交易信息的揭示，供 Agent 决策使用。另外在程序控制方面，需要判断每天交易是否结束，如果结束则需清空当天订单簿中尚未成交的订单信息。

3. 人工股票市场中时间的概念

为了模拟每天开盘时的隔夜信息扰动和交易结束后的订单簿清空行为，需要对人工股票中的时间标度进行定义，如图 9－6 所示。

定义 1：周期——所有 Agent 随机完成一轮决策的过程称为一个周期。

定义 2：天——每完成 50 个周期的交易称为一天，在每天结束后清空订单簿。

定义 3：开盘时间——每天的最开始两个周期定义为开盘时间，在此期间 Agent 的决策受到隔夜信息释放所产生的扰动的影响。

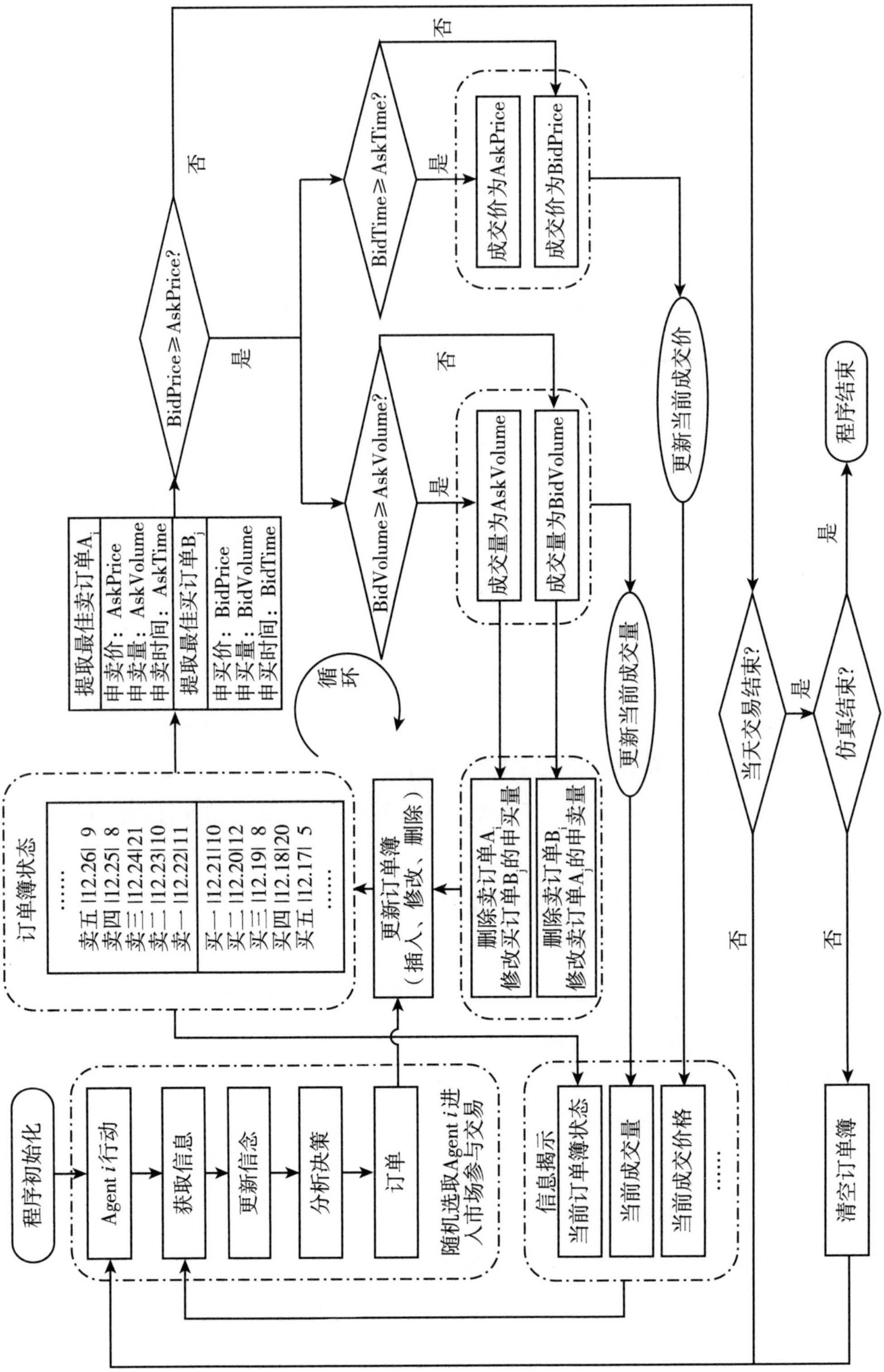

图 9-5 人工股票市场连续双向拍卖交易流程

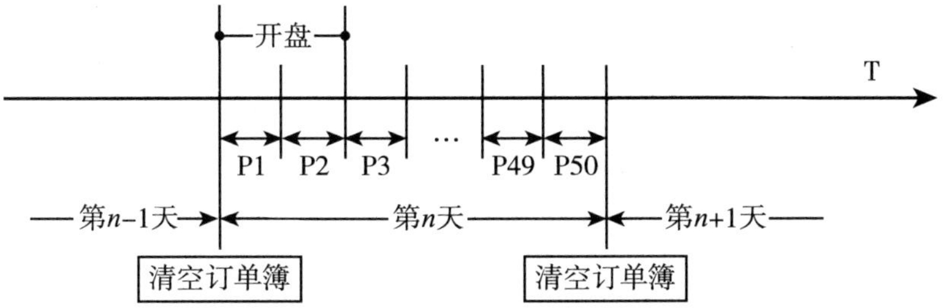

图 9－6　人工股票市场中时间标度

4. 连续双向拍卖人工股票市场校准及其稳定性分析

（1）人工股票市场的校准。接下来将通过计算实验对连续双向拍卖人工股票市场进行测试。主要将对其产生的价格时间序列进行一系列分析，并与真实市场的情况相对比，同时将使用沪深 300 指数、中国石油和万科 A 股的 5 分钟数据进行价格动力学分析，并与计算实验的数据进行对比，从而对连续双向拍卖人工股票市场的仿真能力进行测试，并完成模型校准工作。

实验设计和参数的选择是进行金融仿真模拟的一个关键性步骤，每个 Agent 会被随机地以均匀分布的形式分配一定数量的初始现金和股票，即 $C_0^i \sim U(0, C_0)$，$S_0^i \sim U(0, S_0)$，其他的参数设置如表 9－1 所示。

表 9－1　　计算实验模型的详细参数的设置

符号	设置	说明
N	1000	Agent 数量
α_0	0.1	Agent 风险厌恶参考值
τ_0	40	Agent 投资周期参考值
C_0	1000	Agent 初始现金参考值
S_0	100	Agent 初始股票参考值
V_0^f	10	股票基础价值的初始值
σ_F	0.001	股票基础价值收益率的标准差
σ_N	0.001	噪音成分的标准差
σ_{open}	0.001	开盘时隔夜信息产生波动的标准差
TL	5	订单簿行情揭示档位 level
TS	0.01	最小报价单位
PL	0.1	涨跌幅限制
TR	0.001	税率（即交易成本 θ）

需要说明的是，在实验过程中，最小报价单位、涨跌幅限制和税率方面的参数设置与现行中国 A 股市场一致。为了避免由于随机种子不同而产生的影响，本实验在不改变其他参数的情况下，采用不同的随机种子重复计算了 30 次，每次实验模拟周期为 100000 次，并从中随机采样 2000 个周期的数据进行以下分析。

在真实的股票市场上，价格时间序列表现出尖峰后尾（fat tails）等典型格式化特征（stylized facts），因而首先将对连续双向拍卖人工股票市场的价格时间序列进行基本的统计特征检验。这里将对时间序列的正态性进行检验，用到的方法有对其偏度、峰度以及 Jarque - Bera 检验等。

为了与真实股票市场情况相比较，在对人工股票市场数据进行分析的同时，对比分析了沪深 300 指数、中国石油和万科 A 股在 2010 年上半年的 5 分钟数据，选取的数据长度均为 2000，其中沪深 300 指数与中国石油选取的时间段为 2 月 1 日至 4 月 2 日，万科 A 股选取的时间段为 2 月 1 日至 4 月 6 日（其中 3 月 23 日停牌不计）。收益率为对数收益率 $r_t = \ln p_t - \ln p_{t-1}$，其基本数据特征如表 9 - 2 所示。

表 9 - 2　　收益率时间序列基本统计特征

数据	均值	标准差	偏度	峰度	Jarque - Bera 统计量
计算实验	1.4692E-05	0.0021	-0.7268	7.7289	1956.9993
沪深 300 指数	1.9995E-05	0.0014	-0.0472	6.2030	804.3272
中国石油	-8.3772E-06	0.0014	0.1455	6.5157	974.8499
万科 A 股	3.3748E-05	0.0020	1.0500	8.9036	3075.5698

从表 9 - 2 的统计结果可以看出，计算实验平台仿真出的内生价格收益率序列的基本统计特征与真实市场中的数据具有类似的特征，在数量级上十分接近，虽然具体数值有所差别，但是均表现出了金融市场中典型的格式化特征。从统计指标来看，计算实验的数据特征与万科 A 股的特征比较接近，说明计算实验能够产生一些与真实市场相似的情境。

图 9 - 7 为计算实验数据和真实市场数据的时间序列情况。其中，（a）为计算实验数据的价格和收益率的时间序列，（b）为沪深 300 指数的价格和收益率时间序列，（c）为中国石油的价格和收益率时间序列，（d）为万科 A 股的价格和收益率时间序列。收益率为对数收益率，即 $r_t = \ln p_t - \ln p_{t-1}$，从图中可以看到，由计算实验内生出的价格和收益率序列与真实市场中的数据相比，从形态上具有了类似的特征。为了进一步观测计算实验数据的尖峰后尾特性，接下来将对收益率序列的分布情况进行分析。

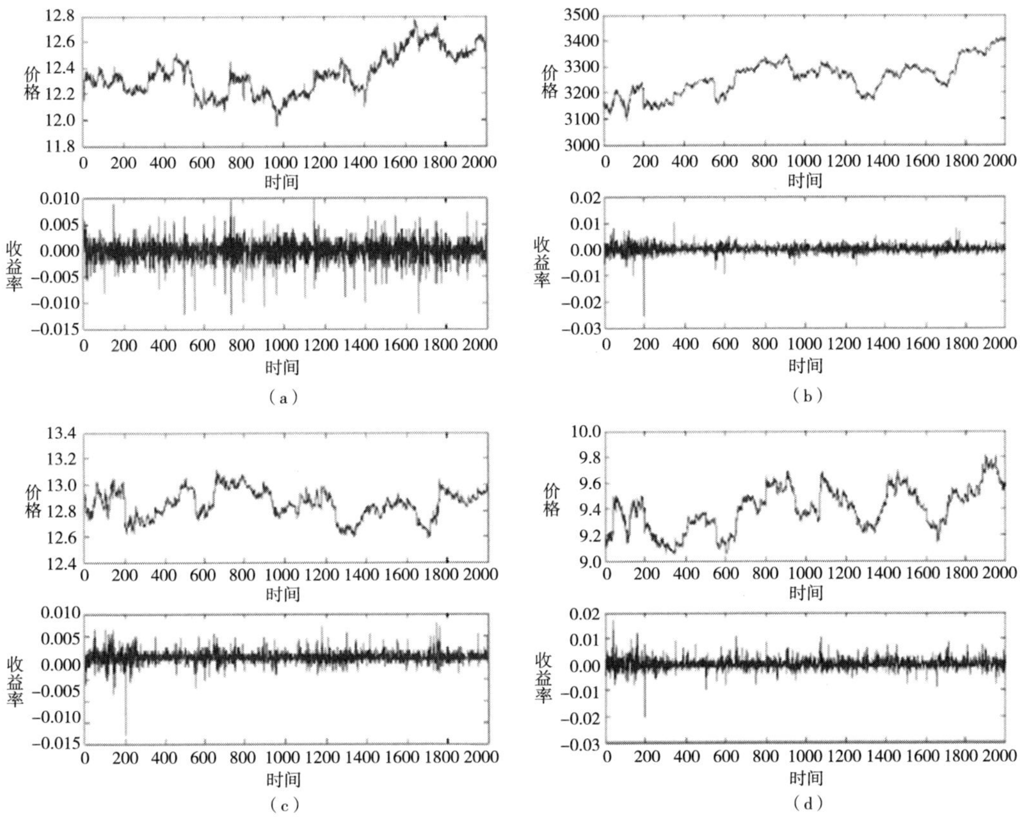

图 9－7　价格和收益率时间序列

图 9－8 收益率时间序列分布和图 9－9 收益率时间序列分布 qq 图展现了计算实验和真实股票市场数据的收益率分布及其尾部特征。其中，（a）为计算实验数据的价格和收益率的时间序列，（b）为沪深 300 指数的价格和收益率时间序列，（c）为中国石油的价格和收益率时间序列，（d）为万科 A 股的价格和收益率时间序列。从图 9－8 可以看出，计算实验能够反映出真实市场中的尖峰厚尾特征，并且与沪深 300 指数相比，计算实验数据特征更加接近于与其模拟价位相类似的中国石油、万科 A 股的数据特征，这同时也说明了在计算仿真时，选择的价格区间对其统计特征是有着一定的影响的。通过对比研究发现，计算实验模型能够在一定程度上具备真实市场数据的特征，并且能够反映出与之价格区间比较接近的真实股票的情境。这样就可以以此为基础，通过构造相应的实验模型来模拟目标情境，进一步研究交易机制的设计与调整对市场质量的影响。

（2）人工股票市场的稳定性分析。在计算机仿真实验中，作为计算模型校准的一部分，还应该检验计算模型在随机运动状态下的稳定性，即是模型对于随机种子选取的敏感性问题，即需要证明前面的研究结果并不受随机因素的影响。一个稳定的模型不应该会由于随机种子

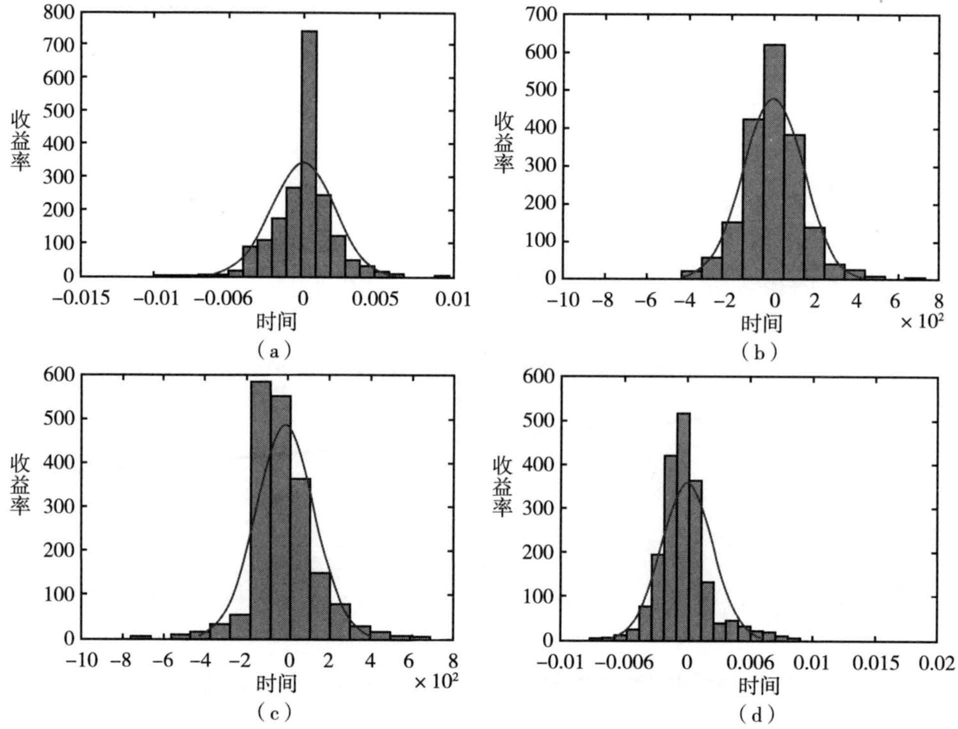

图 9-8 收益率时间序列分布

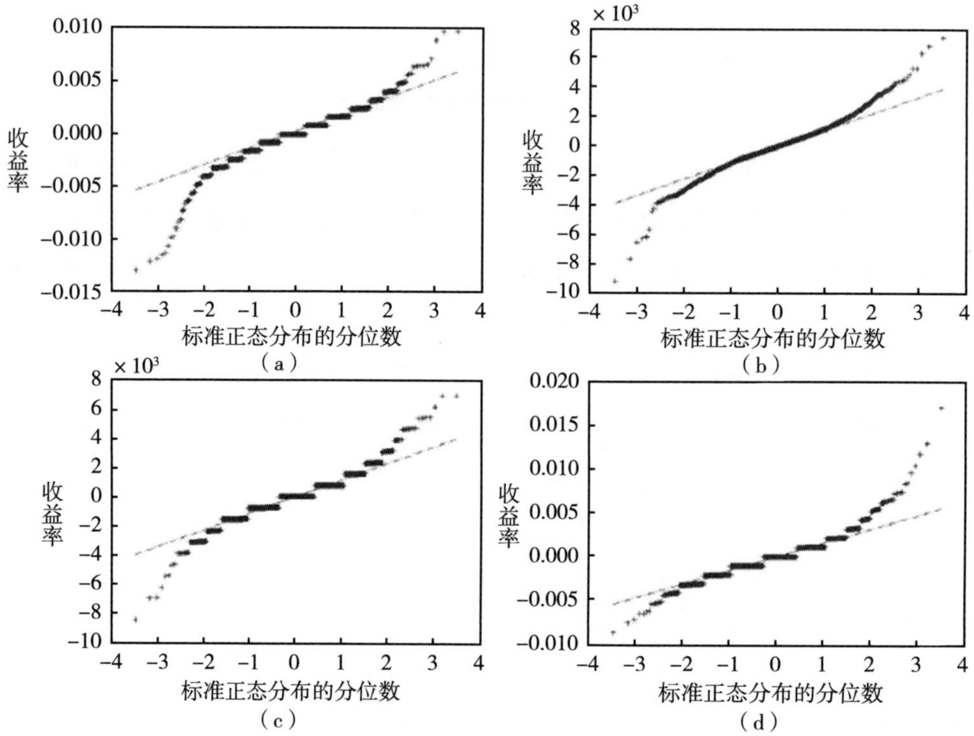

图 9-9 收益率时间序列分布 qq 图

选取的不同而表现出不同的结果，如果是这样，那么可以说这个模型是不稳定的，因而这样的模型也不能够应用在进一步的研究中。为了保证接下来的研究更具可靠性，需要对模型展开进一步的稳定性检验。这里将在保证模型其他参数不变的情况下，通过分别采用不同的随机种子实验30次，然后分析每次实验结果的统计属性，并且通过方差分析来对人工股票市场的稳定性进行评价。表9-3给出了不同随机种子情况下的30组实验的统计结果。在这些实验中，只是改变了随机种子的值，而其他参数均未进行调整，这样便可以看出随机种子对计算实验模型的影响程度。从基本统计特征可以看出所有实验均体现出了尖峰厚尾等市场格式化特征。

表9-3　　　选用不同随机种子的30组实验的统计结果

序号	随机种子	均值	方差	偏度	峰度	Jarque-Bera 统计量
1	1820252825959270	2.1517E-06	0.0028	-0.1892	6.4629	5080.9013
2	-2990096097206330	-3.9954E-06	0.0026	-0.3548	7.4198	8390.2419
3	-320273170638441	-1.2160E-05	0.0028	-0.1895	7.0892	7061.7167
4	-4895912409647690	-5.4273E-07	0.0021	-0.5136	7.7292	9806.2631
5	1632377377491470	-6.5878E-06	0.0033	-0.1299	5.8384	3401.5258
6	-774787262258252	4.5647E-06	0.0027	-0.2406	7.4497	8387.4680
7	-1811139315069870	5.1343E-06	0.0033	-0.0922	5.7134	3097.1072
8	8624109985120610	1.4150E-05	0.0034	-0.1810	6.2932	4595.8106
9	-2134952727697420	7.3144E-06	0.0024	-0.2796	6.2113	4448.8213
10	1645781587068820	3.4671E-06	0.0021	-0.4270	6.8521	6518.5314
11	-4659085657397600	2.5339E-05	0.0021	-0.2760	7.6704	9260.8716
12	887081098318489	-3.5301E-06	0.0035	-0.0232	5.2654	2149.8112
13	-1843726099005750	2.2728E-05	0.0035	-0.1012	5.2104	2062.9967
14	-558459938326015	3.6078E-06	0.0027	-0.2869	5.8919	3639.7204
15	-7052579627628110	1.9342E-05	0.0022	-0.6913	9.8508	20452.0363
16	4027116485651170	-5.5044E-06	0.0031	-0.2879	5.5155	2788.3467
17	-7049887164616100	-4.5036E-06	0.0029	-0.1795	5.4567	2581.0343
18	2496924364932350	3.0965E-06	0.0033	-0.2354	5.3797	2463.8784
19	-4564212246561720	-8.1961E-06	0.0025	-0.3210	7.1187	7275.2562
20	1954555779006910	7.0027E-06	0.0028	-0.3301	6.3351	4839.7909
21	5724307343140010	-9.8772E-07	0.0032	-0.1556	5.5099	2678.2682
22	-7799978992832610	9.6596E-06	0.0026	-0.2278	6.9353	6571.1750

续表

序号	随机种子	均值	方差	偏度	峰度	Jarque - Bera 统计量
23	-5428891026174380	3.6645E-06	0.0024	-0.4029	7.9713	10619.5607
24	-8665525972772960	1.1592E-05	0.0031	-0.2453	6.8289	6239.2655
25	6201180927663190	-8.9872E-06	0.0029	-0.1636	5.5343	2733.9610
26	-3244831999157910	-6.4224E-06	0.0031	-0.1972	5.7698	3277.2925
27	2044055438285390	9.6322E-06	0.0023	-0.3667	6.5265	5432.4488
28	4803931507269660	-3.1121E-06	0.0036	-0.0409	5.9869	3738.2140
29	1604377502616610	-1.2400E-05	0.0030	-0.2901	5.8160	3461.3738
30	6853136872722540	1.0897E-06	0.0027	-0.4262	6.3700	5059.5491

为了进一步度量随机种子对实验结果的影响程度，对上述 30 组实验进行了单因素方差分析，其中原假设 H_0 为这 30 组实验不存在差异，即随机种子不会对实验结果产生影响；假设 H_1 为这 30 组实验存在差异，即随机种子的不同会对实验结果产生影响。具体分析结果如表 9 - 4 所示。从表 9 - 4 中可以看出，组间的离差平方和远远小于组内的离差平方和，也就是说组间差异非常小。因此 p 值为 1，远远大于 0.05 的判别点，方差分析的结果为接受原假设 H_0，即计算实验模型是稳定的，不会因为随机种子的不同而对实验数据的分析结果产生影响。同时也证明了本章中前面几节的分析结果具有普遍性和代表性，能够反映出真实市场中的一些情景，而这些结论并不会受到实验中的随机因素的影响，这就为进一步关于交易机制调整的研究打好了基础。

表 9 - 4　　方差分析结果

方差来源	离差平方和（SS）	自由度（df）	均方差（MS）	F 值	p 值
组间（Columns）	2.70E-05	29	9.31E-07	0.112844	1
组内（Error）	2.485889	310440	8.25E-06		
总和（Total）	2.485916	301469			

5. 交易机制实验设计

不同的交易对市场质量会产生不同影响，目前主要从市场流动性、波动性和价格发现效率三个方面对市场质量的测度指标加以评述与选择。而此处所构建的连续双向拍卖人工股票市场，也将此作为选用的指标体系和分析方法。

在交易机制设计中，主要关注涨跌幅限制、最小报价单位、印花税税率和透明度等指标的设计，因此将分别对这四个维度做如下设置，如表 9 - 5 所示。

表 9 – 5　　交易机制实验参数设置与说明

符号	参数设定	说明
PL	0.05，0.1，0.2	涨跌幅限制
TS	0.01，0.05，0.125	最小报价单位
TR	0.001，0.003，0.005	印花税税率
TL	2，5，10	行情揭示档位

为了实验分析的方便，将上述参数和设定值按照因素水平集的方式进行表达（如表 9 – 6 所示）。

表 9 – 6　　因素水平集

水平	涨跌幅限制（*PL*）	最小报价单位（*TS*）	印花税税率（*TR*）	行情揭示档位（*TL*）
1	0.05	0.01	0.001	2
2	0.1	0.05	0.003	5
3	0.2	0.125	0.005	10

从表 9 – 6 中可以看到，在本实验中共关注四个因素，每个因素具有三个水平，因此需要设计 $3^4=81$ 组实验才能够全面测度这些因素对市场质量的影响。在实验数据分析中，将采用极差分析的方法，研究涨跌幅限制、最小报价单位、印花税税率和订单簿透明度等因素的变化对市场质量的影响方式及程度大小，探究交易机制设计与市场质量之间的内在关系，进而寻找出最优的机制组合。其中极差分析的流程如图 9 – 10 所示。

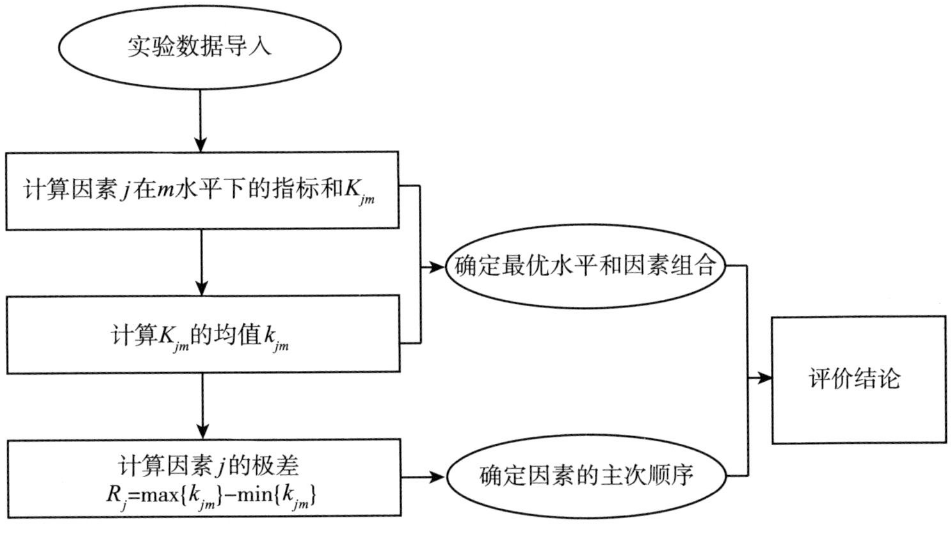

图 9 – 10　极差流程

其中，K_{jm}代表了因素 j 在其水平 m 下的实验结果组指标的和，通过其平均值 K_{jm} 的大小即可判断出因素 j 的最优水平，将所有因素 j 的最优水平找到即可获得最优的因素水平组合；极差的大小代表了因素 j 在其各个不同水平变化时对实验指标的影响程度，极差越大说明因素 j 对实验结果的影响就越大，因而可以利用极差的大小来判断哪些因素起到了主要作用，哪些因素的调整对实验结果有较大的影响。

6. 实验数据的分析

在不同交易机制设计下的流动性、波动性和市场效率的极差分析与方差显著性分析发现，对市场质量的影响程度表现为：最小报价单位 > 行情揭示档位 > 税率 > 涨跌幅限制。最小报价单位的调整对市场质量的影响程度最大，行情揭示档位的变化次之，并且通常这两个因素具有很高的显著性；而税率和涨跌幅限制的调整对市场质量的影响较小，并且显著性较低或者不显著。从而说明在实际交易机制设计时，应该更加关注最小报价单位和行情揭示档位的设计，而涨跌幅限制和税率可以根据实际情况进行变动。

交易机制设计是金融市场微观结构的一个重要的研究领域，也是证券监管机构所关心的重要问题，本部分通过计算实验的研究方法对连续双向拍卖交易机制进行了研究，并且与传统理论解析方法、实证方法、实验经济学等方法进行比较，阐明了计算实验方法在交易机制研究中的优势及其研究方法。

六、ACE 模型的不足及进一步发展

ACE 模型的有效性受到许多学者的质疑，当前 ACE 模型主要采用实证研究，其主要是对现有经济现象和规律进行解释说明，但事实上还有许多东西需要 ACE 模型进行洞察，如经济系统的构成方式和规律，因此实证研究存在一定的问题。而规范性研究也是 ACE 模型其中的一个研究方法，但这需要一个具有强大说服力的平台，不仅需要解释一般的经济现象，而且需要更加逼真的模拟经济系统的运作，甚至能够对经济系统进行定量的预测，显然在现实中这个目标是无法实现的。因为在建模的过程中，进行了一定的假设，而这些假设在现实经济系统中可能很难进行反应，这意味着 ACE 模型的有效性受到一定的质疑，因此 ACE 模型急需一个具有说服力且能保证 ACE 模型有效的研究方法理论和平台。

ACE 模型无非是一个“计算机模型”，用一个简单的计算机模型来模拟复杂的经济系统难免会出现一定不足与缺陷，但不可否认的是，ACE 的兴起是新思想在经济学领域的一个重要里程碑，ACE 的出现和发展不仅有望解决微观与宏观的隔离，实验分析与理论分析联系，整理分析与个体联系的关系，而且还可能带来全新的理念与突破。

ACE 模型建立具有重大的意义，验证了现有的经济规律，分析了传统方法很难建模、定量分析的社会经济现象，得出了与传统经济学不一样的结论。但 ACE 尚处于初步阶段，还有许多问题值得研究，需要不断地进行完善。

本章小结

本章介绍了 ACE 的概念、特点、研究目标及与其他研究方法存在哪些区别，并且介绍了 ACE 研究分布的主要领域。首先分析了 ACE 存在的合理性，其次将 ACE 建模的具体方法进行了详细的描述，最后将 ACE 模型出现的结果具体采取何种方法也进行了详细的阐述。ACE 模型本身也存在许多不足之处，本章对 ACE 模型进一步的发展与改进也进行了说明。

重要术语

ACE　　Agent　　人工股票市场

复习与思考

1. 了解 Agent 的相关概念。
2. 简述人工股票市场的构建过程。
3. 将运用模型计算出的人工股票市场数据与真实的股票市场数据结果进行比较分析。

主要参考文献

[1] [英] 保罗·威尔莫特:《金融工程与风险管理技术》(冯建芬译),机械工业出版社 2009 年版。

[2] [美] 布莱恩:《金融经济学》,中国金融出版社 2005 年版。

[3] 龚纯、王正林:《MATLAB 常用算法程序集》,电子工业出版社 2008 年版。

[4] 龚纯、王正林、何晴:《精通 MATLAB 科学计算》,电子工业出版社 2007 年版。

[5] 李悦雷:《基于计算实验金融的连续双向拍卖股票市场交易机制研究》,载于《天津大学学报》2011 年。

[6] 林清泉:《固定收益证券》,武汉大学出版社 2005 年版。

[7] 刘乐平:《信用评级原理》,中国金融出版社 2012 年版。

[8] 宋逢明:《金融工程原理:无套利均衡分析》,清华大学出版社 1999 年版。

[9] 汤凌冰、彭品、周雅倩:《计算金融学课程特色与教学》,载于《时代金融》2015 年第 5 期。

[10] 汪忠、黄瑞华:《国外风险管理研究的理论、方法及其进展》,载于《外国经济与管理》2005 年 2 月。

[11] [美] 威廉·夏普:《投资学基础》(第三版)(刘园译),电子工业大学出版社 2004 年版。

[12] 于立勇:《商业银行信用风险评估预测模型研究》,载于《管理科学学报》2003 年第 5 期。

[13] 张善文等:《MATLAB 在时间序列分析中的应用》,西安电子科学大学出版社 2007 年版。

[14] 张书德:《金融计算教程》,清华大学出版社 2007 年版。

[15] 张维、刘文财、王启文、刘豹:《面向资本市场复杂性建模:基于 Agent 计算实验金融学》,载于《现代财经——天津财经学院学报》2003 年第 1 期。

［16］张维、赵帅特、熊熊、张永杰：《计算实验金融、技术规则与时间序列收益可预测性》，载于《管理科学》2008 年第 3 期。

［17］张奕：《统计专业的计算机教学及 SAS 软件介绍》，载于《统计教育》1997 年第 6 期。

［18］张元萍：《数理金融》，中国金融出版社 2004 年版。

［19］郑志勇：《金融数量分析：基于 MATLAB 编程》，北京航空航天大学出版社 2014 年版。

［20］朱士武：《金融计算与建模：理论、算法与 SAS 程序》，清华大学出版社 2007 年版。

［21］朱卫文：《SAS 系统介绍》，载于《计算机与通信》1995 年第 7 期。

［22］［美］滋维·博迪：《投资学》（第六版）（朱宝宪译），机械工业出版社 2005 年版。

［23］Ahn, H. -J., J. Cai, K. Chan, and Y. Hamao, "Tick size change and liquidity provision on the Tokyo Stock Exchange", *Journal of the Japanese and International Economies*, 2007, 21 (2): 173 -194.

［24］Amihud, Y. and H. Mendelson, "Liquidity, Volatility and Exchange Automation", *Journal of Accounting, Auditing and Finance*, 1988, 3: 369 -395.

［25］Amihud, Y. and H. Mendelson, "Trading Mechanisms and Stock Returns: An Empirical Investigation", *Journal of Finance*, 1987, 42 (3): 533 -553.

［26］Amihud, Y., H. Mendelson, and B. Lauterbach, "Market microstructure and securites values: evidence from the Tel Aviv Stock Exchange", *The Journal of Financial Economics*, 1997, 45 (3): 365 -390.

［27］Dale Hattis, David E Burmaster, "Assessment of variability and uncertainty distributions for practical risk analysis", *Risk Analysis*, 1994, 14 (5): 713 -730.

［28］D. Bloch, J. Annan, and J. Bowles, Hedging climate risks with derivatives, May 10, 2010. Available at SSRN: http://ssrn.com/abstract=1583354 or theep://dx.doi.org/10.2139/ssrn.1583354.

［29］Harry Markowitz: "Portfolio Selection", *The Journal of Finnance*, Vol. 7, No. 1, March 1952, pp. 77 -91.

［30］Heemeijer, P., C. Hommes, J. Sonnemans, and J. Tuinstra, "Price Stability and Volatility in Markets with Positive and Negative Expectations Feedback: An Experimental Investigation", *Journal of Economic Dynamics and Control*, 2009, 33 (5): 1052 – 1072.

[31] J. Chevallier, Modelling risk premia in CO_2 allowances spot and futures prices. Economic Modelling. 2010, 27: 717 – 729.

[32] Marks, R. , "Market Design Using Agent-Based Models, in Handbook of Computational Economics", Vol. 2: Agent-Based Computational Economics, L. Tesfatsion and K. L. Judd, Editors. Elsevier. 2006, pp. 1339 – 1380.

[33] Okrent, David, "Risk perception and risk management: on knowledge, resource allocation and equity", *Reliability Engineering and System Safety*, 1998, 59 (1): 17 – 25.

[34] P. Cramton, S. Kerr, Tradeable carbon permit auctions: How and why to auction not grandfather. Energy Policy. 2002, 30: 333-345.

[35] T. Croker, The structuring of atmospheric pollution control systems. The Economics of Air Pollution. 1966: 61 – 86.

[36] W. Montgomery, Markets in licenses and efficient pollution control programs. Journal of Economic Theory. 1972, 5: 395 – 418.

[37] William F. Sharpe, "Capital Asset Prices: A Theory of Market Equilibrium under Conditions of Risk", *The Journal of Finance*, Vol. 19, No. 3, September 1964, pp. 425 – 442.